中华经典藏书

高华平 王齐洲 张三夕 译注

韩非子

中华书局

图书在版编目(CIP)数据

韩非子/高华平,王齐洲,张三夕译注.—北京:中华书局,2016.1(2021.2重印)
(中华经典藏书)
ISBN 978-7-101-11458-4

Ⅰ.韩… Ⅱ.①高…②王…③张… Ⅲ.①法家②《韩非子》-注释③《韩非子》-译文 Ⅳ.B226.5

中国版本图书馆 CIP 数据核字(2016)第 000210 号

书　　名	韩非子
译 注 者	高华平　王齐洲　张三夕
丛 书 名	中华经典藏书
责任编辑	王守青
出版发行	中华书局
	(北京市丰台区太平桥西里 38 号　100073)
	http://www.zhbc.com.cn
	E-mail:zhbc@zhbc.com.cn
印　　刷	北京市白帆印务有限公司
版　　次	2016 年 1 月北京第 1 版
	2021 年 2 月北京第 8 次印刷
规　　格	开本/880×1230 毫米　1/32
	印张 13½　插页 2　字数 160 千字
印　　数	72001-82000 册
国际书号	ISBN 978-7-101-11458-4
定　　价	27.00 元

前　言

　　韩非生年不详。根据《史记·老庄申韩列传》记载，韩非是韩国的宗族公子，"为人口吃，不能道说而善著书"。他曾与秦国的丞相李斯一同问学于荀子，李斯自以为不如韩非。韩非所处的时代是中国历史上诸侯争霸、战乱连绵的空前动荡时期，他目睹了韩国屡次败于秦国，损兵削地，国势日衰，便多次上书韩王，希望韩王变法图强，但韩王均不采纳。当时有一位叫堂谿公的人，劝韩非行礼辞让，修行藏智，以求身全名遂，而不要设法度以犯众怒，舍安途而行险道，但韩非表示提倡法治，乃是"利民萌便众庶之道也"，自己不会改变信念，便继续宣传自己的法家思想主张，并结合现实写下了《孤愤》、《说难》、《五蠹》、《内外储说》、《说林》等十余万言的著作。韩非的著述流传到秦国，秦王嬴政读后十分欣赏，说："寡人得见此人与之游，死不恨矣！"李斯告诉秦王说："此韩非之所著书也。"秦王马上进攻韩国索要韩非。韩非到了秦国，取得了秦王的信任，却招致了李斯的嫉妒。鉴于韩非到了秦国后曾上书秦王应先进攻赵国和齐国、暂缓进攻韩国，并揭发秦王的宠臣姚贾私交诸侯，李斯便联合姚贾一同陷害韩非，二人向秦王进谗言，诬陷韩非是韩国的奸细，"终为韩不为秦也"，留下韩非是个祸患，建议找借口"诛之"。秦王受蒙蔽，下令将韩非治罪。韩非想向秦王解释，但无法得见。李斯则派人给韩非送去毒药，逼迫韩非自杀。不久，秦王悔悟，派人去救韩非，但韩非已死于狱中。这一年是秦王嬴政十四年，即前233年。著名学者钱穆先生在《先秦诸子系年》中根据韩非和李斯同学于荀卿的史实，假定韩非与李斯年龄相当，推定韩非生于前281年，死时约四十八岁。现在学术界大多采用这一结论。

韩非的思想，《史记·老庄申韩列传》说他"喜刑名法术之学，而其归本于黄老"。这对韩非思想的基本特点和思想渊源均有所涉及。

韩非为先秦法家思想的集大成者，他的思想的基本特点就是要坚决而全面地推行法治。他在《问辩》篇中说："明主之国，令者，言最贵者也；法者，事最适者也。言无二贵，法不两适，故言行而不轨于法令者必禁。"除法令之外不再有别的东西，可见这种法治的全面。而且，在韩非看来，封建国家的富强和诸侯霸业的完成，都必有赖于法治：

> 故明主之国，无书简之文，以法为教；无先王之语，以吏为师；无私剑之悍，以斩首为勇。是境内之民，其言谈者必轨于法，动作者归之于功，为勇者尽之于军。是故无事则国富，有事则兵强，此之谓王资。既畜王资而承敌国之釁，超五帝侔三王者，必此法也。

（《五蠹》）

韩非的法治思想继承并发展了战国以来早期法家特别是商鞅、慎到、申不害三人的法治思想，形成了一个法、术、势相结合的思想体系。

韩非是一位法治理论家，而不是一位法令的制订者。他认为立法权是君主所独操的，其他任何人不得染指，所以他也不可能去制定法令。他给"法"下的定义是：

> 法者，宪令著于官府，刑罚必于民心，赏存乎慎法，而罚加乎奸令者也。此臣之所师也。

（《定法》）

> 法者，编著之图籍，设之于官府，而布之于百姓者也……故法莫如显，而术不欲见。

（《难三》）

这里，韩非讲的是用文字详细规定的成文法。它由政府颁布和保存，是臣民们一切言行的标准，其刑罚的条款一定是家喻户晓、深入人心的，即它是具有公开性和强制性的行为规则。从内容上说，这种"法"主要就是《二柄》篇所说的"刑德"二柄：

> 明主之所导制其臣者，二柄而已矣。二柄者，刑德也。何谓刑德？曰：杀戮之谓刑，庆赏之谓德。

换言之，在韩非看来，"法"的内容其实很简单，就是君主给臣民们的规定——哪些不能做，做了要受惩罚；哪些应该做，做了会得奖赏。只有人人都明确了自己的职责，完全按照职责规定的范围行事了，如果因罪受到惩罚，也不要怨恨君主，如果因功受赏，也不要对君主感恩，那么，臣民个个都在忠于职守，而"君人者高枕而守己完矣"（《守道》）。

以"法"治国的确是一件于君于民皆十分有利的事情，但这个"法"——"刑德"的标准该如何制定呢？这就涉及一个立法原则的问题。韩非认为，根本的原则就是要"因道全法"，即要根据客观的规律制定法令：

> 古之全大体者：望天地，观江海，因山谷，日月所照，四时所行，云布风动；不以智累心，不以私累己；寄治乱于法术，托是非于赏罚，属轻重于权衡；不逆天理，不伤情性；不吹毛而求小疵，不洗垢而察难知；不引绳之外，不推绳之内；不急法之外，不缓法之内；守成理，因自然；祸福生乎道法，而不出乎爱恶；荣辱之责在乎己，而不在乎人。

（《大体》）

例如，人的本性都是"自为"——即自私自利、好逸恶劳的："人为婴儿也，父母养之简，子长而怨；子盛壮成人，其供养薄，父母怨而诮之。子、父，至亲也，而或谯或怨者，皆挟相为而不周于为己也。"（《外储说左上》）"舆人成舆，则欲人之富贵；匠人成棺，则欲人之夭死也。""后妃、夫人、太子之党成而欲君之死也，君不死，则势不重。情非憎君也，利在君之死也。"(《备内》)顺应这样的人情、天理去立"法"，所以韩非就特别提出君主的立法一是应合乎人的趋利避害的本性："利所禁，禁所利，虽神不行；誉所罪，毁所赏，虽尧不治。夫为门而不使入，委利而不使进，乱之所以产也。"(《外储说左下》)二是不应为人的主观意愿或好恶、情感所左右，特别是应防止奸臣劫弑君主、篡夺君权的各种"奸术"——"备内"。又如，君主立法"因道全法"，而"道"的特性是"不同于万物"的。"道无双，故曰一。是故明君贵独道之容。"(《扬权》)这就是说，"法"的内容应显示君主至高无上的权威性和他的独裁的合理性。再如，自然界春生秋杀，人类社会亦应是，"善之生如春，恶之死如秋，故民劝极力而乐尽情，此之谓上下相得"。所以"圣主之立法也，其赏足以劝善，其威足以胜暴，其备足以必完法"(《守道》)。具体来说，法令要像自然界的春秋一样"赏莫如厚，使民利之；誉莫如美，使民荣之；诛莫如重，使民畏之；毁莫如恶，使民耻之"(《八经》)，起到繁荣和萧杀的作用。又由于人性自私自利的贪欲太重，故君主在立法时应"重刑少赏"(《饬令》)，他认为："刑胜而民静，赏繁而奸生。故治民者，刑胜，治之首也；赏繁，乱之本也。"(《心度》)

与此同时，韩非还认为立法应因时制宜，因时变法："古今异俗，新故异备。"因而圣人立法"不期修古，不法常可，论世之事，因为之备"(《五蠹》)。立法一定要适应时势的需要，韩非在《心度》篇说：

> 法与时转则治，治与世宜则有功。故民朴而禁之以名则治，维之以刑则从。时移而治不易者乱，能治众而禁不变者削。故圣人之治民也，法与时移而禁与治变。

另外，韩非还提出了立法应力求详明而又"易见"、"易知"、"易为"等原则，以便于实行"法治"。

有了这些立法原则，制订出完备的法律，但这还不够，还有更重要的工作要做，那就是执"法"。韩非认为执"法"时，一是要一视同仁、不避亲贵，二是要信赏必罚，严格谨慎。《有度》篇说："法不阿贵，绳不挠曲。法之所加，智者弗能辞，勇者弗敢争。刑过不避大臣，赏善不遗匹夫。"《饰邪》篇说："当魏之方明《立辟》、从宪令行之时，有功者必赏，有罪者必诛，强匡天下，威行四邻；及法慢，妄予，而国日削矣。""故先王明赏以劝之，严刑以威之。赏刑明，则民尽死；民尽死，则兵强主尊。"《内储说上七术》说："是以刑法不必则禁令不行。"都在说明赏罚严明的意义。但是，如果仅仅就执"法"而论执"法"，还不是韩非法治思想的特点，韩非法治思想的特点在于他认为"徒法"而无"术"、"势"与之结合，就不能真正成功地实行法治。韩非说，如果君主只是行"法"，"然而无术以知奸，是以其富强也资人臣而已矣。"（《定法》）商鞅于秦孝公时在秦国实现的变法就是如此。而如果只有"法"和"术"，没有"势"也不行："桀为天子，能制天下，非贤也，势重也；尧为匹夫，不能正三家，非不肖也，位卑也。千钧得船则浮，锱铢失船则沉，非千钧轻锱铢重也，有势之与无势也。"（《功名》）"无庆赏之功，刑罚之威，释势委法，尧、舜户说而人辨之，不能治三家。"（《难势》）"势者，君之马也。无术以御之，身虽劳，犹不免乱。"（《外储说右下》）所以，"法"、"术"、"势"一定要相互配合运用："君执柄以处势，故令行禁止"（《八经》）；"抱法处势则治，背法去势则乱"（《八说》）。

韩非的法治思想既以"法"、"术"、"势"相互结合为特征，他就不能不对"法"、"术"、"势"的内涵和外延做出明确的界定与说明。他对"法"的界定已见于前，下面再看他对"术"的论述：

> 术者，藏之于胸中，以偶众端，而潜御群臣者也。
> （《难三》）

> 术者，因任而授官，循名而责实，操杀生之柄，课群臣之能者也。
>
> (《定法》)

在韩非看来，所谓"术"就是君主驾驭臣下的一种政治艺术。这种术有两个特点：一是它是"潜御群臣者"，因而它如韩非自己所说："法莫如显，而术不欲见。"即它是隐蔽的、秘密的，令人不可捉摸的；一是它是君主独操的："用术，则亲爱近习莫之得闻也。"(《难三》)也因此，韩非的"术"论，实际包含着两方面的内容：一是我们通常所说的政治艺术或领导艺术，如韩非在《主道》、《扬权》、《二柄》、《安危》、《功名》、《内储说上七术》、《难二》、《定法》、《诡使》、《八说》、《八经》诸篇中反复讲到的"形名参同"、"众端参观"等通过检验名实是否相符以考察臣下言行是否一致及功过赏罚的施行，就属于今天仍具有一定积极意义或正价值的内容；至于如《内储说上七术》篇中的"挟智而问"、"倒言反事"、"众端参观"、"疑诏诡使"以及《八说》篇中的"听无门户"，《难三》和《八经》篇中的"奖励告奸"之术，乃至于为了除奸而使用行刺暗杀、爵禄引诱等手段，轻则可称政治阴谋与权术，重则可名之为肮脏与卑污。

"势"，被韩非称为"胜众之资也"(《八经》)，但韩非所谓"势"实际也包含两个层面：一是"自然之势"，二是"人为之势"或政治权势，如他在《功名》篇中说的"千钧得船则浮，锱铢失船则沉"，《难势》篇说："飞龙乘云，腾蛇游雾，吾不以龙蛇为不托于云雾之势也。"这是指一般自然的条件与形势，即"自然之势"；而在政治上如果谁掌握政权，就可以推行法令，驾驭群臣，韩非反复讲"尧为匹夫，不能正三家"，"桀为天子，能制天下"(《功名》)，就是强调政治权势的重要性。在此基础上，韩非阐述了自己的"势"治理论，《喻老》篇说："势重者，人君之渊也。君人者，势重于人臣之间，失则不可复得也。"《外储说右下》说："以田连、成窍之巧，共琴而不能成曲，人主又安能与其臣共势以成功乎？"权势不仅不能借人，连共同使用也不行。君主只能"抱法处势"、"设势"、"用势"，在"法"、"术"、"势"的结合中治理国家。

当然，韩非的这一套法治理论也不完全是他个人凭空创造出来的，他是法家思想的集大成者，他对他之前的商鞅的严刑峻法思想，申不害的"术"治观念，慎到的"势"治学说都有批判地继承。他肯定了商鞅的"刑重而必"、"法不阿贵"、"任法不任智"、"修耕战"及"告奸连坐之法"，但却批评他"无术于上"，在"术治"方面的不足。他认为申不害虽懂得使韩昭王用术，但却"未尽于法也"，致使韩国有"法不勤饰于官之患也"（《定法》）。至于慎到则仅仅言及"势"而没有涉及"法"和"术"。韩非清醒地认识到了商、申、慎三人理论的长短利弊，故而他能取长补短，形成了自己法、术、势相结合的法家思想体系。

不仅如此，韩非对先秦其他诸子学派，也是采取了一种客观评价和批判继承的正确态度。《外储说左上》说："是以言有纤察微难而非务也，故季（良）、惠（施）、宋（钘）、墨（翟）皆画策也；论有迂深闳大非用也，故魏（牟）、长（卢子）、瞻（何）、陈（骈）、庄（周）皆鬼魅也；行有拂难坚确非功也，故务（光）、卞（随）、鲍（焦）、介（之推）、田仲皆坚瓠也。"对先秦各家都有所批评。《五蠹》篇说："儒以文乱法，侠以武犯禁"，并将"学者"、"言谈者"、"带剑者"、"患御者"、"商工之民"斥责为"五蠹"。但韩非对儒、道、墨、名诸家又实际都有吸收。对于道家，韩非的《喻老》、《解老》篇既是中国学术史上最早解说《老子》的文献，而在《扬权》、《主道》等篇中，韩非又对老子创始的道家学说作了淋漓尽致的发挥。所谓"圣人执一以静，使名自命，令事自定"、"圣人之道，去智与巧，智巧不去，难以为常"（《扬权》）、"道在不可见，用在不可知。虚静无事，以暗见疵"（《主道》）等等，这些明显是对老子学说的继承。对名家学说，韩非嘲笑兒说、公孙龙的"白马非马论"虽可服齐稷下学者,但"乘白马而过关,则顾白马之赋"(《外储说左上》);而对其参验形名的名实论则加以吸收,并形成了其"术"论中的基本内容。对于墨家,虽然韩非也斥之为"愚诬之学",反对其"兼爱"、"非攻"之说,而对其"尚同"、"非乐"、"非命"、"非儒"思想则有所吸收,韩非专制独裁、功利实用的主张也深受墨家思想的影响,所以在《外储说左上》篇中韩非借田鸠之口称赞"墨子之学"的"其言多不辨",又借惠施之口称赞墨子为鸢不如车辗之巧之说乃"大巧"。这就说明韩非对某一学说的态度并不是一概否定或一概肯定,而是具体问题具体分析的。

儒家学说,韩非批评最多。但是,韩非曾问学于儒家的荀子,他的文章中虽不见称引荀子,但其"人性自为"之说,其崇尚法治的主张,显然是源于荀子的"性恶论"和"隆礼重法"的思想。他对儒家的批评,只是否定其无益于国家的崇尚文饰、空谈仁义,而非就其理论思想本身和针对儒家大师其人。因此在韩非的文章中找不到一处对儒者的谩骂,甚至找不出一处庄子式的对孔子漫画式的嘲讽,而纯粹是一种客观的剖析。如《五蠹》篇说:"仲尼,天下圣人也,修行明道以游海内,海内说其仁、美其义而为服役者七十人。盖贵仁者寡,能义者难也。故以天下之大,而为服役者七十人,而仁义者一人……今学者之说人主也,不乘必胜之势,而务行仁义则可以王,是求人主之必及仲尼,而以世之凡民皆如列徒,此必不得之数也。"这并不是理论的批评,而只是一种价值的评判,而价值的评判之余虽也有"言行不轨于法令者必禁"(《问辩》)的主张,但基本上不是商鞅那样要"燔《诗》《书》而明法令",因为韩非主要是说"故行仁义者非所誉,誉之则害功;文学者非所用,用之则害法"(《五蠹》),即只要"不用"、"不誉"儒家学说就行了,还没有说要把它斩尽杀绝。故而韩非自己的文章中也常引《诗》《书》,而《外储说左下》"齐宣王问匡倩"的故事中,则盛赞儒者"不博、不弋、不鼓瑟"的做法为懂得大小、贵贱、上下之义。这也说明，韩非对儒家学说也并非全盘否定与批判的，而只是斥其愚诬无用，而于其中符合自己思想的内容则是有所吸收的。

韩非的文章，收集在《韩非子》一书中。《韩非子》原名《韩子》，至宋，因尊唐代韩愈为韩子，改称韩非书为《韩非子》。《韩非子》大概是汉代刘向整理内府图书时编集而成的。《汉书·艺文志》"诸子略·法家"类著作著录"《韩子》五十五篇"。梁代阮孝绪《七录》也著录为"《韩子》二十卷"，后来《隋书·经籍志》、《旧唐书·经籍志》、《新唐书·艺文志》、《宋史·艺文志》都著录为"《韩子》二十卷"。这个著录，与今天的通行本相同。《韩非子》现在可知的最古的刻本为宋乾道本，但今已不存，传世的有清张敦仁影钞本和吴鼒嘉庆二十二年的复刻本，清初钱曾述古堂本也是影钞宋乾道本（"四部丛刊"用此本）。明代最有影响的有《韩子迂评》本、至今仍流传的《道藏》本和明万历赵用贤刊刻的"赵用贤本"，清人的本子一般都是在此基础上的翻刻。

《韩非子》现存五十五篇，见于《史记》的韩非著作有《孤愤》、《说难》、《内外储说》、《说林》、《五蠹》诸篇。这些篇目可以肯定出自韩非之手，其余的有些则是编集时的附入。如《初见秦》是上秦王书，但并不是韩非所作；第二篇《存韩》前面是韩非的上秦王书，后面则是李斯的驳议及李斯上韩王书。其余《问田》中称韩非为"韩子"，应是韩非后学所记；《饬令》属节录《商君书·靳令》而成，说明该篇的思想虽为韩非所认可，但文字也不是韩非的原创。

《韩非子》五十五篇文章，按内容来看似可以分为十组。第一组包括《五蠹》、《八说》、《六反》、《诡使》、《亡征》五篇，这组文章通过细致的分析，批判了他所否定的各种社会现象，然后提出了自己的法治理论。第二组包括《奸劫弑臣》、《说疑》、《爱臣》、《八奸》、《备内》五篇，较上一组考察的社会现象更集中，重点分析了奸臣篡权的各种阴谋活动，还分析了宫廷内部潜藏的危险。第三组包括《孤愤》、《说难》、《难言》、《和氏》、《人主》、《问田》六篇，跟韩非的政治经历有关，表明了作者的政治立场。第四组包括《八经》、《定法》、《有度》、《心度》、《守道》、《制分》、《饬令》、《二柄》、《南面》、《用人》、《安危》、《三守》、《难势》、《功名》共十四篇，是韩非为君主设计的建国纲领，全面论证了他的专政理论和方法。第五组包括《显学》、《忠孝》、《饰邪》、《问辩》四篇，主要是批判了先秦诸子各家的学术主张，表达了加强思想控制的要求。第六组包括《扬权》、《主道》、《解老》、《喻老》、《大体》、《观行》六篇，主要是解说《老子》或黄老之道以表明自己的哲学观点。第七组包括《难一》、《难二》、《难三》、《难四》四篇，采用辩难的方式，阐述了韩非的政治观点。第八组包括《内外储说》六篇和《十过》，韩非从大量的历史故事和民间传说中概括出一些论点，进一步论述了其法、术、势相结合的法治理论，这几篇文章形象生动，文学性强。第九组包括《说林》上、下两篇，是韩非搜集的原始资料。第十组包括《存韩》、《初见秦》两篇，是与韩非相关的历史事件的记录，不是韩非所作。

  韩非的文章观点鲜明，逻辑性强，笔锋犀利，分析精辟，文风峻刻，而且富有文学色彩，历来为人们所推崇，值得我们认真学习和欣赏。《韩非子》是先秦诸子散文走向成熟的杰作。

  本书以南京大学"《韩非子》校注组"（实际负责人为周勋初先生）的《韩非子校注》（江苏人民出版社1982年版）为底本，读者可以参考该书。

  本书由高华平、王齐洲、张三夕共同完成，书稿最后由高华平总稿。《前言》也由高华平撰写。特此说明。

高华平
2015年12月

目　录

难　言 ………………………………………… 1
主　道 ………………………………………… 9
二　柄 ………………………………………… 17
扬　权 ………………………………………… 25
孤　愤 ………………………………………… 38
说　难 ………………………………………… 49
备　内 ………………………………………… 60
内储说上七术 ………………………………… 68
内储说下六微 ………………………………… 115
外储说左上 …………………………………… 156
外储说左下 …………………………………… 208
外储说右上 …………………………………… 244
外储说右下 …………………………………… 288
难　一 ………………………………………… 321
难　势 ………………………………………… 349
五　蠹 ………………………………………… 360
显　学 ………………………………………… 393

难　言

　　本篇陈述了向君主进言的困难，故题名"难言"。这应该是韩非入秦以前向韩王的一篇上书。文章先概括陈述了向君主进言时经常受到的各种曲解和诬蔑，接着列举出历史上许多才士能臣向君主进言不被采用反遭杀戮的例子，说明"度量虽正，未必听也；义理虽全，未必用也"的道理，并劝君主体察"世之仁贤忠良有道术之士"的真心，听取他们的进言。

臣非非难言也,所以难言者:言顺比滑泽,洋洋纚纚然①,则见以为华而不实;郭祗恭厚,鲠固慎完,则见以为掘而不伦②;多言繁称,连类比物,则见以为虚而无用;总微说约,径省而不饰,则见以为刿而不辩③;激急亲近,探知人情,则见以为谮而不让;闳大广博④,妙远不测⑤,则见以为夸而无用;家计小谈,以具数言,则见以为陋;言而近世,辞不悖逆,则见以为贪生而谀上;言而远俗,诡躁人间,则见以为诞;捷敏辩给,繁于文采,则见以为史;殊释文学,以质信言,则见以为鄙;时称诗书,道法往古,则见以为诵。此臣非之所以难言而重患也。

【注释】

①纚纚(xǐ)然:有条理的样子。
②掘而不伦:笨拙而不成体统。掘,通"拙"。
③刿(guì)而不辩:锋芒太露而不善于辩说。刿,刺伤。
④闳:通"宏"。
⑤妙远不测:深远而不可捉摸。妙,通"眇","高远"之义。

【译文】

下臣韩非我不是没有能力进言,之所以难于进言在于:言语和顺而流畅,丰富而有条理,就被认为是华而不实;言语厚道而恭敬,鲠直而周到,就被认为是笨拙不成体统;讲话论说过多、繁征博引,广作比拟,就被认为是空洞无用之言;概括精微的道理而简要述说,直率而简略,就被认为是直白显露而不够委婉；激烈明快而无所避讳，触及他人内心的隐情，就被认为是诬陷而不懂谦让；宏大广博，深远难测，就被认为是夸夸其谈，大而无当；家长里短，一件件细细慢谈，就被认为是浅薄短见；言词切近世俗，词语不违背众人之情，就被认为是贪生怕死、不敢直言，只会奉承当今的君王；言谈不同于世俗，跟世人见解两样，就被认为是荒诞不经；反应敏捷而雄辩，文采斐然，就被认为是藻饰过多而不够质朴；弃绝文献典籍的征引，质朴诚实一一陈说，就被认为是粗俗无文；不时称引《诗》《书》等先圣典章，称道效法古代的圣贤，就被认为是死背古书，不懂实践。这些就是下臣韩非我所以难于向君主进言而深感忧虑的地方。

　　故度量虽正，未必听也；义理虽全，未必用也。大王若以此不信，则小者以为毁訾诽谤，大者患祸灾害死亡及其身。故子胥善谋而吴戮之①，仲尼善说而匡围之②，管夷吾实贤而鲁囚之③。故此三大夫岂不贤哉？而三君不明也④。上古有汤⑤，至圣也；伊尹⑥，至智也。夫至智说至圣，然且七十说而不受，身执鼎俎为庖宰，昵近习亲，而汤乃仅知其贤而用之。故曰：以至智说至圣，未必至而见受，伊尹说汤是也；以智说愚必不听，文王说纣是也⑦。故文王说纣而纣囚之；翼侯炙⑧；鬼侯腊⑨；比干剖心⑩；梅伯醢⑪；夷吾束缚；而曹羁奔陈⑫；伯里子道乞⑬；傅说转鬻⑭；孙子膑脚于魏⑮；

吴起扙泣于岸门⑯,痛西河之为秦⑰,卒枝解于楚⑱;公叔痤言国器反为悖⑲,公孙鞅奔秦⑳,关龙逢斩㉑;苌弘分胣㉒,尹子阱于棘㉓,司马子期死而浮于江㉔;田明辜射㉕;宓子贱、西门豹不斗而死人手㉖;董安于死而陈于市㉗;宰予不免于田常㉘;范雎折胁于魏㉙。此十数人者,皆世之仁贤忠良有道术之士也,不幸而遇悖乱暗惑之主而死。然则虽贤圣不能逃死亡避戮辱者,何也?则愚者难说也,故君子难言也。且至言忤于耳而倒于心,非贤圣莫能听,愿大王熟察之也。

【注释】

①子胥:指伍子胥,名员,春秋时楚国人,后为吴大夫。他先帮助吴王阖闾打败了楚国,后帮助吴王夫差打败了越国,最后因吴王夫差听信谗言,被赐剑自杀。

②仲尼:孔子名丘,字仲尼。匡:春秋时宋国的地名,位于今河南长垣西南。孔子游说诸侯,曾在匡地遭到围攻。

③管夷吾:管仲名夷吾,春秋时齐桓公的相。鲁囚之:管仲曾帮助齐国的公子纠与公子小白(即后来的齐桓公)争夺齐国的君位,公子纠失败后,管仲在鲁国被囚禁,后被捆绑交给齐人。

④三君:指吴王夫差、匡地的行政长官和当时鲁国的国君,韩非此处为了行文方便都称为国君。

⑤汤：指商汤，商朝的开国君主。

⑥伊尹：商汤的相，在商汤建国的过程中发挥了重要作用。

⑦文王说纣：周文王劝说商纣王。文王，指周文王姬昌。纣，指商纣王，名受辛，商代最后一个君主，是个暴君。

⑧翼侯：即鄂侯，商纣王的臣子，据说他劝说商纣王而被烤死。

⑨鬼侯：又称九侯，商纣王的臣子，据说他因劝说商纣王而被杀死，做成干肉。腊（xī）：制成干肉。

⑩比干：商纣王的叔父，据说他因劝说商纣王而被剖心而死。

⑪梅伯醢（hǎi）：据说梅伯因屡谏商纣王而被剁成肉酱。梅伯，人名，商纣王的臣子。醢，剁成肉酱。

⑫曹羁奔陈：前670年，戎入侵曹国，曹国大夫曹羁劝曹伯宜守不宜攻，曹伯不听，战败而死。曹羁逃奔到陈国。

⑬伯里子道乞：百里奚原是虞国的大夫，后来到秦国，辅佐秦穆公成为霸主，但曾在齐国因困苦而沿路乞食。伯里子，即百里奚。

⑭傅说转鬻（yù）：傅说原是奴隶，在做商王武丁的相之前，曾被几次转卖。傅说，人名，商王武丁的相。转鬻，转卖。

⑮孙子膑脚于魏：孙膑曾在魏国被挖掉膝盖骨。孙子，孙膑，孙武的子孙，距孙武百余年，著有《孙膑兵

法》一书。膑,挖掉膝盖骨的刑罚。

⑯吴起:战国时卫国人,先担任魏国将领,后来到楚国,任楚悼王令尹,楚悼王死后被杀。吴起在担任魏国的西河守时,因魏武侯听信谗言将他召回,他预计这个地方会被秦国夺去,回头眺望,痛心流泪。抆(wěn):擦拭。岸门:地名,位于今山西河津南。

⑰西河:魏国郡名,位于今陕西东部靠近黄河一带,因为在黄河以西,故名"西河"。

⑱枝:通"肢",肢解。

⑲公叔痤(cuó):人名,魏惠王的相。

⑳公孙鞅:即商鞅,战国时卫国人,称卫鞅,因先在魏国为公叔痤的家臣,故称公孙鞅;又因在秦国实行变法,立有军功,被封为商君,后人也称之为商鞅。

㉑关龙逄(páng):夏桀王的大臣,因为向夏桀进谏被杀。

㉒苌弘:人名,春秋时周灵王、景王、敬王时的大臣。胣(chǐ):裂腹剖肠。

㉓尹子:人名,事迹不详。棘:丛生的荆棘,这里比喻牢狱。

㉔司马子期:即楚公子诘,楚惠王时曾担任大司马,故称为"司马子期"。他在前479年,楚国的白公胜发动政变时被杀。

㉕田明:人名,事迹不详。辜射:通"辜磔",指分尸的酷刑。

㉖宓子贱：人名，孔子的学生，曾在单（shàn）父（位于今山东单县南）任官。西门豹：魏国人，魏文侯时任地方官，不信神，带领民众治水开渠，推动了当地农业的发展。二人"不斗而死人手"的史实不详。

㉗董安于：一作"董阏于"，春秋末期晋国人，晋卿赵鞅的家臣。

㉘宰予不免于田常：宰予最终遭到田常的杀戮。宰予，一名"宰我"，孔子的学生，曾在齐国做临淄大夫。田常，即田成子，春秋末期齐国的大夫，后杀掉齐简公控制齐国政权。宰予因反对田常而被杀。

㉙范雎（jū）：字叔，战国时魏国人。早年在魏国时，曾受人陷害被打断肋骨，后逃到秦国，改名张禄，做了秦昭襄王的相，受封为"应侯"。

【译文】

所以提出的办事原则虽然正确，君主不一定会听从；治国的道理虽然完美，君主不一定会采用。大王您如果认为这些话不可靠，轻则可以把这些话看作诋毁与诽谤，重则就会使说这些话的人遭祸处死。因此伍子胥善于谋划吴国却杀了他，孔子会游说人主却遭到匡人的围困，管仲确实贤能鲁君却将他囚禁起来。伍子胥、孔子、管仲这三位大夫难道没有才能吗？而是吴国、匡地和鲁国这三个国家的君主不明智。上古的商汤，是极圣明的君主；伊尹，是最明智的大臣。最明智的大臣向最圣明的君主陈述自己的治国主张，尚且说了七十次而不被接受，最后伊尹只好亲自操炊具去为商汤做厨师，通过亲近使商汤熟悉接受自己，商汤这时才知道伊尹贤能而使用他。因此说：以最明智的臣子去向最圣明的君主进言，这样的臣子也不一定会被接受，伊尹向商汤进言就是如此；以明智的大臣向愚昧的君主进言一定不会被采纳，周文王向商纣王进言就是如此。所以周文王向商纣王进言商纣王却将他囚禁起来；翼侯被纣王烤死；鬼侯被纣王制成了干肉；比干被纣王剖了心；梅伯被纣王剁成了肉酱；管仲被鲁庄公捆绑；而曹羁逃奔到了陈国；百里奚在齐国沿路乞食；傅说做奴隶时被多次转卖；孙膑在魏国被挖掉了膝盖骨；吴起在岸门抹眼泪，痛哭西河之地将要成为秦国的领土，他自己最后在楚国被肢解；公叔痤向魏惠王推荐杰出的人才反被认为是说胡话，商鞅则逃到了秦国；关龙逢向夏桀进谏而被斩首；苌弘向周王进谏遭到裂腹剖肠；尹子被关进了牢狱；司马子期被杀抛尸江上；田明受到了分尸的酷刑；宓子贱、西门豹不与人争斗却被他人所杀；董安于被逼自杀而后又陈尸街市示众；宰予最终遭到田常的杀戮；范雎在魏国遭到陷害被打折了肋骨。这十几位士人，都是当时社会的仁厚贤德忠良有本领的人，不幸遇上了荒谬昏乱的君主而死。这就说明了即使是贤能明智之士也不能逃避死亡，躲开受刑凌辱，这是什么原因呢？是昏庸的君主难以劝谏，所以有道的君子难以进言。况且恳切合理的意见逆耳而不顺心，如果不是圣贤之君是听不进去的，我希望大王您对此深思熟虑。

主　道

主道，就是为君之道。

文章继承黄老学派的思想，批判地改造了道家学说，将道家虚静无为的哲学思想运用到政治生活中去，作为君主治国用人的基本原则。

文章分三个层次：第一个层次是论述"明君守始以知万物之源，治纪以知善败之端"，君主应保持虚静无为，遇事不表露自己的欲望和成见，使臣下无法探测君主的心意，以杜绝他们窥测君意、窃国篡权的企图；第二个层次是根据"道在不可见，用在不可知；虚静无事，以暗见疵"的原则，以静制动，以不变应万变，借助形名参验之术来督责臣下，验证其言行、事功是否相符；第三个层次是强调君主依据验证的结果，严行赏罚。臣下确实有功，"虽疏贱必赏"，确实有过，"虽近爱必诛"，使运用形名参验之术的结果落到实处。

本篇用韵文写成，句式整齐而凝练，别具一格。

道者，万物之始，是非之纪也。是以明君守始以知万物之源，治纪以知善败之端。故虚静以待，令名自命也，令事自定也。虚则知实之情，静则知动者正①。有言者自为名，有事者自为形，形名参同，君乃无事焉，归之其情。故曰：君无见其所欲②，君见其所欲，臣自将雕琢③；君无见其意，君见其意，臣将自表异④。故曰：去好去恶⑤，臣乃见素⑥；去旧去智，臣乃自备。故有智而不以虑，使万物知其处；有贤而不以行，观臣下之所因；有勇而不以怒，使群臣尽其武。是故去智而有明，去贤而有功，去勇而有强。群臣守职，百官有常，因能而使之，是谓习常。故曰：寂乎其无位而处，漻乎莫得其所⑦。明君无为于上，群臣竦惧乎下⑧。明君之道，使智者尽其虑，而君因以断事，故君不穷于智；贤者敕其材⑨，君因而任之，故君不穷于能；有功则君有其贤，有过则臣任其罪，故君不穷于名。是故不贤而为贤者师，不智而为智者正。臣有其劳，君有其成功，此之谓贤主之经也。

【注释】

① 者：通"诸"，之。
② 见：同"现"。下文"见其欲"、"见其意"、"见素"之"见"皆同此。
③ 雕琢：指精心粉饰自己的言行。
④ 表异：表现出违背真实情况，即伪装。

⑤好(hào)、恶(wù)：爱好、厌恶。
⑥素：本色，这里指实情。
⑦漻(liáo)乎：寥廓，高远空旷的样子。漻，通"寥"。
⑧竦(sǒng)：通"悚"，害怕，恐惧。
⑨敕其材：鼓励他们进献自己的才能。敕，慰勉，鼓励。材，通"才"，才能。

【译文】

　　道，是万物的本原，是非的准则。所以圣明的君主把握这个本原以了解万物的由来，研究这个准则以认识事情成败的原因。因此君主用虚静的态度对待一切，让事物以它所反映的内容来确定名称，让事情以它自身的性质去形成。保持无成见的虚心，就能知道事物的真相；保持宁静，就能知道行动是否正确。发言的自己会形成名声，做事的自己表现出形状，让言行验证相合，君主就可以无所事事，而让事物呈现出它们的真相。所以说：君主不要表现出自己的爱好，君主表现出自己的爱好，臣子们就将要去精心粉饰自己的言行；君主不要表现出自己的意图，君主表现出自己的意图，臣子们就要去极力伪装自己的观点。所以说：君主不要表现出自己的好恶，臣下就会表现出自己的本真之情；君主去掉自己的成见与智巧，臣下就会处处谨慎对待。因此君主虽然富有智慧却不用智慧思虑，让世上万物各处于自己的位置；富有才能却不凭才能去行事，以此来观察臣下言行的依据；有勇力也不用来逞威，而让群臣完全发挥出他们的武勇。所以君主去掉自己的智慧而臣下就表现出他们的明智，去掉自己的贤能而臣下就会逞贤立功，去掉自己的勇力而获得国家的强大。群臣各尽自己的职守，百官都有常法，君主根据他们各人的才能而加以使用，这就叫做遵照常规办事。所以说：寂静啊！君主好像没有处于君位；寥廓啊！臣下不知道君主在哪里。君主在上面无为而治，群臣在下面诚惶诚恐地尽职。圣明君主的处事原则，是让明智的人完全使出他们的智慧去思虑问题，而君主借助他们的智慧去决断政事，因此君主不会在智慧上有穷尽；有才能的人进献出他们的才干，君主依据他们的才能任用他们，因此君主不会在才能上有穷尽；获得成功君主就有了贤能的名声，有过错就让臣下来承担罪过，所以君主在好名声上没有穷尽。所以君主不贤而能做贤者的老师，不智而能做智者的君长。臣下承担辛劳，君主享受成功，这就叫做贤明君主的守常之道。

　　道在不可见，用在不可知；虚静无事，以暗见疵。见而不见，闻而不闻，知而不知。知其言以往，勿变勿更，以参合阅焉。官有一人，勿令通言，则万物皆尽。函掩其迹①，匿其端，下不能原；去其智，绝其能，下不能意。保吾所以往而稽同之，谨执其柄而固握之。绝其望，破其意，毋使人欲之。不谨其闭，不固其门，虎乃将存②。不慎其事，不掩其情，贼乃将生。弑其主，代其所③，人莫不与④，故谓之虎。处其主之侧为奸臣，闻其主之忒，故谓之贼。散其党，收其余，闭其门，夺其辅，国乃无虎。大不可量，深不可测，同合刑名⑤，审验法式，擅为者诛，国乃无贼。是故人主有五壅：臣闭其主曰壅，臣制财利曰壅，臣擅行令曰壅，臣得行义曰壅，臣得树人曰壅。臣闭其主，则主失位；臣制财利，则主失德；臣擅行令，则主失制；臣得行义，则主失明；臣得树人，则主失党。此人主之所以独擅也，非人臣之所以得操也。

【注释】

① 函掩：包含，掩盖。函，通"含"，包含。
② 虎：喻指阴谋篡权夺位的臣子。
③ 所：处所，这里指君位。
④ 与：听从，引申为归附。
⑤ 刑名：即"形名"。刑，通"形"。

【译文】

做君主的原则在于不能让臣下看出自己的心意，这个原则的运用在于不能使臣下知道自己的想法；君主保持虚静无为的态度，隐蔽地观察臣下的过失。看见了就好像没看见，听见了就好像没听见，知道了就好像不知道。君主了解臣下的主张之后，不要变更它，应用验证的办法考察他的言行是否合一。每个官职都只有一个人，不要让他们互相通气交谈，那么一切事情的真相就全都显露了。君主严密地包藏起自己的行迹，隐蔽起自己的念头，臣下无从探测；君主去掉自己的智慧，不要表现自己的才能，臣下就无法揣度。保守我所向往的意愿而考察臣下是否和我相同，谨慎地抓住权柄而牢固地把握它。杜绝臣下的窥视，破除他们的揣度，不要使人贪图我的权柄。不能谨慎地插好门栓，不牢固地守好你的门户，那么阴谋篡权的臣子就会像老虎一样闯入。不能谨慎地行事，不掩饰你的真实意图，奸臣的企图就将会产生。杀掉自己的君主，取代君主的位置，没有人不归附于他，所以这样的奸臣就叫做虎。潜伏在君主的身边，窥伺着君主疏忽出错的时候，所以这样的奸臣就叫做贼。君主应离散奸臣的同党，收审他的余孽，阻塞他的私门，铲除他的帮凶，国家就没有老虎了。君主的意图决策显得广大无边，深不可测，对臣下的言行加以审核，要求达到完全一致，擅自行动就要严惩，国家就不会有奸贼了。因此君主会受臣下五种蒙蔽：臣下遮蔽君主的耳目是一种蒙蔽，臣下控制君主的财利是一种蒙蔽，臣下擅自发号施令是一种蒙蔽，臣下收取仁义的名声是一种蒙蔽，臣下培植私人党羽是一种蒙蔽。臣下闭塞君主的耳目，君主就失去了其俯视天下的地位；臣下控制国家的财利，君主就失掉了以利收买人心的恩德；臣下擅自发号施令，君主就失去了对号令的控制；臣下能施行仁义获取名声，君主就失去了他的圣明；臣下能够拉帮结伙、培植党羽，君主就真的变成了孤家寡人。这些方面本来是君主所独自掌握的，不是臣下所能操纵的。

　　人主之道，静退以为宝。不自操事而知拙与巧，不自计虑而知福与咎。是以不言而善应，不约而善增。言已应，则执其契①；事已增，则操其符②。符契之所合，赏罚之所生也。故群臣陈其言，君以其言授其事，事以责其功。功当其事，事当其言，则赏；功不当其事，事不当其言，则诛。明君之道，臣不得陈言而不当。是故明君之行赏也，暧乎如时雨③，百姓利其泽；其行罚也，畏乎如雷霆，神圣不能解也。故明君无偷赏，无赦罚。赏偷，则功臣堕其业④；赦罚，则奸臣易为非。是故诚有功，则虽疏贱必赏；诚有过，则虽近爱必诛。疏贱必赏，近爱必诛，则疏贱者不怠，而近爱者不骄也。

【注释】
① 契：古代一种凭证。在竹简或木片上刻字，分成两半，当事人双方各执一半，验证时将两半相合。
② 符：古代调兵遣将时的凭证。用竹、木或铜、玉制成，中分为二，双方各执一半，验证时将两半相合。
③ 暧乎：温润的样子。
④ 堕其业：懈惰他们的事业。堕，通"惰"，懈惰。

【译文】
君主的原则，要将"静退"视为珍宝。不自己亲自操劳事务而知道臣下做得好与不好，不自己谋划考虑事情而知道臣下的计谋是得祸还是得福。所以君主不说话却善于应对，不对臣下作规定而臣下却能做更多的事情。既然口头上已对臣下的主张做出反应，就应该拿出契约来检查；事情既然增加了功效，就应拿出符契来兑现。以符契相合来验证，就是赏罚所以形成的依据。所以群臣陈述他们的想法，君主按他们陈述的主张交给他们要办的事务，根据交给他们的事情来责求应有的功效。功效与事情相称，事情与他们当初的言辞相称，就给予奖赏；功效与事情不相称，事情与他们当初的主张不相称，就给予严惩。圣明君主的行事原则，臣下不能陈述自己的主张而不恰当。所以圣明的君主施行赏赐，就像及时雨那样温润，百姓都蒙受他的恩泽；君主施行刑罚，就像雷霆那样威严，就是神圣也不可能解脱。因此圣明的君主不会随便给予赏赐，不会赦免应该给予的刑罚。随便给予奖赏，那么功臣就会懈惰他们的功业；赦免应有的刑罚，那么奸臣就会轻易地为非作歹。所以确实有功，即使是与自己关系疏远而卑贱的人也一定奖赏；确实有错，那么就算是自己亲近喜爱的人也一定要严惩。疏远卑贱的人一定奖赏，亲近喜爱的人一定惩罚，那么疏远卑贱的人就会兢兢业业，而亲近喜爱的人也不会骄横了。

二　柄

　　二柄，指刑与赏，即杀戮和奖赏这两种用来治理臣下的权柄。

　　全文分三段。第一段分析并强调了君主掌握和运用赏罚两种权柄的重要性。因为人臣都是"畏诛罚而利庆赏"的，所以刑赏二柄就能发挥作用；而刑赏二柄又关系到国家的安危，所以君主应独自掌握这两种权柄。第二段论述了正确运用刑赏二柄的方法，即"审合刑名"的主张："功当其事，事当其言，则赏；功不当其事，事不当其言，则罚"，目的是要使臣下不能"越官而有功"，"陈言而不当"。第三段进一步阐述君主在使用刑赏二柄时应注意的问题，即君主必须"掩其情"，"匿其端"，不表露自己的好恶，使臣下没有"缘以侵其主"的依据，不能蒙蔽君主。

明主之所导制其臣者①，二柄而已矣。二柄者，刑德也。何谓刑德？曰：杀戮之谓刑，庆赏之谓德。为人臣者畏诛罚而利庆赏，故人主自用其刑德，则群臣畏其威而归其利矣。故世之奸臣则不然②，所恶，则能得之其主而罪之；所爱，则能得之其主而赏之。今人主非使赏罚之威利出于己也，听其臣而行其赏罚，则一国之人皆畏其臣而易其君，归其臣而去其君矣。此人主失刑德之患也。夫虎之所以能服狗者，爪牙也，使虎释其爪牙而使狗用之，则虎反服于狗矣。人主者，以刑德制臣者也，今君人者释其刑德使臣用之，则君反制于臣矣。故田常上请爵禄而行之群臣③，下大斗斛而施于百姓④，此简公失德而田常用之也，故简公见弑。子罕谓宋君曰⑤："夫庆赏赐予者，民之所喜也，君自行之；杀戮刑罚者，民之所恶也，臣请当之⑥。"于是宋君失刑而子罕用之。故宋君见劫。田常徒用德而简公弑，子罕徒用刑而宋君劫。故今世为人臣者兼刑德而用之，则是世主之危甚于简公、宋君也。故劫杀拥蔽之主⑦，兼失刑德而使臣用之，而不危亡者，则未尝有也。

【注释】

①导：通"道"，由。
②故：通"顾"，可是。
③田常：即田成子，也称陈恒、陈成子，春秋末年齐

国的大臣。前481年，他发动政变，攻杀了齐国当时的君主齐简公，控制了齐国的政权。

④斛：古代的量器，十斗为一斛。

⑤子罕：即皇喜，姓戴。战国中期宋国的司城（掌管城建的官员），兼管刑狱，他劫杀了宋桓侯，夺取了宋国政权。宋君：指宋桓侯，被子罕劫杀。

⑥臣：子罕自称。

⑦拥：通"壅"，堵塞。

【译文】

圣明的君主所用来控制他的臣下的工具，只是两个权柄而已。两个权柄，就是刑和德。什么叫刑和德呢？回答是：杀戮就叫做刑，奖赏就叫做德。做人臣的害怕刑罚而想从奖赏获利，因此君主独自使用刑罚和奖赏，那么群臣就畏惧君主的威势而趋向君主奖赏的利诱。可是世上的奸臣却不是这样，他们对自己所讨厌的人，就能从君主那里窃取刑罚而治他的罪；对于自己所喜爱的人，他们又能从君主那里窃取奖赏而赏赐给他。如果君主不能使赏罚的威势和权力从自己手中发出，听由他的大臣窃取自己的权柄而施行自己的赏罚，那么整个国家的人就都害怕奸臣而轻视君主，投靠奸臣而背离君主。这就是君主失去了刑德二柄的祸患。老虎之所以能制服狗的原因，在于虎有锋利的爪牙，假如让虎去掉锋利的爪牙而让狗来用它，那么虎就反而要被狗制服了。君主靠的就是用刑德二柄来制服臣下，如果统驭臣下的君主舍弃了刑德二柄而让臣下来使用它，那么君主就反会被臣下制服了。所以田常从君主那里求得爵禄而赏赐给群臣，采用小斗斛进大斗斛出的办法向百姓施行恩惠，这样齐简公就失去了奖赏这一权柄而田常却使用了它，所以齐简公就被田常攻杀了。子罕对宋桓侯说："奖励赏赐，是老百姓所喜爱的，君主您自己施行；杀戮刑罚，是老百姓所厌恶的，下臣我请求来掌管。"因此宋桓侯失去了刑罚这一权柄而子罕却使用了它。所以宋桓侯被劫杀。田常只采用了奖赏而齐简公就被攻杀，子罕只采用了刑罚而宋桓侯就被劫杀。如果当今做臣下的统摄了奖赏和刑罚的大权，那么君主的危险就比齐简公、宋桓侯还要严重。因此被劫杀被蒙蔽的君主，同时失去了刑德二柄而让臣下使用，这样还不身危国亡的，还从未有过。

人主将欲禁奸，则审合刑名①；刑名者，言与事也。为人臣者陈而言②，君以其言授之事，专以其事责其功。功当其事，事当其言，则赏；功不当其事，事不当其言，则罚。故群臣其言大而功小者则罚，非罚小功也，罚功不当名也；群臣其言小而功大者亦罚，非不说于大功也③，以为不当名也害甚于有大功，故罚。昔者韩昭侯醉而寝④，典冠者见君之寒也，故加衣于君之上，觉寝而说，问左右曰："谁加衣者？"左右对曰："典冠。"君因兼罪典衣与典冠。其罪典衣，以为失其事也；其罪典冠，以为越其职也。非不恶寒也，以为侵官之害甚于寒。故明主之畜臣，臣不得越官而有功，不得陈言而不当。越官则死，不当则罪。守业其官，所言者贞也，则群臣不得朋党相为矣。

【注释】

①刑：通"形"，指事实。
②而：通"尔"，你的。
③说：同"悦"。下文"觉而说"之"说"与此同。
④韩昭侯：战国时韩国的君主。

【译文】

君主想要禁绝奸邪，就要仔细审察形名是否相合；形和名，就是言论和事实。做人臣的陈述他的主张，君主就根据他的言论而授予他事情，又专就他所做的事情责求他相应的功效。功效与他做的事情相当，事情和他的言论相当，就奖赏他；功效和他所做的事不相当，事情和他的言论不相当，就惩罚他。所以群臣的言论大而功效小的就惩罚他，不是惩罚他功效小，是惩罚他的功效和言论不相当；群臣说小了而功效大也要惩罚，不是不喜欢臣下建立了大的功效，是因为他的言行不符的危害比立下了大功还大，所以就惩罚他。从前韩昭侯酒醉后睡着了，掌管君主帽子的官员见到韩昭侯冷，就拿衣服盖到韩昭侯身上，韩昭侯醒来后很高兴，问身边的侍从说："是谁给我盖上的衣服？"身边的侍从回答说："是负责帽子的官员。"韩昭侯因此同时治了负责帽子的官员和负责衣服的官员的罪。韩昭侯治负责衣服官员的罪，是因为他失职了；治负责帽子的官员的罪，是因为他超越了自己的职权。韩昭侯不是喜欢受冷，是因为违反官员职责的危害比受寒冷更大。所以圣明的君主蓄养臣下，臣下不能超越自己的职权去立功，不能陈述不适当的意见。超越自己的职权要严惩，意见不适当要治罪。臣下要恪守自己的职责，他所说的话都要与事实相符，那么臣下就不能结成朋党营私舞弊了。

人主有二患：任贤，则臣将乘于贤以劫其君；妄举，则事沮不胜。故人主好贤，则群臣饰行以要君欲，则是群臣之情不效；群臣之情不效，则人主无以异其臣矣。故越王好勇而民多轻死①；楚灵王好细腰而国中多饿人②，齐桓公妒而好内③，故竖刁自宫以治内④；桓公好味，易牙蒸其子首而进之⑤；燕子哙好贤⑥，故子之明不受国⑦。故君见恶⑧，则群臣匿端；君见好，则群臣诬能。人主欲见，则群臣之情态得其资矣。故子之托于贤以夺其君者也，竖刁、易牙因君之欲以侵其君者也。其卒，子哙以乱死，桓公虫流出户而不葬⑨。此其故何也？人君以情借臣之患也。人臣之情非必能爱其君也，为重利之故也。今人主不掩其情，不匿其端，而使人臣有缘以侵其主，则群臣为子之、田常不难矣。故曰："去好去恶，群臣见素。"群臣见素，则大君不蔽矣。

【注释】

①越王好勇而民多轻死：越王喜爱勇敢，就有很多人

不怕死。越王，指越王勾践，春秋时越国的君主。

② 楚灵王好细腰而国中多饿人：楚灵王喜欢细腰，国内就有很多饿死的人。楚灵王，春秋时楚国的君主。据说，楚灵王喜欢细腰，他的臣下为了使腰变细，都只吃一顿饭，等到一年后，朝廷上的大臣多面黄肌瘦。

③ 齐桓公妒而好内：齐桓公妒嫉男人而喜好女色。齐桓公，名小白，春秋时齐国的国君，著名的"春秋五霸"之一。妒，嫉妒男子。好内，爱好女色。

④ 竖刁：齐桓公宠爱的侍仆。自宫：自己阉割。治内：治理宫中的事。

⑤ 易牙：齐桓公宠信的侍臣。

⑥ 子哙（kuài）：战国时燕国的君主，为了让贤，他曾要把王位让给燕相子之。

⑦ 子之：子哙的相。前316年，子哙把王位让给他。

⑧ 见：同"现"，表现。下文"见好"、"见恶"之"见"与此同。

⑨ 虫流出户而不葬：前643年，齐桓公患重病，易牙、竖刁、开方等乘机作乱，堵塞宫门，饿死齐桓公，齐桓公三月不得葬，尸体生蛆虫，爬出门外。

【译文】

君主有两种祸患：如果任用贤人，那么臣下就会借贤能的名声来劫持他的君主；随意地选用人才，那么事情就会败坏而不成功。所以君主喜欢用贤能的人，那么群臣就会修饰他的行为来迎合他的君主的心愿，这样群臣的真情就不会表现出来；群臣的真情不呈现出来，那么君主就无法分辨出臣下的好坏了。所以越王勾践喜爱勇敢而民众就大都不怕死；楚灵王喜欢细腰就使楚国有很多人为使腰变细节食饿死；齐桓公嫉妒男人而喜好女色，竖刁因此自行阉割而治理宫内的事；齐桓公喜爱美味，易牙就蒸了自己儿子的头进献给桓公；燕王子哙喜爱贤才准备将王位让贤，子之就表面上不接受燕王的位置。所以君主表现出厌恶什么，那么群臣就会把这方面的事隐藏起来；君主表现出爱好什么，那么群臣就会假称自己有这方面的才能。君主的欲望表现出来，群臣就会借此表现自己的情态。所以子之是假托于贤名而危害他的君主的，竖刁、易牙是顺着君主的欲望而侵犯他们的君主的。这样的结果，子哙因为让位子之的混乱而死亡，齐桓公尸体的蛆虫爬到门外而得不到安葬。这是什么原因呢？是君主把自己的真情显露给臣下而被臣下利用的祸患。人臣的真实本心并不一定会爱他们的君主，而只是因为看重利益的缘故。如果君主不掩饰自己的真情，不隐藏起自己准备要做的事情，而让人臣有机会借此来侵犯他的君主，那么群臣要做子之、田常就不难了。因此说："君主不表现出自己的好恶，群臣就会显现他们的本来面目。"群臣显现出他们的本来面目，那么君主就不会受到蒙蔽了。

扬　权

扬权,就是宣扬君权。

本篇从哲学的高度,提出了君权至上的主张。文章认为道是与万物不同、独一无二而又支配一切的,君主体现了道的这些特点,故"明君贵独道之容",应该树立至高无上的权威。作者还论述了君主"用一之道"的原则和方法。基本原则就是要虚静无为,掌握形名之术,控制刑德权柄,方法是要神秘莫测,坚决打击朋党势力,摧毁臣下结盟的可能,消除威胁君主至高无上权威的力量,保持君主独尊的地位。

根据《文选·蜀都赋》唐代刘逵的注,韩非的这篇文章又名"扬榷（què）",有纲要的意思,也可讲通。此处依一般的读法,仍称"扬权"。

天有大命，人有大命。夫香美脆味，厚酒肥肉，甘口而疾形；曼理皓齿，说情而捐精①。故去甚去泰②，身乃无害。权不欲见③，素无为也。事在四方，要在中央。圣人执要，四方来效。虚而待之，彼自以之。四海既藏，道阴见阳④。左右既立⑤，开门而当⑥。勿变勿易，与二俱行⑦。行之不已，是谓履理也。

夫物者有所宜，材者有所施，各处其宜，故上无为。使鸡司夜，令狸执鼠⑧，皆用其能，上乃无事。上有所长，事乃不方。矜而好能，下之所欺；辩惠好生⑨，下因其材。上下易用，国故不治。

用一之道，以名为首。名正物定，名倚物徙。故圣人执一以静，使名自命，令事自定。不见其采，下故素正。因而任之，使自事之；因而予之，彼将自举之；正与处之，使皆自定之。上以名举之，不知其名，复修其形。形名参同，用其所生。二者诚信，下乃贡情。

谨修所事，待命于天。毋失其要，乃为圣人。圣人之道，去智与巧，智巧不去，难以为常。民人用之，其身多殃；主上用之，其国危亡。因天之道，反形之理，督参鞠之⑩，终则有始⑪。虚以静后，未尝用己。凡上之患，必同其端⑫；信而勿同，万民一从。

【注释】

①说:同"悦"。捐:耗费,丢弃。

②泰:通"太",过分。

③见:同"现"。

④道:由,从。

⑤左右:指文事和武备。一说指辅政的大臣。

⑥开门而当:打开耳目听听看看。开门,指打开耳目等感觉器官。当,受,接受。

⑦二:指"天有大命,人有大命"。

⑧狸:猫。

⑨辩惠好生:即好生辩惠。惠,通"慧"。

⑩鞠:通"鞫",寻根究底。

⑪有:通"又"。

⑫端:指事物的一个方面。

【译文】

自然有必然的趋势,人类有普遍的法则。香脆鲜美的食物,肥美浓厚的醇酒,虽然吃在口里很甜美但却会对身体有害;细腻的肤色和洁白的牙齿,虽然令人生爱怜之情却要耗费你的精气。因此去掉这些过分的和过度的,身体就不会受到损害。权谋不要表现出来,它的本色是自然无为的。事情要由四方的臣去做,而国家的最高权力却在中央君主手里。圣人掌握着国家的关键,四方的臣民就来效力。君主用虚静的态度来对待他们,他们会自然用上自己的才能。君主既已胸怀中包藏四海,就可从静中观察臣子的动态。辅佐的大臣既已按法制设立,君主就只要打开自己的耳目考察他们的行为。不要经常变更，要按自然与人类的普遍法则行动。坚持这样做不要停止，这就叫做按事理办事。

事物都有它适宜的用处，才能都有它施展的地方，各自处在适当的位置上，所以君主可以无为而治。让鸡来负责报晓，让猫来负责捉鼠，臣下像这样都使用他们的才能，君主就可以无所事事了。君主如果在某一方面具有特长，就会在处理国家大事方面不当。君主自夸自大而喜好贤能，就会被臣下所欺骗；君主喜欢卖弄口才和智慧，臣下就会利用这种特性行骗。君主和臣下的地位和作用颠倒了，国家就治理不好。

以道的原则治理国家，要把确定客观事物的名称摆在首位。名称正确地反映了客观事物，事物的性质就明确了；名称有偏差事物就捉摸不定。所以圣明的人把握道而虚静以待，名称要让它所反映的内容自己确定，让事物依自己的性质去确定。君主不表现出自己的才能，臣下就会显现出自己真正的本色。依据其本色而任用他们，使他们自行办理政事；依据他们的本色而分派事情，他们将自动地去承担办理政事。正确地运用这种原则来安排臣下，使臣下都能自行地完成任务。君主以臣下的主张来举用他，不知他的主张是否恰当，就去考察它付诸行动后的效果。效果和主张相符，那就根据结果予以奖赏。赏罚二者都确实兑现了，臣下就会贡献出真诚。

君主应谨慎地处理自己的政事，等待天的命令。不要失去了国家的权柄，这样才能成为圣人。圣人的治理原则，是去掉个人的智巧；个人的智巧不去掉，就难以把这个原则作为治国的常规。一般人任用智巧，自身就会多遭祸殃；君主如果使用智巧，他的国家就会危殆灭亡。依据自然的法则，推及事物的具体道理，考察事物寻根问底，这样周而复始。使认识产生于虚静地观察事物之后，从来不用自己的主观臆断。凡是君主所遇到的祸患，一定是由于片面地赞同某一方面的意见；态度真诚而不轻易赞同某一方面的意见，民众就会一致服从君主。

夫道者，弘大而无形；德者，核理而普至。至于群生，斟酌用之，万物皆盛①，而不与其宁。道者，下周于事，因稽而命，与时生死。参名异事，通一同情。故曰：道不同于万物，德不同于阴阳②，衡不同于轻重③，绳不同于出入④，和不同于燥湿⑤，君不同于群臣。——凡此六者，道之出也。道无双，故曰一。是故明君贵独道之容。君臣不同道，下以名祷。君操其名，臣效其形，形名参同，上下和调也。

凡听之道，以其所出，反以为之入。故审名以定位，明分以辩类⑥。听言之道，溶若甚醉⑦。唇乎齿乎，吾不为始乎；齿乎唇乎，愈惛惛乎⑧。彼自离之，吾因以知之；是非辐凑⑨，上不与构。虚静无为，道之情也；参伍比物，事之形也。参之以比物，伍之以合虚。根干不革，则动泄不失矣。动之溶也⑩。无为而攻之。喜之，则多事；恶之，则生怨。故去喜去恶，虚心以为道舍。上不与共之，民乃宠之；上不与义之⑪，使独为之。上固闭内扃⑫，从室视庭⑬，咫尺已具，皆之其处。以赏者赏，以刑者刑，因其所为，各以自成。善恶必及，孰敢不信？规矩既设，三隅乃列。

【注释】

①盛：通"成"。
②阴阳：古代中国人认为任何事物必由一正一反的两个基本因素构成，这两个因素就是阴阳。
③衡：指衡器，称重量的器具。
④绳：木工用的墨线。出入：指凹凸于墨线之外不平直的部分。
⑤和：古代的乐器名，小型的笙，定音律用。燥湿：指乐器随着气候的干燥或潮湿而声音有所变化。
⑥分：分际，界限。辩：通"辨"，辨别。
⑦溶：通"容"，容貌。
⑧惛（hūn）：通"昏"，糊涂。
⑨辐凑：车轮上的辐条凑集在车毂上，比喻聚集，集中。
⑩溶：通"搈"，摇动，扰乱。
⑪义：通"议"，议论。
⑫内扃（jiōng）：关上门，比喻君主深藏不露。内，同"纳"。
⑬从室视庭：从内室向庭院中观察，比喻"道阴见阳"。

【译文】

道是广大而没有具体形状的,德是内含着理而普遍存在的。至于万物,都是自然地吸取了道、德的内在之理而形成的,可不与它们一同停息。道,普遍存在于万事万物之中,它根据对事物的考核而给予它们不同的名称,让它们随时间的推移而产生和死亡。考察它们的名称各不相同,而"以道观之"则实质没有区别。所以说:道与万物是不同的,德和阴阳是不一样的,衡器和它衡量的轻重是不相同的,墨线和它所矫正的凹凸不平的部分不同,和这种定音器与由于受燥湿影响而形成声音变化不同,君主和群臣不相同。以上这六种具体的事物,都是道衍化出来的。道是独一无二的,所以叫做一。因此圣明的君主尊重道那独一无二的样子。君主和臣下遵循的原则不同,臣下用自己的主张向君主祈求。君主操纵着臣下的主张,臣下贡献出他们的事功,臣下的事功和他们向君主进献的主张符合了,君臣上下的关系就和谐了。

君主听取分辨臣下言论的原则,是要用臣下发表出来的言论,反过来作为他们所贡献事功的检验根据。所以要审核言论来确定职位,弄清是非界限来辨析臣下的类别。听取考察臣下言辞的方法,要像喝醉酒的样子。臣下摇唇鼓舌,君主我却不发一言;臣下鼓舌摇唇,君主我越发装成糊涂的样子。臣下自己分析他们的意见,君主我则由此而知道他们的意图;正确的和错误的意见都集中到君主手里,但君主却不与他们一起讨论。虚静无为,是道本来的面貌;验证和连结事物,是由事物的实际情形决定的。用连结事物的方法来全面加以验证，用合乎虚静之道的原则来交互衡量。树木的根本和主干不移动，那么怎么摇动它也不会有失。尽管臣下动摇和扰乱君主，君主仍要以无为的原则处理一切。君主表现出喜爱，臣下就会讨好多事；君主表现出厌恶，臣下就会同样怨恨某种事物。所以君主要去掉爱憎的表现，使内心虚空成为容纳道的住所。君主不和臣下共同拥有权力，臣下就会尊敬君主；君主不和臣下讨论事情，让臣下单独去做事情。君主应紧紧地把门关上，从内室窥视庭院的动静，咫尺间微小的事物，一切都纳入到君主的视野。认为该奖赏的就奖赏，认为该惩罚的就惩罚。赏罚的根据在于臣下的所作所为，一切都是他们自己造成的。他们做的好事和坏事一定会得到相应的赏罚，谁还敢不忠诚老实？法度规则既已具备了，其他方面就都可端正了。

　　主上不神，下将有因；其事不当，下考其常。若天若地，是谓累解；若地若天，孰疏孰亲？能象天地，是谓圣人。欲治其内，置而勿亲；欲治其外，官置一人；不使自恣，安得移并①？大臣之门，唯恐多人。凡治之极，下不能得。周合刑名②，民乃守职；去此更求，是谓大惑。猾民愈众，奸邪满侧。故曰：毋富人而贷焉，毋贵人而逼焉，毋专信一人而失其都国焉。腓大于股③，难以趣走④。主失其神，虎随其后⑤。主上不知，虎将为狗。主不蚤止⑥，狗益无已。虎成其群，以弑其母⑦。为主而无臣，奚国之有？主施其法，大虎将怯；主施其刑，大虎自宁。法刑苟信，虎化为人，复反其真⑧。

欲为其国，必伐其聚⑨；不伐其聚，彼将聚众。欲为其地，必适其赐；不适其赐，乱人求益。彼求我予，假仇人斧；假之不可，彼将用之以伐我。黄帝有言曰⑩："上下一日百战。"下匿其私，用试其上；上操度量，以割其下。故度量之立，主之宝也；党与之具，臣之宝也。臣之所不弑其君者，党与不具也。故上失扶寸⑪，下得寻常⑫。有国之君，不大其都；有道之臣，不贵其家。有道之君，不贵其臣；贵之富之，彼将代之。备危恐殆，急置太子，祸乃无从起。内索出圉⑬，必身自执其度量。厚者亏之，薄者靡之。亏靡有量，毋使民比周，同欺其上。亏之若月，靡之若热。简令谨诛，必尽其罚。

【注释】

①移并：改变，侵占。指侵越职权。

②刑：通"形"。

③腓大于股：小腿肚大于大腿。腓（féi），腿肚子，小腿后面鼓起的肉。

④趣：通"趋"，急匆匆地小跑。

⑤虎：比喻阴谋篡权的大臣。

⑥蚤止：尽早禁止。蚤，通"早"。

⑦母：喻指君主。

⑧反：同"返"，恢复。

⑨聚：通"丛"，指丛生的草木，这里比喻朋党。
⑩黄帝：传说中我国原始社会的部落首领，战国至秦汉时期的黄老道家学派把他和老子说成本学派的创始人，法家在理论上采用道家学说，故也引用黄帝之言。
⑪扶寸：古代长度的计量单位，四指的宽度为一扶，一指的宽度为一寸。
⑫寻常：古代长度的计量单位，八尺为一寻，两寻为一常。
⑬内索出圉（yǔ）：在宫廷内搜索，在宫廷外防御。圉，通"御"，防御，抵御。

【译文】
君主不神秘莫测，臣下将有造成奸诈的依据；君主处理事情不当，臣下就会作为常例来援引。像天和地那样，这才叫做平正；像地和天那样，哪有什么亲近和疏远？能够像天地那样行事，就可以称为圣人。想把宫廷之内治理好，必须设置左右近臣而又不亲近他们；想把宫廷以外治理好，每个官职只设置一个专人；不让他们放肆行动，怎么会出现侵职越权的事？大臣的门下，最令人担心的就是有很多人投奔。凡是治理达到最佳境地，臣下就不能结党营私。规定人臣的主张和事功必须切合，臣民就会恪守他的职责。舍弃这种办法而寻求别的方法，这就叫最大的迷惑。刁猾狡诈的人就会越来越多，奸邪之臣就会布满君主的四周。所以说：不要使别人太富裕而自己要向他借贷，不要使别人太尊贵而自己反而受到逼迫，不要专门相信一个人而丢失了自己的都城和国家。小腿比大腿还粗，就会难以小步快跑。君主如果失去了神秘莫测之术，奸臣就会紧随其后。君主如果不知情，这些如老虎一样的奸臣就会伪装成狗。君主如果不及早制止，狗就会不断增加。等到那些奸臣成了群，他们就会杀掉君主。作为一个君主而没有臣下，那这个君主也就没有国家。君主施行法令，如虎的奸臣就害怕；君主施行刑罚，如虎的奸臣就会安静驯服。法令刑罚如果真正执行了，如虎的奸臣也会重新做人，恢复他作为人的本来面目。

准备治理好国家，一定要像砍伐丛生的杂草一样斩除朋党；不斩除草丛般的朋党，朋党将聚集得越来越多。想要治理好国境，一定要将奖赏控制在适当程度；不将奖赏控制在适当程度，乱臣的要求就会越提越多。他们提出要求我就给予，这等于借给仇人斧头；借给仇人斧头是不可行的，他将用这把斧头来砍我。黄帝有句话说："君臣上下一天内就有上百次冲突。"臣下隐匿他们的私情，用以试探君主；君主操纵法度，用来制裁臣下。设立法度，是君主的法宝；形成朋党，是臣子的法宝。臣下之所以还不敢弑君篡位，是他的朋党还没有形成。所以君主在法度方面有一点偏差，臣下就会利用它谋取巨大的利益。统治国家的君主，不使分封出去的都邑扩大；恪守为臣原则的臣子，不会使属下的私家尊贵起来。懂得治国之道的君主，不使他的臣下显贵起来；使臣下富裕显贵起来，他就将会取代自己。君主防备危险发生的办法，是赶快立继位的太子，祸患就无从发生。在宫廷内搜索奸臣在宫廷外防御奸邪，君主一定要亲自掌握法度。对于势力大的要削弱他的力量，对于势力弱的可适当增加一些。削弱和增加都要有分寸，不要使臣下趁机勾结起来，共同欺侮君主。削弱要像月亮那样逐渐变小，增加要像物体受热那样逐渐变大。法令简明而惩罚谨慎，对该罚的人都要惩罚。

毋弛而弓，一栖两雄。一栖两雄，其斗𪄠𪄠①。豺狼在牢，其羊不繁。一家二贵，事乃无功。夫妻持政，子无适从。

为人君者，数披其木②，毋使木枝扶疏；木枝扶疏，将塞公闾，私门将实，公庭将虚，主将壅围。数披其木，无使木枝外拒；木枝外拒，将逼主处。数披其木，毋使枝大本小；枝大本小，将不胜春风；不胜春风，枝将害心③。公子既众④，宗室忧吟。止之道，数披其木，毋使枝茂。木数披，党与乃离。掘其根本，木乃不神。填其汹渊⑤，毋使水清。探其怀，夺之威。主上用之，若电若雷。

【注释】

① 𪄠𪄠（yán）：鸟争斗鸣叫的声音。
② 数（shuò）披其木：经常削剪大臣的枝干。数，多次，经常。木，树木，这里比喻大臣。
③ 枝将害心：树枝将损害树干。心，指树的中心、主干。
④ 公子：君主的儿子，除太子以外，都称公子。

⑤汹渊：汹涌的深潭，比喻奸党势力雄厚。

【译文】

不要放松你的弓，要防止一只鸟窝中有两只雄鸟。一只鸟窝有两只雄鸟，彼此就会发出争斗叫唤的声音。豺狼钻进了羊圈，羊群的数量就不会增多。一个家庭有两个人同时尊贵，家务就没有一件能决定。夫妇俩同时主持家务，儿子就会无所适从。

做君主的，应当经常削剪臣下的树干，不要让他们的树木枝叶茂密；臣下的树干枝叶茂密，将会把朝廷堵塞起来，私家的门下就会充实富裕，朝廷的衙门就会门可罗雀，君主就将会被壅蔽围困。君主经常削剪树木，不要使树枝向外伸展，树枝向外伸展，将会逼迫君主的住处。经常削剪树木，不要使树枝大树干小；树枝大树干小，将经不起春风的吹拂；经不起春风的吹拂，树枝就会损害树干。太子以外的公子太多，嫡长子一系就要担忧而哀吟了。制止他们的方法，就是要经常削剪树木，不要使树枝太茂盛了。树木经常被削剪，枝叶一样聚集的朋党就离散了。将树的根和树干都掘起来了，大树就没有神气了。将奸党势力雄厚的深潭填起来，不要让水奔腾咆哮。探测臣下和公子心中的阴谋，剥夺掉他们的权势。君主使用自己的权势，要像雷电一样迅疾果断。

孤　愤

"孤愤"是指法家思想家在与当权重臣斗争中的孤特之势和悲愤的心情。

本文揭示了当时诸侯国内存在的维护君主专权的"智法之士"和结党营私盗窃国柄的"当涂之人"的尖锐对立，着重分析了"当涂之人"如何利用各种有利条件与"智法之士"争取控制君主，而君主由于受"当涂之人"的欺骗和蒙蔽，以至于失势亡国的严重局面，这也是"智法之士"无法得到君主了解和信任，往往遭受杀戮和迫害，并产生强烈孤立无援和悲愤之感的原因。

文章逻辑严密而言词犀利，带有强烈的感情色彩，读后令人扼腕。司马迁曾以此篇和《说难》为韩非在秦国遭囚禁所作，并用以激励自己发愤著书，完成其历史巨著——《史记》的创作。

智术之士①,必远见而明察,不明察,不能烛私;能法之士②,必强毅而劲直,不劲直,不能矫奸。人臣循令而从事,案法而治官③,非谓重人也。重人也者,无令而擅为,亏法以利私,耗国以便家,力能得其君,此所为重人为④。智术之士明察,听用,且烛重人之阴情;能法之士劲直,听用,且矫重人之奸行。故智术能法之士用,则贵重之臣必在绳之外矣。是智法之士与当涂之人⑤,不可两存之仇也。

当涂之人擅事要,则外内为之用矣。是以诸侯不因,则事不应,故敌国为之讼⑥;百官不因,则业不进,故群臣为之用;郎中不因⑦,则不得近主,故左右为之匿;学士不因,则养禄薄礼卑,故学士为之谈也。此四助者,邪臣之所以自饰也。重人不能忠主而进其仇,人主不能越四助而烛察其臣,故人主愈弊而大臣愈重⑧。

凡当涂者之于人主也,希不信爱也⑨,又且习故。若夫即主心,同乎好恶,固其所自进也。官爵贵重,朋党又众,而一国为之讼。则法术之士欲干上者,非有所信爱之亲、习故之泽也,又将以法术之言矫人主阿辟之心⑩,是与人主相反也。处势卑贱,无党孤特。夫以疏远与近爱信争,其数不胜也;以新旅与习故争,其数不胜也;以反主意与同好恶争,其数不胜也;以轻贱与贵重争,其数不胜也;以一口与一国争,其数不胜也。法术之士操五不胜之势,以岁数而又不得见;当涂之人乘五胜之资,而旦暮独说于前。故法术之士奚道得进,而人主奚时得悟乎?故资必不胜而势不两存,法术之士焉得不危?其可以罪过诬者,以公法而诛之;其不可被以罪过者,以私剑而穷之。是明法术而逆主上者,不僇于吏诛⑪,必死于私剑矣。朋党比周以弊主,言曲以便私者,必信于重人矣。故其可以功伐借者,以官爵贵之;其不可借以美名者,以外权重之。是以弊主上而趋于私门者,不显于官爵,必重于外权矣。今人主不合参验而行诛,不待见功而爵禄⑫,故法术之士安能蒙死亡而进其说?奸邪之臣安肯乘利而退其身?故主上愈卑,私门益尊。

【注释】

① 智术之士:懂得使用驭臣之术的人。智,同"知"。下文凡言"智术之士"与此同。
② 能法之士:能推行法治的人,指法家人物。
③ 案:通"按",按照,依照。
④ 为:通"谓"。
⑤ 涂:通"途"。下文凡言"当涂之人"与此同。
⑥ 讼:通"颂",颂扬。下文"一国为之讼"之"讼"与此同。
⑦ 郎中:君主的侍从官员,负责通报警卫。
⑧ 弊:通"蔽",蒙蔽。下文"弊主"之"弊"与此同。
⑨ 希:通"稀",稀少。

⑩阿辟之心：邪恶之心。辟，通"僻"。
⑪僇：通"戮"，杀害。
⑫见：同"现"，表现。

【译文】

通晓法术的人，一定有远见而明察秋毫，不明察秋毫，就不能洞察隐私；能推行法治的人，一定是坚定果断而刚劲正直，不刚劲正直，就不能纠察和惩治奸邪。一般臣子遵循法令去办事，依照法律而履行职责，不能称为控制大权的人。控制国家大权的人，无视国家法令而擅自作为，破坏国家法律以谋取私利，耗费国家财富而便利私家，他的势力能够控制国君，这就是所谓控制国家大权的人。通晓法术的人明察秋毫，如果听信并任用他们，他们将洞察那些控制国家大权者的阴谋奸术；能推行法治的人刚劲正直，如果听信并任用他们，他们将纠察惩办控制国家大权者的不法行为。所以通晓法术的人被任用，那么尊贵弄权的大臣一定为法制所不容。因此通晓法术的人与当道掌权者，是势不两立的仇敌。

当道掌权者控制国家的大权，那么国内外的势力就都要为他们所用。因此诸侯不依靠他们，那事情就不会被答应，所以其他诸侯国就要为他们唱赞歌；朝中百官不凭借他们，自己的功业就无法进献给君主，所以群臣人人都要为他们使用；郎中这些君主的侍从如果不依靠他们，就不能靠近君主，所以君主身边的人都要为他们隐瞒罪行；治学术的人不依靠他们，就会收入微薄地位低下，所以这些做学问的人就为他们吹捧。这四种辅助势力，是奸邪之臣所用来粉饰自己的手段。控制国家大权的人不能够忠于君主而举荐法术之士，君主不可能超过奸臣的四种辅助势力而洞察所有臣子，所以君主就越来越被蒙蔽而大臣就日益控制住国家的大权。

凡是当道掌权者对于他们的君主，很少不被君主信任和宠爱的，而且是君主所亲昵熟悉的。至于投合君主的心意，迎合君主的好恶，这本来就是他们所得到进用的手段。他们官爵高权位重，党羽又多，况且全国上下都在赞颂他们。而法术之士想要求得君主的任用，跟君主没有信任和宠爱的那种关系，也没有受君主亲昵熟悉的恩泽，又要用法术的言论来纠正君主邪恶的偏心，这些就和君主的心意相违背。法术之士所处的政治地位卑贱，没有党羽且孤立无援。凭着与君主疏远的关系来与君主信任宠爱的人相争，从常理上说是不能取胜的；凭着新来旅客的身份与君主所熟悉亲昵的人相争，从常理上说是不能取胜的；凭着与君主心意相违背的行为和与迎合君主好恶的人相争，从常理上说是不能取胜的；凭着轻微低贱的地位与官爵尊贵的人相争，从常理上说是不能取胜的；凭着一张嘴和全国上下的一致附和声相争，从常理说是不能取胜的。法术之士处在这五种不利的情势之下，又加上常年不能与君主见面；当道掌权者凭借着五种有利形势，且能随时在君主面前单独进说。法术之士通过什么途径才能得到进用，而君主又何时才能醒悟呢？因此凭不能取胜的形势而又与当道掌权者势不两立，法术之士怎么能不危险？如果当道掌权者能用罪名诬陷，就借用国家的法令杀害他们；如果不能加给罪名的,就用私家的剑客来结束他们的性命。这样深明法术而违背君主心意的法术之士,不是死于官吏的刑杀,必定会死于私家的剑客。互相勾结成死党以蒙蔽君主,颠倒是非而便利私家的人,一定会被控制国家大权者信任。所以对可以用功劳做借口的,就用官爵让他尊贵起来;对于不能用好名声做借口的,就利用国外诸侯的势力使他们尊贵起来。所以蒙蔽君主而奔走于控制国家大权者的私门的,不是在官爵上显赫,就一定借用外国诸侯的势力显贵。现在君主不检验名实是否相符就实行刑戮,不等待功劳建立就授予爵禄,因此法术之士怎么能冒着死亡的危险而进献他们的学说呢?奸邪之臣又怎么肯当着利益而自动引退?所以君主的地位越来越低,奸臣私家的地位则越来越尊贵。

夫越虽国富兵强①,中国之主皆知无益于己也,曰:"非吾所得制也。"今有国者虽地广人众,然而人主壅蔽,大臣专权,是国为越也。智不类越②,而不智不类其国,不察其类者也。人之所以谓齐亡者③,非地与城亡也,吕氏弗制而田氏用之④;所以谓晋亡者⑤,亦非地与城亡也,姬氏不制而六卿专之也⑥。今大臣执柄独断,而上弗知收,是人主不明也。与死人同病者,不可生也;与亡国同事者,不可存也。今袭迹于齐、晋,欲国安存,不可得也。

凡法术之难行也,不独万乘⑦,千乘亦然。人主之左右不必智也,人主于人有所智而听之,因与左右论其言，是与愚人论智也；人主之左右不必贤也，人主于人有所贤而礼之，因与左右论其行，是与不肖论贤也。智者决策于愚人，贤士程行于不肖，则贤智之士羞而人主之论悖矣。人臣之欲得官者，其修士且以精洁固身⑧，其智士且以治辩进业⑨。其修士不能以货赂事人，恃其精洁而更不能以枉法为治，则修智之士不事左右、不听请谒矣。人主之左右，行非伯夷也⑩，求索不得，货赂不至，则精辩之功息，而毁诬之言起矣。治辩之功制于近习，精洁之行决于毁誉，则修智之吏废，则人主之明塞矣。不以功伐决智行，不以参伍审罪过，而听左右近习之言，则无能之士在廷，而愚污之吏处官矣。

万乘之患，大臣太重；千乘之患，左右太信：此人主之所公患也。且人臣有大罪，人主有大失，臣主之利相与异者也。何以明之哉？曰：主利在有能而任官，臣利在无能而得事；主利在有劳而爵禄，臣利在无功而富贵；主利在豪杰使能，臣利在朋党用私。是以国地削而私家富，主上卑而大臣重。故主失势而臣得国，主更称蕃臣⑪，而相室剖符。此人臣之所以谲主便私也。故当世之重臣，主变势而得固宠者，十无二三。是其故何也？人臣之罪大也。臣有大罪者，其行欺主也，其罪当死亡也。智士者远见而畏于死亡，必不从重人矣；贤士者修廉而羞与奸臣欺其主，必不从重臣矣。是当涂者之徒属，非愚而不知患者，必污而不避奸者也。大臣挟愚污之人，上与之欺主，下与之收利侵渔，朋党比周，相与一口，惑主败法，以乱士民，使国家危削，主上劳辱，此大罪也。臣有大罪而主弗禁，此大失也。使其主有大失于上，臣有大罪于下，索国之不亡者，不可得也。

【注释】

①越：诸侯国名，范围包括今浙江大部和江苏、江西部分地区，春秋末战国初越国曾一度强盛。

②智：同"知"，知道。下文"不智"之"智"与此同。

③齐：诸侯国名，范围包括今山东北部、东部和河北东南部。

④吕氏：齐在周初为吕尚的封国，后由其子孙世袭，故称吕氏。田氏：本是春秋时陈国的公子，到齐国后称田氏。前481年齐国执政大臣杀死齐简公吕壬，控制了政权。前386年田和立为齐侯，取代了吕氏政权。

⑤晋：诸侯国名，范围包括今山西大部和河南、河北、陕西部分地区。

⑥姬氏：晋国在周初是周成王的弟弟唐叔虞的封国，姬姓，故称姬氏。六卿：指春秋末晋国的六家掌权贵族，即范氏、中行氏、知氏、赵氏、韩氏、魏氏。

⑦万乘（shèng）：万辆兵车，泛指大国。

⑧修士：从品德上严格要求自己的人。

⑨治辩：办事，才干。辩，通"办"。

⑩伯夷：商朝末年孤竹国君主的大儿子，曾让位于他的弟弟。周武王伐纣后，他逃到首阳山，不食周粟而死。古代把他视为清高廉洁的典范。

⑪蕃臣：领有封地的臣属。蕃，通"藩"。

【译文】

越国虽国家富足军队强盛，但中原地区的君主都知道越国对自己没有什么用处，说："它不是我所能控制的。"现在一个国家虽然土地广阔人口众多，但这个国家的君主被蒙蔽，大臣专权跋扈，这样君主对自己的国家就像对越国一样不能控制了。知道自己的国家和越国不一样，而不知道失去了对国家的控制已使国家不像是自己的了，这是不懂得明察事情的类似性。人们之所以说齐国灭亡了的原因，不是齐国的土地和城镇不存在了，而是说吕氏不能控制而田氏占有了它；所以说晋国灭亡了的原因，也不是说晋国的土地和城镇消灭了，而是说姬氏不能控制而被六卿把持了。现在大臣执掌权柄独断专行，但君主不懂得收回，这是君主不明智。与病死的人患同样的病的人，不可能活下去；与灭亡的国家有同样政情的，不可能存在。现在沿袭齐国、晋国亡国的故事，想要国家安稳存在下去，是不可能的。

大凡法术难以推行，不只是在大国是这样，在中小国家也是如此。君主的身边近侍不一定智慧，君主认为某人有智慧而听取他的意见，因而与身边的近侍评论智慧的人的言论，这是在与愚蠢的人讨论智慧；君主的身边近侍不一定贤德，君主认为某人有贤德而礼遇此人，因而与身边的近侍评论贤德的人的品行，这是与品德不良的人讨论贤德的人。智慧的人的计谋要由愚者来决断，贤德的人的德行要由品行不良的人来评定，那么贤智的人就感到耻辱而君主的论断也就荒谬了。人臣中想要获取官爵的，那些从品德上修养自己的人将用廉正高洁来约束自己，那些智慧之士将要用办事的才干来进献功业。这些品德好的人不会用财物贿赂去侍奉别人，坚持自身的廉洁更不可能违反法制去处理事情，那么品德修养好的人和明智的人就不会侍奉君主身边的近侍，也不会理睬私下的请托。君主身边的近侍，不具有伯夷那样高洁的品行，索求的东西得不到，贿赂的财物不上门，那么修士和智者高尚的品德与竭尽全力建立的功绩就会被埋没，而诽谤和诬陷的言论就随之而起。办事的才能和功绩被君主的身边近侍所制约，高洁廉正的品行由诽谤和吹捧来裁决，那么修士和智者一类的官吏就要被斥退，而君主的明察就被阻塞了。不凭功劳去决定人的才智和德行，不借助检验名实的符合来审定人的罪过，而听信君主身边近侍亲信的言词，那么没有才能的人就占据朝廷，而愚蠢污浊的官吏就会窃取职位。

　　大国的祸患，是大臣的权势太重；中小国家的祸患，是君主对身边的近侍过于亲信，这是君主共同的祸患。况且臣子犯有大罪，就等于君主有大的过失，臣子和君主的利益是相互对立的。怎么知道这样的呢？是因为：君主的利益在于有才能就授予官职，臣子的利益在于没有才能而能得到任用；君主的利益在于有功劳而授予爵禄，臣子的利益在于没有功劳也要取得富贵；君主的利益在于让豪杰之士发挥才能，臣子的利益在于结成党羽谋取私利。因此国家的疆土被削而私家却富裕了，君主的地位卑弱了而大臣的权势加重了。所以君主失去权势而大臣却夺得了国家，君主变得改称藩臣，而臣子则用符节来发号施令。这就是人臣所以欺诈君主谋取私利的原因。因此当代控制国家大权的大臣，君主位势转变以后而能稳固得到宠信的，十个中还不到二三个。这是什么缘故呢？这是臣子的罪过太大了。那些有大罪的臣子，他们的行为欺骗君主，依他们的罪行应当被处死。智术之士见识高远而害怕受牵连遭死罪，一定不肯跟随那些位高权重的大臣；贤德开明的士人品格美好正直，耻于与欺骗君主之辈为伍，也一定不会追随那些位高权重的大臣。这些当道掌权者的门徒党羽，不是愚蠢而不知道祸患的人，就一定是污浊而不回避行奸作恶的人。大臣挟持着一班愚蠢而污浊的人，对上同他们一道欺骗君主，对下同他们一道谋取私利侵害百姓，互相勾结成一个团体，相互用一个腔调说话，迷惑君主败坏法制，以扰乱人民，使国家危难削弱，君主烦忧屈辱，这是他们的重大罪恶。臣子有大罪而君主不加禁止，这是很大的过失。假如一个国家的君主在上面有大的过失，臣子在下面犯有重大的罪行，还想求得国家不亡，那是不可能的。

说　难

　　说（shuì）难，是指游说、说服或进说君主的困难。

　　文章分析了进说君主过程中会遭到的种种困难和危险，认为进说根本的困难在于难以弄清君主的真实心理，从而以适当的话去适应它；如果不根据君主的心理与要求进言，则会存在种种危险。接着文章还正面阐述了进说的具体原则和方法，关键的一点是要说者"知饰所说之所矜而灭其所耻"。文章还列举历史故事和民间传说，强调取得进说成功，一定要迎合君主的心理，获得君主的信任，甚至不惜卑躬屈节，使用种种诡诈的手段。

　　最后，文章把封建君主比为喉下有逆鳞数尺的龙，进说的人存在着随时可能婴龙鳞、遭杀戮的危险，揭露了封建君主喜怒无常的特点。

　　本篇和《孤愤》，司马迁认为是韩非因秦所作，《史记·韩非列传》则全文录入此篇，但文字略有差异。同时，《韩非子》中前面有《难言》一篇，谈的也是向君主进言的困难，两篇可以互相参看。

凡说之难①：非吾知之有以说之之难也②，又非吾辩之能明吾意之难也，又非吾敢横失而能尽之难也③。凡说之难：在知所说之心，可以吾说当之。所说出于为名高者也，而说之以厚利，则见下节而遇卑贱，必弃远矣。所说出于厚利者也，而说之以名高，则见无心而远事情，必不收矣。所说阴为厚利而显为名高者也，而说之以名高，则阳收其身而实疏之；说之以厚利，则阴用其言显弃其身矣。此不可不察也。

【注释】

①说（shuì）：游说，进说。
②知：同"智"。说之：指进说君主。
③横失：即"横佚"，指进言纵横驰骋，无所顾忌。失，通"佚"。

【译文】

大凡进说的困难，不是难在我的才智有可以说服君主的能力，也不是难在我的口才足以阐明我的心意，也不是难在我敢于纵横捭阖尽量地说出我全部的意见。大凡进说的困难：难在了解我所进说对象的心理，能够用我的话去适应它。所进说的对象是位表现出想要得到高尚名声的君主，而进说者却用厚利来游说他，就会被看成是节操低下的人而得到卑贱的待遇，一定会遭到抛弃和疏远。所进说的对象是位表现出对厚利有兴趣的君主，进说者用高尚的名声去游说他，那么进说者就会被看作没有心计且不切实际,一定不会被采纳。所进说的对象是暗地里想得到厚利而表面却装作追求高名的君主,进说者如果用名声来游说他,那么就会表面上被采用而实际上被疏远;进说者如果用厚利来游说他,就会暗地里采纳进说者的意见而公开地抛弃进说者本人。这些是不能不明察的。

夫事以密成,语以泄败。未必其身泄之也,而语及所匿之事,如此者身危。彼显有所出事,而乃以成他故,说者不徒知所出而已矣,又知其所以为,如此者身危。规异事而当,知者揣之外而得之①,事泄于外,必以为己也,如此者身危。周泽未渥也,而语极知,说行而有功,则德忘;说不行而有败,则见疑,如此者身危。贵人有过端②,而说者明言礼义以挑其恶,如此者身危。贵人或得计而欲自以为功,说者与知焉,如此者身危。强以其所不能为③,止以其所不能已,如此者身危。故与之论大人④,则以为间己矣;与之论细人⑤,则以为卖重。论其所爱,则以为借资;论其所憎,则以为尝己也。径省其说,则以为不智而拙之;米盐博辩⑥,则以为多而久之。略事陈意,则曰怯懦而不尽;虑事广肆,则曰草野而倨侮。此说之难,不可不知也。

【注释】

①知:同"智",明智,聪明。

②贵人：此指君主。下文"贵人或得计"中的"贵人"同此。
③强（qiǎng）：勉强。
④大人：指大臣。
⑤细人：指小人，君主的近侍。
⑥米盐：指日常琐事，这里形容具体细致。

【译文】

事情由于保密而成功，讲话因为泄密而失败。不一定是进言者本身泄密，而是进言者的话触及了君主心中所隐藏着的事，像这样的情况进言者就会身遭危险。君主表面上在做某件事，但内心却想办成另外的事情，进说者不仅知道君主表面上所做的事，而且知道他所以这样做的原因，像这样的情况进言者就会身遭危险。君主谋划一件不平常的事情而进言者说的合乎他的心意，聪明的人从外表就猜测到了，事情在外面泄露了，君主一定认为是进说者泄了密，像这样的情况进说者就会身遭危险。君主对进说者的恩泽还不深厚，而进说者却知无不言，如果他的说词施行而获得成功，就会忘记他的功德；如果他的说词行不通而遭到失败，就会被君主怀疑，像这样的情况进说者就会身遭危险。君主有过错，而进说者毫不掩饰地阐明礼义来指正他的毛病，像这样的情况进说者就会身遭危险。君主有时计谋得当而想要自己来作为独特的功绩，但进说者也知道这个计谋，像这样的情况进言者就会身遭危险。勉强君主所不能做的事情，制止君主所不愿停下来的事情，像这样的情况进说者就会身遭危险。所以进说者和君主讨论大臣，君主就会认为是在离间自己和大臣的关系；和君主议论君主的左右近侍，君主就认为进说者是在卖弄自己的身价。谈论君主喜爱的人，君主就认为进说者在寻找靠山；谈论君主憎恶的人，君主就认为是在试探他。直截了当地进说，君主会认为进说者不聪明而把他当笨人；具体细致广博地谈论，君主会认为他废话太多而驳杂繁芜。进说者简略地陈述意见，君主就会说他怯弱而不敢完全说出自己的意见；把考虑到的事情广泛而不受拘束地谈出来，君主就会说他粗野莽撞而傲慢。这些进说的困难，是不能不知道的。

凡说之务，在知饰所说之所矜而灭其所耻。彼有私急也，必以公义示而强之。其意有下也，然而不能已，说者因为之饰其美而少其不为也。其心有高也，而实不能及，说者为之举其过而见其恶①，而多其不行也。有欲矜以智能，则为之举异事之同类者，多为之地，使之资说于我，而佯不知也以资其智。欲内相存之言②，则必以美名明之，而微见其合于私利也。欲陈危害之事，则显其毁诽而微见其合于私患也。誉异人与同行者，规异事与同计者。有与同污者，则必以大饰其无伤也；有与同败者，则必以明饰其无失也。彼自多其力，则毋以其难概之也③；自勇其断，则无以其谪怒之④；自智其计，则毋以其败穷之。大意无所拂悟⑤，辞言无所系縻，然后极骋智辩焉。此道所得，亲近不疑而得尽辞也。伊尹为宰⑥，百里奚为虏⑦，皆所以干其上也。此二人者，皆圣人也；然犹不能无役身以进，如此其污也！今以吾言为宰虏，而可以听用而振世，此非能仕之所耻也⑧。夫旷日离久，而周泽既渥，深计而不疑，引争而不罪，则明割利害以致其功，直指是非以饰其身⑨，以此相持，此说之成也。

【注释】

①见：同"现"。此为"揭示"之义。
②内：同"纳"，进献。
③概：古代量米麦时刮平斗斛的器具，引申为压平、压抑。
④谪：指摘，责备，引申为过失。
⑤悟：通"忤"，忤逆，违逆。
⑥伊尹：名挚，商汤的相，据说他曾任商汤的宰，即厨师。
⑦百里奚：春秋时虞国的大夫，曾为奴隶，后被秦穆公任用为秦国的大夫。
⑧能仕：智能之士。仕，通"士"。
⑨饰：通"饬"，修治，端正。

【译文】

大凡进说的要领，在于懂得美化进说的对象自以为得意的事情而掩盖他认为羞耻的事情。君主有隐密的急切要求，进说者一定要指明这是合乎公义的而勉励他去做。君主心中有卑下的念头，然而又不能克制，进说者就要趁机为这种念头美化而抱怨他不去实现。君主的心中有过高的期望，而实际上达不到，进说者就要举出这种期望的缺点而揭示它的坏处，称赞他不去这样做。如果君主想炫耀自己的智能，进说者就应给他举出不同情形下的同类事情，多为他提供依据，使他能借助于我的主张，而进说者自己则假装不知以帮助他自逞才智。如果想要进献与人相安之言，就一定要用美好的名义来阐明，而又暗示它合乎君主的私利。如果想要陈说有危害的事情，那就要表明这样做会带来毁谤，而又暗示它对君主也有害处。进说者要称赞与君主行为相同的另一个人，要筹划与君主思路相同的另一件事。有与君主行为同样卑污的人，进说者一定要大力粉饰这样的人没有害处；有与君主同样遭受失败的人，进说者一定要明白帮他掩饰表明他没有过错。君主自己夸耀他的力量，那就不要用难办的事来压抑他；君主自己认为他的决断果敢，那就不要用他的过失来触怒他；君主自以为他的计谋明智，那就不要用失败去困窘他。进说的内容对君主没有违逆，言辞与君主的心意没有抵触，这样以后就可以尽情施展自己的才智和口才了。由这种方式所得到的，是君主对进说者亲近不疑而进说者能够畅所欲言。伊尹曾做厨师，百里奚做奴隶，都是为了求得君主的重用。这两个人，都是圣人；然而还不得不身为贱役以便求得任用，他们是如此之卑下啊！现在如果因为我的话能被采用而做厨师和奴隶，可以被听从采用就能拯救天下，智能之士并不认为耻辱。经历了很长的时间，而君主的恩泽已经深厚，进说者深远的计谋不会被怀疑，争论是非而不会被加罪，就可以明白地分析利害得失来建立功业，直截了当地指出是非来端正君主的言行，能用这样的方式互相对待，这就是进说的成功。

昔者郑武公欲伐胡①，故先以其女妻胡君以娱其意。因问于群臣："吾欲用兵，谁可伐者？"大夫关其思对曰②："胡可伐。"武公怒而戮之，曰："胡，兄弟之国也。子言伐之，何也？"胡君闻之，以郑为亲己，遂不备郑。郑人袭胡，取之。宋有富人③，天雨墙坏。其子曰："不筑，必将有盗。"其邻人之父亦云。暮而果大亡其财。其家甚智其子，而疑邻人之父。此二人说者皆当矣，厚者为戮，薄者见疑，则非知之难也，处知则难也。故绕朝之言当矣④，其为圣人于晋，而为戮于秦也⑤，此不可不察。

昔者弥子瑕有宠于卫君⑥。卫国之法：窃驾君车者罪刖⑦。弥子瑕母病，人间往夜告弥子，弥子矫驾君车以出。君闻而贤之，曰："孝哉！为母之故，忘其刖罪。"异日，与君游于果园，食桃而甘，不尽，以其半啖君。君曰："爱我哉！忘其口味以啖寡人。"及弥子色衰爱弛，得罪于君，君曰："是固尝矫驾吾车，又尝啖我以余桃。"故弥子之行未变于初也，而以前之所以见贤而后获罪者，爱憎之变也。故有爱于主，则智当而加亲；有憎于主，则智不当见罪而加疏。故谏说谈论之士，不可不察爱憎之主而后说焉。

　　夫龙之为虫也,柔可狎而骑也;然其喉下有逆鳞径尺,若人有婴之者⑧,则必杀人。人主亦有逆鳞,说者能无婴人主之逆鳞,则几矣。

【注释】

①郑武公:春秋初期郑国的君主,名掘突。郑,春秋诸侯国名,位于今河南中部,黄河以南。胡:春秋时诸侯国名,位于今河南郾城西南。

②关其思:人名,郑国大夫。

③宋:春秋时诸侯国名,范围包括今河南东部和山东、江苏部分地区。

④绕朝:人名,春秋时秦国的大夫。

⑤为戮于秦:绕朝曾劝秦康公不要让晋国的大夫士会回晋国,秦康公不听,士会回晋国后用反间计,说绕朝和自己是同谋,因此秦国把绕朝杀了。

⑥弥子瑕:人名,春秋时卫灵公的宠臣。卫君:指卫灵公,春秋时卫国的君主,名元。卫,春秋时诸侯国名,范围包括今河南东北部和河北、山东部分地区。

⑦罪刖(yuè):罪该处以刖刑。刖,古代砍掉脚或脚趾的刑罚。

⑧婴:通"撄",触动。下文"无婴"之"婴"与此同。

【译文】

　　从前郑武公想要进攻胡国,故意先将自己的女儿嫁给胡国的君主为妻使他快乐。此后郑武公问群臣说:"我想打仗，哪个国家可以攻打？"大夫关其思回答说："胡国可以攻打。"郑武公大怒杀掉了关其思，说："胡国，是郑国的兄弟之国。你说要攻打它，是什么意思？"胡国国君听说之后，认为郑国是亲近自己，结果就不防备郑国。郑国偷袭胡国，攻占了它。宋国有个富人，天下雨把他家的墙冲坏了。富人的儿子说："不把墙修起来，一定会有窃贼的。"他邻居家的老人也这样说。夜晚果然丢失了很多财物。这个富人家很赞赏自己的儿子聪明，而怀疑邻居家的老人。这两个人的话都对，但重者被杀，轻者被怀疑，这说明不是了解事情有困难，而是处理了解到的事情很困难。所以绕朝的话是恰当的，他在晋国被认为是圣明的，而在秦国却被杀了，这种情况是不能不明察的。

　　从前弥子瑕受卫灵公宠信。卫国的法令：偷驾国君车子的要处以砍脚的刑罚。弥子瑕的母亲病重，有人抄近路连夜去告诉弥子瑕，弥子瑕假托国君的命令驾驶卫灵公的车出城。卫灵公听说后称赞他说："孝敬啊！为了母亲的缘故，忘记了砍脚的刑罚。"另一天，弥子瑕和卫灵公在果园里游玩，摘一个桃子吃觉得很甜，没有吃完，把剩下的一半给卫灵公吃。卫灵公说："弥子瑕多么爱我啊！忘了这是他自己喜欢吃的东西而把剩下的桃子给我吃。"等弥子瑕容颜衰老宠爱减退时，得罪了卫灵公，卫灵公说："这个人本来就曾假托我的命令驾驶我的车，又曾把他吃剩的桃子给我吃。"所以弥子瑕的行为与当初并无变化，以前被认为是美德的行为却成为后来获罪的原因，这是君主的爱憎之情发生了变化。因此如果受君主的宠爱，那么智谋就会被认为得当而与君主更加亲近；如果被君主憎恶，那么智谋就会被认为不恰当并被治罪，与君主的关系也会越来越疏远。所以进谏陈说的人，不能不观察君主的爱憎而后才对君主进说。

龙这种动物，驯服时可以和它游戏并骑着它；但是它的喉下有一尺长的倒长着的鳞片，如果有人触动了这些鳞片，龙就一定会杀死他。君主也有倒长着的鳞片，进说的人能够不触动君主倒长着的鳞片，那就差不多了。

备　内

　　备内，即防备宫内后妃和儿子等人的弑君篡位。

　　本篇是韩非阐述其"性恶论"的代表作之一。韩非认为，人与人之间都是利害关系。"故舆人成舆，则欲人之富贵；匠人成棺，则欲人之夭死也。非舆人仁而匠人贼也，人不贵，则舆不售；人不死，则棺不买。情非憎人，利在人之死也。"君主和后妃、儿子之间，也存在着严重的利害冲突，奸臣常常利用这一点窥觊君权，以至劫君弑主。故君主应该"按法以治众，众端以参观"，时刻"备内"，"则奸邪无所容其私"。

　　本篇的第三段不是谈"备内"而是论"禁奸"，认为"犯法为逆以成大奸者，未尝不从尊贵之臣也"。而"尊贵之臣"，往往是君主宠信和亲近的大臣。从这个意义上说，防范他们，也就是防止统治集团内部的篡权窃位，即是"备内"。

人主之患在于信人。信人，则制于人。人臣之于其君，非有骨肉之亲也，缚于势而不得不事也①。故为人臣者，窥觇其君心也无须臾之休，而人主怠傲处其上，此世所以有劫君弑主也。为人主而大信其子，则奸臣得乘于子以成其私，故李兑傅赵王而饿主父②。为人主而大信其妻，则奸臣得乘于妻以成其私，故优施傅丽姬杀申生而立奚齐③。夫以妻之近与子之亲而犹不可信，则其余无可信者矣。

【注释】

① 缚：通"薄"，迫。
② 李兑：战国时期赵国人，曾任赵国司寇。赵王：指赵惠文王，名何，战国时赵国君主，赵武灵王的小儿子。主父：指赵武灵王，前299年他传位给自己的小儿子何，自称主父。前295年赵武灵王的长子章起兵争夺王位，被李兑等击败，章投奔住在沙丘宫的主父，李兑等围困沙丘宫达三个多月，主父被饿死。
③ 优施：春秋时晋国的优（以歌舞取乐的人），名施。丽姬：即骊姬，晋献公的妾。杀申生而立奚齐：前655年，骊姬在优施的教唆下，向晋献公进谗，逼走晋献公的几个儿子，改立奚齐为太子。申生，晋献公的太子。奚齐，骊姬生的儿子。

【译文】

君主的祸患在于相信别人。相信别人，就会被别人所控制。臣子对于他的君主，没有骨肉亲情，只是迫于君主的权势不得不侍奉。所以做臣子的,窥探他的君主的心思没有一刻停止,但君主却怠慢倨傲地处于朝堂之上,这就是世上有挟持甚至谋杀君主事情发生的原因。做君主而太相信自己的儿子,那么奸臣就会利用君主的儿子来成就他的奸私,因此李兑辅助赵惠文王而将赵武灵王饿死。做君主而太相信自己的妻子,那么奸臣就会利用君主的妻子而达到他个人的目的,因此优施帮助骊姬杀掉了太子申生而立奚齐为太子。以妻子的亲近和儿子的亲情关系还不能相信,那么其余的人就没有可以相信的了。

且万乘之主,千乘之君,后妃、夫人适子为太子者①,或有欲其君之蚤死者②。何以知其然?夫妻者③,非有骨肉之恩也,爱则亲,不爱则疏。语曰:"其母好者其子抱。"然则其为之反也,其母恶者其子释。丈夫年五十而好色未解也④,妇人年三十而美色衰矣。以衰美之妇人事好色之丈夫,则身见疏贱,而子疑不为后,此后妃、夫人之所以冀其君之死者也。唯母为后而子为主,则令无不行,禁无不止,男女之乐不减于先君,而擅万乘不疑,此鸩毒扼昧之所以用也⑤。故《桃左春秋》曰⑥:"人主之疾死者不能处半。"人主弗知,则乱多资。故曰:利君死者众,则人主危。故王良爱马⑦,越王勾践爱人⑧,为战与驰。医善吮人之伤,含人之血,非骨肉之亲也,利所加也。故舆人成舆,则欲人之富贵;匠人成棺,则欲人之夭死也。非舆人仁而匠人贼也，人不贵，则舆不售；人不死，则棺不买。情非憎人也，利在人之死也。故后妃、夫人太子之党成而欲君之死也，君不死，则势不重。情非憎君也，利在君之死也。故人主不可以不加心于利己死者。故日月晕围于外⑨，其贼在内，备其所憎，祸在所爱。是故明王不举不参之事，不食非常之食；远听而近视以审内外之失，省同异之言以知朋党之分，偶参伍之验以责陈言之实；执后以应前，按法以治众，众端以参观；士无幸赏，无逾行；杀必当，罪不赦：则奸邪无所容其私。

【注释】

①适：通"嫡"。
②蚤：通"早"。
③夫：发语词，无实际意义。
④解：通"懈"，松懈，减弱。
⑤鸩（zhèn）：一种毒鸟，用它的羽毛泡的酒能毒死人。
⑥《桃左春秋》：先秦时流行的一部史书，已失传，作者不详。
⑦王良：春秋末年晋国人，以善于驾驭车马而著名。
⑧越王勾践：春秋末期至战国初期越国的国君，曾被吴王夫差战败，他卧薪尝胆，终于战胜吴国。
⑨晕：围绕日月的白色光圈。

【译文】

况且拥有万乘兵车和千乘兵车的君主，他们的后妃、夫人和嫡亲儿子中做太子的，也有希望他们的君主早死的。怎么知道是这样的呢？妻子，与丈夫本没有骨肉间的恩情，相爱就亲，不相爱就疏远。俗话说："母亲漂亮儿子就受宠爱。"那么这句反过来说就是：母亲丑儿子就被疏远。男人年至五十而喜好女色的兴致还不减弱，女人一到三十岁美色已经衰退。凭美色衰减的女人去侍奉好色的男人，女人自己被疏远和贱视，她的儿子会怀疑自己不能做王位的继承人，这就是后妃、夫人希望她的君主早死的原因。只要母亲做太后儿子做君主，就能使有令必行，有禁必止，太后和君主的男女欢爱并不比老君主在位时有所减少，而独掌国家权力无疑，这就是在酒中下毒药、绞杀行刺这些手段被采用的原因。所以《桃左春秋》一书说："君主因疾病而死的还占不到死亡君主总数的一半。"君主不懂得这个道理，奸臣作乱就会有更多的凭借。所以说认为君主死了对自己有利的人对君主就危险。因此王良喜欢马，越王勾践喜欢人，是为了战争和奔驰。医生善于吮吸别人的伤口，吸出别人的脓血，不是与别人有骨肉亲情，是利益加在这种行为上面。因此造车的人制造成车子，就希望别人富贵；造棺材的人制成棺材，就希望别人早死。这不是造车的人仁德，制棺材的人狠毒。别人不富贵，那么车子就卖不掉；别人不死，那么就没有人买棺材。本意并不是憎恨别人，而是因为利益就在别人的死亡上。所以后妃、夫人、太子的私党形成就希望君主早死；君主不死，那他们的权势就不会加重。他们的本意不是憎恨君主，而是他们的利益在君主的死亡上。因此君主不能不留心那些认为自己死了对他们有利的人。所以日月外面有白色的光环围绕，内部必定有毛病，防备自己所憎恨的人，祸害却在自己所亲爱的人身上。因此明智的君主不做没有办法验证的事情，不吃不寻常的食物；打听远处的事观察近处的事来考察朝廷内外的过失，审视相同与不同的言辞了解朋党的区分，对比事前事后的检验结果来探求臣下陈言的实情；用事后的结果来对照事前的言行，按照法令来治理民众，根据各方面的情况来检验观察；士民没有侥幸得到奖赏的，没有违反法令的行为；杀的一定当杀，有罪的不能赦免，那么奸邪就没有地方容身了。

徭役多则民苦，民苦则权势起，权势起则复除重，复除重则贵人富。苦民以富贵人，起势以藉人臣，非天下长利也。故曰：徭役少则民安，民安则下无重权，下无重权则权势灭，权势灭则德在上矣。今夫水之胜火亦明矣，然而釜鬵间之①，水煎沸竭尽其上，而火得炽盛焚其下，水失其所以胜者矣。今夫治之禁奸又明于此，然守法之臣为釜鬵之行，则法独明于胸中，而已失其所以禁奸者矣。上古之传言，《春秋》所记②，犯法为逆以成大奸者，未尝不从尊贵之臣也。然而法令之所以备，刑罚之所以诛，常于卑贱，是以其民绝望，无所告愬③。大臣比周，蔽上为一，阴相善而阳相恶④，以示无私，相为耳目，以候主隙，人主掩蔽，无道得闻⑤，有主名而无实，臣专法而行之，周天子是也。偏借其权势，则上下易位矣，此言人臣之不可借权势也。

【注释】

①釜：大锅。鬵（qín）：釜类的烹煮器。
②《春秋》：春秋时鲁国的一部编年史书，此处泛指史书。
③愬：通"诉"，申诉。
④阴：暗处，暗地里。阳：明处，明地里。
⑤道：由，从。

【译文】

统治者摊派下来的劳役太多民众就会困苦；民众困苦臣子就会产生权势；臣子的权势产生了免除的徭役赋税就多了，免除的徭役和赋税多了，贵人就富有起来了。用使民众困苦的办法来使贵人富有，用形成权势的途径来帮助人臣富贵，这不是国家的长远利益。所以说：徭役少老百姓就安定，老百姓安定臣下就没有过重的权力，臣下没有过重的权力那么权势就会消灭，臣下的权势消灭了那么恩德就属于君主了。现在那个水能灭火的道理已经很清楚了，然而用锅之类的器具把水和火隔开，水在上面沸腾以致烧干，而火在下面却烧得十分旺盛，这是因为水失去了所以灭火的条件。现在法治中禁止奸邪发生的道理又比这个还清楚，那些守法的臣子起了像釜鬵那样阻隔奸邪的作用，那么法律只在君主自己心中明白，却已经失去了它的禁奸的作用了。上古流传下来的传说，《春秋》这类史书上所记载的，都显示违法谋逆而构成大罪过的，差不多都出自于尊贵的大臣。然而法令所防备的，刑罚所处罚的，通常是那些地位卑贱的人，因此百姓感到绝望，没有地方能够申诉。大臣们相互勾结，蒙蔽君主而串通一气，表面上相互憎恨而暗地里彼此要好，以表示他们没有私情，实际上相互作为耳目，以便等待钻君主的空子，君主被他们蒙蔽，无从得以听到实情，有君主之名而无君主之实，大臣垄断国家法令而独断专行，周天子就是这样的。旁落他手中的大权，那么君臣上下的地位就改变了，这是说君主是不能把自己的权势让给臣子的。

内储说上七术

"储说",是韩非创造的一种新文体。这种新文体的基本特点是全文由"经"、"说"两部分组成。每篇先提出论点,然后举例说明。论点叫"经",举例叫"说",也有人称之为"解"。"经"文字简练,便于记诵;"说"包括若干故事,相当于将许多故事积聚在一起,故有"储说"之名。"经"、"说"两部分互相配合,前后呼应。在《韩非子》一书中,属于"储说"体的文章共有六篇,即内储说上下两篇;外储说分左右,左右又各分为上下两篇。

《内储说》上下篇附有标题,上篇名《七术》。"七术",是指君主驾驭和使用臣下的七种权术。这七种权术根据内容又可分为三类:一、"众端参观"和"一听责下",是讲如何了解实情、全面观察考核臣下的言行的;二、"必罚明威"和"信赏尽能",是讲赏罚制度的,要求君主利用这些手段诱导或强迫臣下尽力;三、"疑诏诡使"、"挟知而问"和"倒言反事",是讲君主如何测试臣下是否忠诚并防奸、察奸的。

内、外《储说》各篇体例都是"经"文集中在前,"说"文集中在后,且无"说"字标明之。今人为了便于阅读,按内容将它们分开后重新组合,并各加"经"、"说"以标明。本书也采用了这种形式。

主之所用也七术①,所察也六微②。七术:一曰众端参观,二曰必罚明威,三曰信赏尽能,四曰一听责下,五曰疑诏诡使,六曰挟知而问,七曰倒言反事。此七者,主之所用也。

【注释】

①七术:指君主控制臣下的七种权术。《内储说》上篇即以此为题。
②六微:指危害君主权位的六种隐蔽的情况。《内储说》下篇以此为题。

【译文】

君主用来控制臣下的有七种方法,所要考察危害君主的隐蔽情况有六种。君主控制臣下的七种方法:一是从多方面验证臣下的言行,二是对犯罪者坚决惩罚以显示君主的威严,三是对立功者一定奖赏以使臣下竭尽才能,四是一一听取臣下的言论以便督责他们的行动,五是用可疑的命令诡诈地使用臣下以考察他们是否忠诚,六是拿已经知道的情况来询问臣下以测试他们言论的真假,七是说与本意相反的话和做与实情相反的事来刺探臣下的阴谋。这七种方法,是君主所使用的。

经一 参观①

观听不参则诚不闻,听有门户则臣壅塞②。其说在侏儒之梦见灶③,哀公之称"莫众而迷"。故齐人见河伯,与惠子之言"亡其半"也。其患在竖牛之饿叔孙，而江乙之说荆俗也。嗣公欲治不知，故使有敌，是以明主推积铁之类，而察一市之患。

【注释】

①参观："众端参观"的省略语，意即从多方面验证臣下的言行。

②听有门户：指只听信某一个人的话，如同出入只经一个门户一样。

③其说在侏儒之梦见灶：这句"经文"或这个论点的说明或解说在……（下面是某个故事的标题或提要）。侏儒，身材矮小的人，古代统治者常视这种人为取乐的玩物。

【译文】

经一　参观

君主考察臣下的行为和听取臣下的言论如果不加以参验，就不能知道真实情况，君主如果只偏听一个人的话，那么臣下就可能会蒙蔽君主。这一论点的解说在侏儒对卫灵公说自己梦见了灶，鲁哀公问孔子"莫众而迷"两则故事中。所以就有齐人见到河伯和惠施"亡其半"的传说。观听不参验的祸患在竖牛饿死叔孙和江乙说楚国风俗的故事中可以见出。卫嗣公想治理好国家但不懂治国的方法，故意让原先得宠的臣下和妃子树立起相抗衡的对手，因此英明的君主能从积铁防箭一类事实中推知防奸之道，而明确认识到整个市上的人都说有虎而蒙蔽视听的祸患。

说一①

卫灵公之时②，弥子瑕有宠③，专于卫国。侏儒有见公者曰："臣之梦践矣。"公曰："何梦？"对曰："梦见灶，为见公也。"公怒曰："吾闻见人主者梦见日，奚为见寡人而梦见灶④？"对曰："夫日兼烛天下，一物不能当也⑤；人君兼烛一国人，一人不能拥也⑥。故将见人主者梦见日。夫灶，一人炀焉⑦，则后人无从见矣。今或者一人有炀君者乎？则臣虽梦见灶，不亦可乎！"

鲁哀公问于孔子曰⑧："鄙谚曰：'莫众而迷。'今寡人举事，与群臣虑之，而国愈乱，其故何也？"孔子对曰："明主之问臣，一人知之，一人不知也；如是者，明主在上，群臣直议于下。今群臣无不一辞同轨乎季孙者⑨，举鲁国尽化为一⑩，君虽问境内之人，犹不免于乱也。"

一曰：晏子聘鲁⑪，哀公问曰⑫："语曰：'莫三人而迷。'今寡人与一国虑之，鲁不免于乱，何也？"晏子曰："古之所谓'莫三人而迷'者，一人失之，二人得之，三人足以为众矣，故曰'莫三人而迷'。今鲁国之群臣以千百数，一言于季氏之私，人数非不众，所言者一人也，安得三哉？"

【注释】

①说一：指下面的故事或材料都是为了解说前面的"经文"或论点的。从文体形式来看，"说"都是历

史故事和传说；从应用功能来看，这些故事和传说又都是为说明"经"或前面的论点而积聚起来的，故又有解释、说明的意思。原文无"说"字，"一"放在正文第一行之首，今改拟标题格式，移在前面与"经文"对应。以下五篇同此。
②卫灵公：名元，春秋时卫国的君主。春秋时卫国的范围包括今河南东北部和河北、山东等的部分地区。
③弥子瑕：人名，卫灵公的宠臣。
④寡人：古代君主的自称。
⑤当：同"挡"，遮挡，遮蔽。
⑥拥：通"壅"，蒙蔽。
⑦炀（yáng）：烘烤东西，引申为烤火。
⑧鲁哀公：春秋末期鲁国的君主，名蒋，约与孔子同时。
⑨季孙：指季康子，名肥，春秋末期鲁国执政的卿。
⑩鲁：诸侯国名，范围包括今山东南部和河南、江苏的部分地区。
⑪晏子：即晏婴，字平仲，春秋末期齐国的相。
⑫哀公：即鲁哀公，但鲁哀公即位时晏婴已死，此处有误。《晏子春秋·内篇问下》作"（鲁）昭公"。

【译文】

说一

卫灵公的时候，弥子瑕受到宠爱，在卫国独揽大权。有个侏儒见到卫灵公说："我的一个梦应验了。"卫灵公问："什么梦？"侏儒回答说："我梦见灶，预示我将见到您。"

卫灵公生气地说:"我听说将要见到君主的人会梦见太阳,怎么你将见到我却梦见灶?"侏儒回答说:"太阳普照全天下,任何一种东西都不能遮蔽它;君主也会光照全国每个人,任何一个人也不能遮挡他的光辉。所以将要见到君主的人梦见太阳。至于灶,一个人在灶门口烤火,那么后边的人就没法看到火光了。现在有可能有一个人在向着您烤火吧?那么我虽然梦见灶,不也是可以的吗?"

鲁哀公问孔子说:"民谚说:'办事不与众人商议,一定会迷惑。'现在我办事和群臣一起商量,但国家反而更乱了,这是什么缘故?"孔子回答说:"贤明的君主有事问臣下,有人知道,有人不知道;像这样,明君在上,群臣可以直率地在下面议论。现在群臣没有一个人说话的口径不统一于季孙氏,君主您即便问遍全国的所有人,仍然不会免于乱。"

还有一种说法:晏婴到鲁国去访问,鲁哀公问他说:"俗语说:'没有三个人就会迷惑。'现在我和全国的人来共同谋划事情,鲁国还免不了乱,这是什么原因?"晏婴说:"古代所谓'没有三个人就会迷惑',是说一个人会失算,两个人就会考虑对,三个人足以形成多数人的意见,所以说'没有三个人就会迷惑'。现在鲁国的群臣虽然数以千计,却都统一于季氏的私利,人数不是不多,但所说的却像出自一人之口,怎么算得上有很多人呢?"

齐人有谓齐王曰:"河伯①,大神也。王何不试与之遇乎?臣请使王遇之。"乃为坛场大水之上②,

而与王立之焉③。有间,大鱼动,因曰:"此河伯。"

张仪欲以秦、韩与魏之势伐齐、荆④,而惠施欲以齐、荆偃兵⑤。二人争之。群臣左右皆为张子言,而以攻齐、荆为利,而莫为惠子言。王果听张子,而以惠子言为不可。攻齐、荆事已定,惠子入见。王言曰:"先生毋言矣。攻齐、荆之事果利矣,一国尽以为然。"惠子因说:"不可不察也。夫齐、荆之事也诚利,一国尽以为利,是何智者之众也?攻齐、荆之事诚不可利,一国尽以为利,何愚者之众也?凡谋者,疑也。疑也者,诚疑:以为可者半,以为不可者半。今一国尽以为可,是王亡半也。劫主者固亡其半者也。"

叔孙相鲁⑥,贵而主断。其所爱者曰竖牛⑦,亦擅用叔孙之令。叔孙有子曰壬⑧,竖牛妒而欲杀之,因与壬游于鲁君所。鲁君赐之玉环,壬拜受之而不敢佩,使竖牛请之叔孙。竖牛欺之曰:"吾已为尔请之矣,使尔佩之。"壬因佩之。竖牛因谓叔孙:"何不见壬于君乎?"叔孙曰:"孺子何足见也。"竖牛曰:"壬固已数见于君矣。君赐之玉环,壬已佩之矣。"叔孙召壬见之,而果佩之,叔孙怒而杀壬。壬兄曰丙⑨,竖牛又妒而欲杀之。叔孙为丙铸钟,钟成,丙不敢击,使竖牛请之叔孙。竖牛不为请,又欺之曰:"吾已为尔请之矣,使尔击之。"丙因击之。叔孙闻之曰:"丙不请而擅击钟。"怒而逐之。丙出走齐。居一年,竖牛为谢叔孙,叔孙使竖牛召之,又不召而报之曰:"吾已召之矣,丙怒甚,不肯来。"叔孙大怒,使人杀之。二子已死,叔孙有病,竖牛因独养之而去左右,不内人⑩,曰:"叔孙不欲闻人声。"不食而饿杀。叔孙已死,竖牛因不发丧也,徙其府库重宝空之而奔齐。夫听所信之言而子父为人僇⑪,此不参之患也。

【注释】

①河伯:指黄河的神。
②坛场:祭神的场所。堆土为坛,辟地为场。
③立:通"莅"。
④张仪:战国时纵横家中的连横派人物,本是魏国人,曾任秦惠王的相,后又到魏国任相。秦:诸侯国名,战国时其范围包括今陕西大部和甘肃、河南、山西、四川等的部分地区。韩:战国时诸侯国名,范围包括今河南中部和山西东南部的部分地区。魏:战国时诸侯国名,范围包括今河南大部和山西西南部及山东、河北的部分地区。齐:诸侯国名,战国时其范围包括今山东大部和河北东南部。荆:即楚,诸侯国名,战国时其范围包括今湖北全部、湖南大部和江西、河南、安徽等的部分地区。
⑤惠施:人名,战国时宋国人,曾任魏惠王的相,名家的代表人物。
⑥叔孙:指叔孙豹,春秋后期鲁国执政的三大贵族之一。

⑦竖牛：指叔孙豹的年轻侍仆，名牛。
⑧壬：即仲壬，叔孙豹的次子。
⑨丙：即孟丙，叔孙豹的长子。
⑩内：同"纳"。
⑪僇：通"戮"。

【译文】

齐国有人对齐王说："河伯是个大神。大王您怎么不设法与它见面呢？我请求使大王跟它见面。"于是就在河水边上筑起祭祀的坛场，和齐王一起登临其上。过了一会儿，有一条大鱼游动，这位齐人就说："这条鱼就是河伯。"

张仪想用秦国、韩国和魏国交好的形势征讨齐国、楚国，而惠施想用这个机会与齐国、楚国休兵不战。张仪、惠施二人为这件事争论不休。君主身边的大臣和侍从都替张仪帮腔，认为攻打齐国、楚国对魏国有利，而没有人为惠施帮腔。魏王果然听从张仪的话，而认为惠施的话不可行。攻打齐国、楚国的事决定以后，惠施进宫去拜见魏王。魏王说："先生您不要讲了。攻打齐国、楚国这件事确实有利，全国人都以为有利。"惠施便提出自己的观点说："这件事不可不明察。攻打齐国、楚国如果确实有利，全国人都认为有利，为什么聪明人这样多？攻打齐国、楚国的事如果确定没有利，而全国的人都认为有利，愚蠢人为什么又这么的多？凡是商议的事，是因为还有怀疑。怀疑的事，确实是叫人疑惑不定：认为可以的人有一半，认为不可以的人有一半。现在全国的人都认为可以，这说明大王失掉了另一半。挟持君主的人正是使那一半反对意见丧失掉的人。"

叔孙豹做鲁国的相,地位尊贵而专权独断。叔孙豹所宠爱的是一个叫牛的年轻侍仆,他也常擅自盗用叔孙豹的命令。叔孙豹有个儿子叫仲壬,叫牛的年轻侍仆嫉妒想杀掉仲壬,便找机会和仲壬到鲁国国君那里去游玩。鲁国国君赐给仲壬玉环,仲壬拜谢接受了玉环但不敢佩带,让叫牛的年轻侍仆向父亲叔孙豹请求让他佩带。叫牛的年轻侍仆欺骗仲壬说:"我已替你请求过了,你父亲让你佩带。"仲壬因此便佩带上那个玉环。叫牛的年轻侍仆于是对叔孙豹说:"您为什么不叫仲壬去见国君?"叔孙豹说:"小孩子哪里够得上见君主。"叫牛的年轻侍仆说:"仲壬本来已多次见过君主了。国君赐给他玉环,仲壬已经佩带在身上了。"叔孙豹召见仲壬,仲壬果然已佩带上玉环,叔孙豹发怒便把仲壬杀了。仲壬的哥哥叫孟丙,叫牛的年轻侍仆又嫉妒他而想杀掉他。叔孙豹给孟丙铸造了一口钟,钟铸成后,孟丙不敢敲击,让叫牛的年轻侍仆去向叔孙豹请示。叫牛的年轻侍仆不替他请示,又欺骗孟丙说:"我已给你请示过了,你父亲让你敲击。"孟丙便敲击钟。叔孙豹听到这件事后说:"孟丙不向我请示而擅自敲钟。"发怒便把孟丙赶跑了。孟丙流落到齐国。过了一年,叫牛的年轻侍仆替孟丙向叔孙豹谢罪,叔孙豹让叫牛的年轻侍仆把孟丙召回来,叫牛的年轻侍仆又不召而向叔孙豹报告说:"我已召唤过孟丙,孟丙很忿怒,不肯回来。"叔孙豹非常愤怒,派人去把孟丙杀了。两个儿子已经死了,叔孙豹有重病,叫牛的年轻侍仆便独自供养他而把他身边的人支走,不允许任何人进去见叔孙豹,说:"叔孙豹不愿听到人声。"不给叔孙豹食物而把他活活饿死了。叔孙豹已死，叫牛的年轻侍仆借机不发布死讯，把叔孙家的库房里的财宝洗劫一空后逃奔到齐国去了。听信自己所宠信的人的话而父子都被人杀，这就是对事实不加验证的祸害。

江乙为魏王使荆①，谓荆王曰："臣入王之境内，闻王之国俗曰：'君子不蔽人之美，不言人之恶。'诚有之乎？"王曰："有之。""然则若白公之乱②，得无危乎？诚得如此，臣免死罪矣。"

卫嗣君重如耳③，爱世姬④，而恐其皆因其爱重以壅己也，乃贵薄疑以敌如耳⑤，尊魏姬以耦世姬⑥，曰："以是相参也。"嗣君知欲无壅，而未得其术也。夫不使贱议贵，下必坐上，而必待势重之钧也，而后敢相议，则是益树壅塞之臣也。嗣君之壅乃始。

夫矢来有乡⑦，则积铁以备一乡；矢来无乡，则为铁室以尽备之。备之则体不伤。故彼以尽备之不伤，此以尽敌之无奸也。

庞恭与太子质于邯郸⑧，谓魏王曰："今一人言市有虎，王信之乎？"曰："不信。""二人言市有虎，王信之乎？"曰："不信。""三人言市有虎，王信之乎？"王曰："寡人信之。"庞恭曰："夫市之无虎也明矣，然而三人言而成虎。今邯郸之去魏也远于市，议臣者过于三人，愿王察之。"庞恭从邯郸反，竟不得见。

【注释】

①江乙：人名，战国时魏国人，后在楚国做官。
②白公：即白公胜，春秋时楚平王的孙子，太子建的儿子。太子建被杀后逃到吴国，不久被召回，住在白邑，号白公。前479年，他发动政变，杀令尹子西，控制楚国政权，后失败被杀。
③卫嗣君：即卫嗣公，战国时卫国的君主。前320年，被秦贬"公"为"君"。如耳：人名，魏国人，曾在卫国做官。
④世姬：卫嗣君的宠妃。
⑤薄疑：人名，曾在卫国做官。
⑥魏姬：卫嗣君的妃子。
⑦乡：通"向"，方向。
⑧庞恭：人名，生平不详。邯郸：赵国的都城，位于今河北邯郸西南。

【译文】

江乙为魏国出使楚国，对楚王说："我进入到大王您的国境，听说大王您国家的风俗是：'君子不掩盖别人的优点，不谈论别人的恶行。'真有这回事吗？"楚王说："有这么回事。""既然如此，那么像白公之乱一类的事情，不是很危险吗？真是这样，我说假话也不会有危险，可以免除死罪了。"

卫嗣君看重大臣如耳，宠爱妃子世姬，但担心二人都会恃自己的宠爱来蒙蔽自己，于是使另一位大臣薄疑尊贵来与如耳抗衡，使另一位爱妃魏姬尊宠来与世姬匹敌，说：

"用这种方法使他们互相对付。"卫嗣君懂得不要受蒙蔽,但没有找到不受蒙蔽的方法。假如不使地位卑贱的人议论尊贵的人,不使隐瞒上司罪行的人一定与上司一同受罚,而一定要等到下级与上司的权势相等,然后才敢互相议论,那么这等于树立了更多蒙蔽自己的臣子。卫嗣君的被蒙蔽于是也就开始了。

箭射来有一定的方向,那么就堆积铁来防备这个方向;如果箭射来没有一定的方向,那就要做一座铁房子来全面防备它。防备住了箭那么身体就不会受到伤害。因此防箭的人因为全面防备而不受伤害,君主由于全面对付奸臣而不会发生奸邪的事。

庞恭与魏国的太子一块儿到赵国的邯郸去做人质,庞恭对魏王说:"如果一个人对您说市场上有老虎,大王相信这件事吗?"魏王说:"不信。""两个人说市场上有老虎,大王您相信吗?"魏王说:"不信。""三个人说市场上有老虎,大王相信吗?"魏王说:"我相信这件事。"庞恭说:"市场上没有老虎是很清楚的,但是三个人都说就变成了有老虎了。现在邯郸离魏国比市场要远得多,议论我的人也超过了三个,希望大王仔细考察他们的话。"庞恭从邯郸回国,最终也没有见到魏王。

经二 必罚①

爱多者则法不立,威寡者则下侵上。是以刑罚不必则禁令不行。其说在董子之行石邑,与子产之教游吉也。故仲尼说陨霜,而殷法刑弃灰;将行去乐池,而公孙鞅重轻罪。是以丽水之金不守,而积泽之火不救。成欢以太仁弱齐国,卜皮以慈惠亡魏王。管仲知之,故断死人;嗣公知之,故买胥靡。

【注释】
①必罚:"必罚明威"的省略语。

【译文】
经二　必罚
君主有太多的仁爱,法制就难以建立;君主威严不足,就要被臣下侵害。因此刑罚不坚决执行,禁令就无法实施。这种论点的解说在董子巡行石邑和子产教游吉两则故事中。所以孔子谈到陨霜,而商朝的法律要对弃灰的人判刑;车队的领队要离开乐池,而公孙鞅主张对犯轻罪的人判重罪。所以丽水的金藏守不住,而积泽之火没人来救。成欢认为齐王太仁慈一定会使齐国衰弱,卜皮认为魏王太慈惠一定会使魏国衰亡。管仲懂得这个道理,所以要分斩死尸;卫嗣公知道这一点,所以要花钱买回逃走的服役囚犯。

说二

董阏于为赵上地守①。行石邑山中②,涧深,峭如墙,深百仞③,因问其旁乡左右曰④:"人尝有入此者乎?"对曰:"无有。"曰:"婴儿、痴聋、狂悖之人尝有入此者乎⑤?"对曰:"无有。""牛马犬彘尝有入此者乎⑥?"对曰:"无有。"董阏于喟然太息曰⑦:"吾能治矣。使吾治之无赦,犹入涧之必死也,则人莫之敢犯也，何为不治？"

子产相郑⑧，病将死，谓游吉曰⑨："我死后，子必用郑，必以严莅人。夫火形严，故人鲜灼；水形懦，人多溺。子必严子之形⑩，无令溺子之懦。"子产死。游吉不肯严形，郑少年相率为盗，处于萑泽⑪，将遂以为郑祸。游吉率车骑与战，一日一夜，仅能克之。游吉喟然叹曰："吾蚤行夫子之教⑫，必不悔至于此矣。"

鲁哀公问于仲尼曰："《春秋》之记曰⑬：'冬十二月霣霜不杀菽⑭。'何为记此？"仲尼对曰："此言可以杀而不杀也。夫宜杀而不杀，桃李冬实。天失道，草木犹犯干之，而况于人君乎！"

【注释】

①董阏（yān）于：一作"董安于"，春秋末期晋国人，赵简子的家臣。上地：指晋国的上党地区，位于今山西东南部。守：郡守，郡的最高长官。
②石邑：晋国地名，位于今河北获鹿西南。
③仞：古代的高度计量单位，八尺为一仞。
④旁乡左右：居住在深涧附近的人。
⑤狂悖（bèi）：精神失常。
⑥彘：猪。
⑦喟然：叹息的样子。
⑧子产：即公孙侨，春秋时郑国执政的卿。
⑨游吉：即子太叔，郑国继子产执政的大臣。

⑩形：通"刑"。下文"游吉不肯严形"之"形"同此。
⑪萑（huán）泽：即萑苻之泽，位于今河南中牟。萑，通"雈"。
⑫蚤：通"早"。
⑬《春秋》：古代史书的代称，这里应是未经孔子修改过的鲁国原有的史书。
⑭霣（yǔn）：坠落。菽：豆类作物。

【译文】

说二

董阏于担任赵氏的上党郡守。巡视到石邑的山中，山涧很深，陡峭得像墙一样，深有数百尺，便问居住在山涧边的人说："曾经有人掉到山涧中去过吗？"回答说："没有。"问："婴儿、白痴、聋子、精神失常的人曾经掉下去过吗？"回答说："没有。""牛马猪狗曾经掉下去过吗？"回答说："没有。"董阏于长叹一声说："我可以把上党郡治理好了。假如我惩治犯法的人严厉不赦，如同掉到深涧中必死一样，那么就没有人触犯法禁了，怎么会治理不好呢？"

子产担任郑国的相，病重将死，对郑国的大臣游吉说："我死之后，你一定会在郑国执政，一定要用威严来对待民众。火的样子很严酷，所以人很少被烧伤；水的样子很柔软，所以很多人被淹死。你一定要严厉执行你的刑罚，不要使人们因你的懦弱而溺毙。"子产死了。游吉不肯严厉实施刑罚，郑国的年轻人拉帮结伙做盗窃，躲藏在萑苻之泽中，最终成为郑国的祸患。游吉率领战车骑兵与他们作战，打了一天一夜,才勉强战胜他们。游吉叹息说:"我早些遵照子产先生的教诲,一定不会后悔到这般地步。"

鲁哀公问孔子说:"《春秋》上的记载说:'冬天十二月降霜不摧残豆类作物。'为什么要记载这件事?"孔子回答说:"这是说可以摧残而没有摧残。应该加以摧残的而不加摧残,那么桃树和李树就会在冬天结果实了。大自然失去了常规,草木尚且侵犯它,何况是人间的君主呢!"

殷之法①,刑弃灰于街者②。子贡以为重③,问之仲尼。仲尼曰:"知治之道也。夫弃灰于街必掩人,掩人,人必怒,怒则斗,斗必三族相残也④,此残三族之道也,虽刑之可也。且夫重罚者,人之所恶也;而无弃灰,人之所易也。使人行之所易,而无离所恶⑤,此治之道。"

一曰:殷之法,弃灰于公道者断其手。子贡曰:"弃灰之罪轻,断手之罚重,古人何太毅也?"曰:"无弃灰,所易也;断手,所恶也。行所易,不关所恶,古人以为易,故行之。"

【注释】

①殷:商的别名。商朝因商王盘庚迁都于殷(位于今河南安阳西),故商又称殷。
②街:四通八达的大路。
③子贡:即端木赐,春秋时卫国人,孔子的学生。
④三族:泛指多数家庭。

⑤离：通"罹"，遭到。下文"无离其所难"之"离"同此。

【译文】

商朝的法律规定，把灰倒在大路上的人要受刑罚。子贡认为这个处罚过重，向孔子请教这个问题。孔子说："商人这是懂得法治的道理。倒灰在大路上一定会飞起来蒙蔽人的眼睛，蒙蔽人的眼睛，人们一定会发怒，发怒就会争斗，争斗一定会引起许多家族互相残杀，这是一种引起许多家族相残的做法，即使对当事人加以刑罚也是可以的。严重的刑罚，是人们所厌恶的；而不要在大路上倒灰，是人所容易做到的。让人们做他们容易做到的，而不要遭受到他们所厌恶的刑罚，这是治理好百姓的办法。"

另一种说法：商朝的法律，把灰倒在官道上的人要砍断他的手。子贡说："倒灰的罪很轻，砍断手的处罚重，古人怎么这样严酷？"孔子说："不倒灰，很容易做到；砍断手，是人们很厌恶的。做他们所容易做到的，不触犯他们所厌恶的，古人认为这样容易实行，所以就实行这样的法律。"

中山之相乐池以车百乘使赵①，选其客之有智能者以为将行②，中道而乱。乐池曰："吾以公为有智，而使公为将行，今中道而乱，何也？"客因辞而去，曰："公不知治。有威足以服人，而利足以劝之，故能治之。今臣，君之少客也③。夫从少正长，从贱治贵，而不得操其利害之柄以制之，此所以乱也。尝试使臣：彼之善者我能以为卿相，彼不善者我得以斩其首，何故而不治！"

公孙鞅之法也重轻罪④。重罪者，人之所难犯也；而小过者，人之所易去也。使人去其所易，无离其所难，此治之道。夫小过不生，大罪不至，是人无罪而乱不生也。

一曰：公孙鞅曰："行刑重其轻者，轻者不至，重者不来，是谓以刑去刑也。"

【注释】

①中山：春秋时白狄的别支鲜虞族建立的国家，位于今河北中部偏西地区。乐池：人名，生平不详。乘（shèng）：一车四马为一乘。赵：战国时诸侯国名，范围包括今山西大部和河北、河南、山东、陕西等的部分地区。

②将行：指领队。

③少客：下等的门客，即门客中年少位卑的人。

④公孙鞅：即商鞅，本姓公孙，战国时卫国人，故称卫鞅或公孙鞅。

【译文】

中山国的相乐池带领一百乘车去出使赵国，挑选自己门客中有才智和能力的人来作为领队，走到半路上队伍就散乱了。乐池说："我认为你有才智，而让你做了领队，现在半路上队伍就散乱了，这是什么原因？"这位门客于是辞职离去，说："您不懂得管理之道。有权威足以制服别人，而有利益足以激励别人,所以就能够管理好别人。现在我,只是您一位年少位卑的门客。由年轻的管理年长的,由地位卑贱的治理地位尊贵的,而不能掌握赏罚的权柄来制约他们,这就是队伍散乱的原因。假如让我有这样的权力:他们中表现好的我能封他为卿相,表现不好的我可以杀他的头,还有什么理由不能治好!"

公孙鞅制定的法律对轻罪加以重罚。重罪,是人们所难犯的;而小的罪过,是人们很容易去掉的。让人去掉容易去掉的,不犯所难犯的,这就是治理好百姓的方法。小的罪过不发生,大的罪过也没有,这样人们就不会犯罪而祸乱也不会产生。

另一种说法:公孙鞅说:"实行刑罚对轻罪加以重罚,轻罪不会出现,重罪不会产生,这就叫做用刑罚去掉刑罚。"

荆南之地,丽水之中生金①,人多窃采金。采金之禁:得而辄辜磔于市②。甚众,壅离其水也③,而人窃金不止。大罪莫重辜磔于市,犹不止者,不必得也。故今有于此,曰:"予汝天下而杀汝身。"庸人不为也。夫有天下,大利也,犹不为者,知必死。故不必得也,则虽辜磔,窃金不止;知必死,则有天下不为也。

鲁人烧积泽④。天北风,火南倚,恐烧国⑤。哀公惧,自将众趣救火⑥。左右无人,尽逐兽而火不救,乃召问仲尼。仲尼曰:"夫逐兽者乐而无罚,救火者苦而无赏,此火之所以无救也。"哀公曰:"善。"仲尼曰:"事急,不及以赏;救火者尽赏之,则国不足以赏于人。请徒行罚。"哀公曰:"善。"于是仲尼乃下令曰:"不救火者,比降北之罪⑦;逐兽者,比入禁之罪。"令下未遍而火已救矣。

【注释】

①丽水:楚国地名,具体地点不详。

②辜:示众,在闹市处死并将尸首暴露街头。磔(zhé):即车裂,将人头和四肢分别拴在五辆车上,用马向五个方向拉开以撕裂肢体的一种酷刑,又称"五马分尸"。

③离:遮遏,阻断。

④积泽:日久形成的沼泽,指一个大柴荡。

⑤国:国都,指鲁国国都曲阜城,位于今山东曲阜。

⑥趣:通"促",督促。

⑦降北:投降和败逃。

【译文】

楚国南部的地方,丽水之中出产黄金,很多人都偷采金矿。采金的禁令规定:抓住了偷采者就砍头分尸在闹市示众。被抓杀死的人很多,阻断了丽水的水流,但人们偷采黄金的行为不能制止。罪罚没有比在闹市砍头分尸示众更大的了,但这样还制止不了,是因为偷采黄金的人不一定能抓到。所以如果有人在这里宣布说:"把天下给你而把你杀掉。"庸人也不会接受。据有天下,是很大的利益,仍然不肯接受的原因，是因为知道这样一定会死。所以不一定能抓住，那么即使砍头分尸而示众，偷采黄金的行为也不停止；知道一定会死，就算是据有天下也不愿接受。

鲁国人焚烧日久积聚而成的沼泽。天起北风，火向南延伸，恐怕会烧到国都曲阜城了。鲁哀公很害怕，亲自带领众人去督促救火。但他的身边没有一个人了，都去追逐野兽而不去救火，鲁哀公便召来孔子询问。孔子说："追赶野兽的人快乐而又没有处罚，救火的辛苦而又没有奖赏，这就是火没有人来救的原因。"鲁哀公说："说得好。"孔子说："事情很紧急，来不及谈奖赏；再说救火的人都要给奖赏，那么把鲁国拿来也不够奖赏救火的人。我请求只用刑罚。"鲁哀公说："好的。"因此孔子便下令说："不救火的人，和在战场上投降败逃的人同罪；追赶野兽的，与擅自闯入禁地的人同罪。"命令还没有传遍而火已经被扑灭了。

成欢谓齐王曰①："王太仁，太不忍人。"王曰："太仁，太不忍人，非善名邪②？"对曰："此人臣之善也，非人主之所行也。夫人臣必仁而后可与谋，不忍人而后可近也；不仁则不可与谋，忍人则不可近也。"王曰："然则寡人安所太仁？安不忍人？"对曰："王太仁于薛公③，而太不忍于诸田④。太仁薛公，则大臣无重；太不忍诸田，则父兄犯法。大臣无重，则兵弱于外；父兄犯法，则政乱于内。兵弱于外，政乱于内，此亡国之本也。"

魏惠王谓卜皮曰⑤："子闻寡人之声闻亦何如

焉？"对曰："臣闻王之慈惠也。"王欣然喜曰："然则功且安至？"对曰："王之功至于亡。"王曰："慈惠，行善也。行之而亡，何也？"卜皮对曰："夫慈者不忍，而惠者好与也。不忍则不诛有过，好予则不待有功而赏。有过不罪，无功受赏，虽亡，不亦可乎？"

【注释】

①成欢：人名，生平不详。

②邪：同"耶"。

③薛公：指战国时齐国的靖郭君田婴，任齐国的相，被齐湣王封于薛，人称薛公。

④诸田：战国时齐国为田氏政权，故"诸田"即指田氏宗族，也就是齐国君主的宗族。

⑤魏惠王：战国时魏国的君主，名䓨。卜皮：人名，生平不详。

【译文】

成欢对齐王说："大王您太仁慈，太对人不狠心。"齐王说："太仁慈，对人太不忍心，这不是好词儿吗？"成欢回答说："这是臣下的美德，不是君主所应该实行的。臣下一定要是仁德的人才可以与他谋划，有不忍人之心的人才可以与他亲近；不仁慈的人就不能与他谋划，太狠心的人就不能与他亲近。"齐王说："那么我在哪里太仁慈？在哪些地方不狠心？"成欢回答说："大王对薛公太仁慈，而对田氏宗族太不狠心。对薛公太仁慈，大臣就没有了权势；

对田氏宗族太不狠心,那么您的那些宗族里的父兄就肆意犯法。大臣们没有了权势,那么抵御外敌的兵力就会削弱;您的父兄犯法,那么国家的内政就会混乱。对外的兵力削弱,国内的政治混乱,这是亡国的根本。"

魏惠王对卜皮说:"您听说我的名声怎么样?"卜皮回答说:"我听说大王对臣民仁慈有恩惠。"魏惠王高兴地说:"这样的话,我的功业达到什么地步呢?"卜皮回答说:"大王的功业达到了衰亡的地步。"魏惠王说:"仁慈恩惠,是善德的行为。实行美德而衰亡,这是什么原因?"卜皮回答说:"仁慈的人就会不狠心,而对人有恩惠的人喜欢施舍。不狠心就不会惩罚有罪过的,喜欢施舍则不等人建立了功勋就奖赏。有罪过不受惩罚,没有功劳而受奖赏,即使衰亡,不也是应该的吗?"

齐国好厚葬,布帛尽于衣衾①,材木尽于棺椁②。桓公患之③,以告管仲曰④:"布帛尽则无以为蔽,材木尽则无以为守备,而人厚葬之不休,禁之奈何?"管仲对曰:"凡人之有为也,非名之,则利之也。"于是乃下令曰:"棺椁过度者戮其尸,罪夫当丧者。"夫戮死,无名;罪当丧者,无利:人何故为之也?

卫嗣君之时,有胥靡逃之魏⑤,因为襄王之后治病⑥。卫嗣君闻之,使人请以五十金买之⑦,五反而魏王不予,乃以左氏易之⑧。群臣左右谏曰:"夫以一都买胥靡,可乎?"王曰:"非子之所知也。夫治无小而乱无大。法不立而诛不必，虽有十左氏无益也；法立而诛必，虽失十左氏无害也。"魏王闻之曰："主欲治而不听之，不祥。"因载而往，徒献之。

【注释】
①衾：被子。
②棺椁：古代棺材有内外两重，内称棺，外称椁。
③桓公：即齐桓公，名小白，春秋时齐国的君主，著名的"春秋五霸"之一。
④管仲：即管夷吾，齐桓公的相。
⑤胥靡：犯轻罪服劳役的囚犯。
⑥襄王：指魏襄王，名嗣，战国时魏国的君主。后：指魏襄王的王后。
⑦金：古代的货币单位。
⑧左氏：卫国的城邑，位于今山东曹县西北。

【译文】
齐国的风俗喜欢奢侈的葬礼，麻布和丝织物都用去做下葬的衣被了，木材都用去做棺材了。齐桓公对此很担心，把这件事告诉管仲说："麻布和丝织物都用去做下葬的衣被，活人就没有东西遮体了，木材都用去做棺材，国家就没有东西来修筑防御工事了，而人们奢侈下葬的行为还不停止，怎么禁止这种行为呢？"管仲回答说："凡是人的所作所为，不是为了名，就是为了利。"因此就下命令说："棺材超过了制度的斩死者的尸体，并惩罚那个主持丧事的人。"死者被斩,不是名誉的事;主持丧事的受惩罚,他无利可图。人为什么还厚葬呢?

卫嗣君的时候,有个服劳役的囚犯逃到魏国去了,趁机给魏襄王的王后治病。卫嗣君闻说后,让人去魏国请求用五十金把他买回来,往返了五次但魏襄王也不同意,于是卫嗣君就用左氏城邑去换这名囚犯。卫嗣君的身边群臣劝谏说:"您用一座城邑去买一名囚犯,这样行吗?"卫嗣君说:"这不是你所能明白的。治理好国家没有小事而乱不一定起于大事。法令不能确立而惩罚不坚决,即使有十座左氏城邑也没有益处;建立了法令而惩罚坚决,即使失掉了十座左氏城邑也没有什么伤害。"魏襄王听说后说:"卫嗣君想治理好国家而我不听从他的要求,这样不吉利。"于是把囚犯用车子装了送回,白白地献给了卫嗣君。

经三 赏誉①

赏誉薄而谩者下不用也,赏誉厚而信者下轻死。其说在文子称"若兽鹿"。故越王焚宫室,而吴起倚车辕②,李悝断讼以射,宋崇门以毁死③。勾践知之,故式怒蛙④;昭侯知之,故藏弊裤。厚赏之使人为贲、诸也⑤,妇人之拾蚕,渔者之握鳝,是以效之。

【注释】

①赏誉:"赏誉尽能"的省略语。
②车辕:压在车轴上伸向前面和衡相连的一根曲木。

③崇门：宋国都城商丘的东门。
④式：通"轼"，车前横木。
⑤贲、诸：孟贲、专诸。孟贲是卫国人，战国早期的勇士；专诸是春秋时期为吴国公子光刺杀吴王僚的勇士。

【译文】

经三　赏誉

赏誉轻而又欺骗人的君主，臣下不会为他所用；赏誉厚而又对人守信用的君主，臣下很容易为他卖命。这种论点的解说在文子称"若兽鹿"这则故事中。所以越王焚烧自己的宫室，而吴起斜靠一根车辕在城门外，李悝用射箭来判断诉讼，宋国奖励一个在都城东门死去的人。勾践懂得这一点，所以倚伏在车轼上对怒蛙致敬；韩昭侯明白这个道理，所以要将旧裤子藏起来。重赏可以使人变成孟贲、专诸那样的勇士，女人拾蚕，渔夫捉鳝鱼，就是证明。

说三

齐王问于文子曰①："治国何如？"对曰："夫赏罚之为道，利器也。君固握之，不可以示人。若如臣者，犹兽鹿也，唯荐草而就。"

越王问于大夫文种曰②："吾欲伐吴③，可乎？"对曰："可矣。吾赏厚而信，罚严而必。君欲知之，何不试焚宫室？"于是遂焚宫室，人莫救之。乃下令曰："人之救火者死，比死敌之赏；救火而不死者，比胜敌之赏；不救火者，比降北之罪。"人涂其体被濡衣而走火者④,左三千人,右三千人。此知必胜之势也。

【注释】

①文子:人名,战国初期道家学派的人物。
②越王:指越王勾践,春秋末期越国的君主。大夫:官名。文种:字少禽,一作"子禽",楚国人。他帮助越王勾践设计打败了吴国,后受谗害被迫自杀。
③吴:春秋时诸侯国名,范围包括今江苏大部和浙江、安徽两省的部分地区。
④被:同"披"。

【译文】

说三

齐王问文子说:"应该如何治国?"文子回答说:"赏罚作为治国的原则,是锐利的武器。君主要牢固地掌握,不能显示给人。至于那些臣下,就好比兽鹿,只要有肥美的草它们就会跑过去。"

越王问大夫文种说:"我想攻打吴国,可以吗?"文种回答说:"可以。我们国家奖赏重而且兑现,惩罚严而且坚决。君主您如果想了解这一点,为什么不试着放一把火点燃宫室?"因此勾践就放火焚烧宫室,没有一个人来救火。便下令说:"人们如果救火而死,等同于为国家平定动乱而死的奖赏;如果救火而不死,等同于战胜敌人的奖赏;不肯去救火的人,等同于战场上投降和败逃者的罪过。"人们用防火材料涂身、披着湿衣裳奔赴火场的,左边有三千人,右边也有三千人。从这件事上可以知道攻打吴国一定能取胜的形势。

吴起为魏武侯西河之守①。秦有小亭临境②,吴起欲攻之。不去,则甚害田者;去之,则不足以征甲兵。于是乃倚一车辕于北门之外而令之曰:"有能徙此南门之外者,赐之上田、上宅。"人莫之徙也。及有徙之者,还赐之如令③。俄又置一石赤菽东门之外而令之曰④:"有能徙此于西门之外者,赐之如初。"人争徙之。乃下令曰:"明日且攻亭,有能先登者,仕之国大夫⑤,赐之上田宅。"人争趋之。于是攻亭,一朝而拔之。

李悝为魏文侯上地之守⑥,而欲人之善射也,乃下令曰:"人之有狐疑之讼者,令之射的⑦,中之者胜,不中者负。"令下而人皆疾习射,日夜不休。及与秦人战,大败之,以人之善战射也。

宋崇门之巷人服丧而毁甚瘠,上以为慈爱于亲,举以为官师⑧。明年,人之所以毁死者岁十余人。子之服亲丧者,为爱之也,而尚可以赏劝也,况君上之于民乎!

【注释】

①吴起:战国时卫国人,曾在魏、楚两国实行变法。魏武侯:名击,战国时魏国君主。西河:魏国郡名,位于今陕西洛水以东的黄河西岸地区。

②亭：边境上侦察和防敌用的一种军事建筑。
③还：通"旋"，旋即。
④一石：古代计算重量的单位，一百二十斤为一石。赤菽：赤豆。
⑤国大夫：官名。
⑥李悝：战国初期魏国人，法家代表人物，曾任魏文侯的相，制定了《法经》。魏文侯：名斯，战国初期魏国的君主。
⑦的：箭靶。
⑧官师：官长，法家"以吏为师"，故有此称。

【译文】

吴起担任魏武侯的西河郡守。秦国在魏国边境上建有守望的小亭，吴起想攻下它。不拔掉它，对魏国的种田人危害很大；去掉它，又不值得因此而调兵遣将。因此就在北门外面斜靠了一根车辕下令说："如果有谁能把它搬到南门外面去，就赏赐给他上等的田地和上等的住宅。"没有人去搬它。等到有搬它的人，立即如当初命令所说的那样赏赐了他。不久又放了一石赤豆在东门外面并下令说："如果有人搬动这一石赤豆到西门之外，给他的奖赏和当初一样。"人们争着去搬赤豆。于是下令说："明天将要攻打秦国边境上的小亭，如果有谁先登上小亭，让他担任国大夫，赏赐他上等的田地、住宅。"人们争着向前冲。因此进攻小亭，一早晨就攻下了。

李悝担任魏文侯的上党郡守，希望人们善于射箭，于是下令说："如果谁有是非不决的诉讼，让他们来射箭靶子，射中了箭靶的胜诉,射不中箭靶的败诉。"命令一下人们都赶快练习射箭,日夜不停。等到与秦国人开战,把秦国打得大败,因为人们都善于作战射箭。

宋国商丘城东门外的居民为亲人守丧而哀痛,致使形体十分瘦弱,宋国的君主认为这个人对亲人很慈爱,提拔他做了官。第二年,守丧哀痛而死的一年就有十多人。儿子为父母服丧,是因为爱父母,尚且还可以用奖赏来鼓励,何况君主对于民众呢!

越王虑伐吴①,欲人之轻死也,出见怒蛙②,乃为之式。从者曰:"奚敬于此?"王曰:"为其有气故也。"明年之请以头献王者岁十余人。由此观之,誉之足以杀人矣。

一曰:越王勾践见怒蛙而式之。御者曰:"何为式?"王曰:"蛙有气如此,可无为式乎?"士人闻之曰:"蛙有气,王犹为式,况士人有勇者乎!"是岁,人有自刭死以其头献者③。故越王将复吴而试其教:燔台而鼓之④,使民赴火者,赏在火也;临江而鼓之,使人赴水者,赏在水也;临战而使人绝头刳腹而无顾心者,赏在兵也。又况据法而进贤,其劝甚此矣。

【注释】

①越王:指越王勾践。
②怒蛙:肚子鼓胀起来的蛙,似发怒,称怒蛙。

③自刭：自刎，自己抹脖子。

④台：用土筑成的一种高建筑物，可供游赏。

【译文】

越王勾践考虑进攻吴国，想要士兵拼死作战，出行时看见气鼓鼓的青蛙，便倚伏在车轼上向青蛙致敬。随从的人说："为什么要向青蛙致敬？"越王说："因为它有充足的勇气。"第二年请求把自己的头颅献给越王的人一年就有十多个。由此看来，赞誉人也足以杀掉人。

另一种说法：越王勾践看见气鼓鼓的青蛙而伏轼向它们致敬。他的马车夫说："为什么要向它们伏轼致敬呢？"越王说："青蛙有如此充足的勇气，能不为它们伏轼致敬吗？"士人们听到这件事说："青蛙有勇气，大王尚且为它们伏轼致敬，何况士人中有勇气的呢！"这一年，就有以自刎这种方式把自己的头献给越王的。所以越王勾践将要向吴国复仇而试验他的这种教法：把他的台榭放火焚烧而击鼓令人前进，使人们奔赴火场的原因，是奖赏在火里；在江边击鼓令人前进，使人们敢于投身水中的原因，是奖赏在水中；临到战争时使人们能断头剖腹而没有反顾之心的原因，是因为奖赏在战斗中。又何况君主还依据法制来提升德才兼备的人，它的鼓励作用更大了。

韩昭侯使人藏弊裤①，侍者曰："君亦不仁矣，弊裤不以赐左右而藏之。"昭侯曰："非子之所知也。吾闻明主之爱一颦一笑②，颦有为颦，而笑有为笑。今夫裤，岂特颦笑哉！裤之与颦笑相去远矣。吾必待有功者，故收藏之未有予也。"

鳣似蛇③，蚕似蠋④。人见蛇则惊骇，见蠋则毛起。然而妇人拾蚕，渔者握鳣，利之所在，则忘其所恶，皆为孟贲。

【注释】
①韩昭侯：战国时韩国的君主。
②啴：同"𪩘"。
③鳣：通"鳝"，鳝鱼。
④蠋（zhú）：一种毛虫。

【译文】
韩昭侯让人把自己的旧裤子藏起来，侍从的人说："君主您也太不仁慈了，旧裤子不拿来赏赐给身边的人而把它藏起来。"韩昭侯说："这不是你所能懂得的。我听说英明的君主不轻易露出一颦一笑，颦有颦的目的，而笑有笑的用意。现在那条旧裤子，岂止是一颦一笑那样的事！旧裤子与颦笑相去太远了。我一定要等待有功劳的人出现，所以要把它收藏起来而没有给人。"

鳝鱼外形跟蛇相似，蚕和毛虫相似。人看到蛇就惊恐，看到毛虫就会竖起汗毛。但是妇女拾蚕，渔夫捉鳝鱼，利益所在的地方，就使人忘记了他们所厌恶的东西，都变成了孟贲那样的勇士。

经四　一听①

一听则愚智不纷，责下则人臣不参。其说在

"索郑"与"吹竽"。其患在申子之以赵绍、韩沓为尝试。故公子汜议割河东,而应侯谋弛上党。

【注释】
① 一听:"一听责下"的省略语。

【译文】

经四　一听

君主一一听取臣下的意见就不会造成愚智混乱,君主善于督责臣下就能使人臣中的无能者不会混杂其中。这种论点的解说在"索郑"和"吹竽"两则故事中。这种做法的弊端在于申不害通过赵绍、韩沓去试探韩昭侯的意图。所以秦昭襄王听取了公子汜的话而割让了河东,又听了范雎的话而决定放弃上党。

说四

魏王谓郑王曰①:"始郑、梁一国也②,已而别,今愿复得郑而合之梁。"郑君患之,召群臣而与之谋所以对魏。公子谓郑君曰③:"此甚易应也。君对魏曰:'以郑为故魏而可合也,则弊邑亦愿得梁而合之郑④。'"魏王乃止。

齐宣王使人吹竽⑤,必三百人。南郭处士请为王吹竽⑥,宣王说之⑦,廪食以数百人⑧。宣王死,湣王立⑨,好一一听之,处士逃。

一曰:韩昭侯曰:"吹竽者众,吾无以知其善者。"田严对曰⑩:"一一而听之。"

【注释】

①郑王：即韩王。韩哀侯二年（前375）韩灭郑，迁都到郑（位于今河南新郑），所以韩又称郑。下文"郑君"同"郑王"。
②梁：魏国的别名。魏国从前361年起移都大梁（位于今河南开封），所以魏又称梁。
③公子：诸侯除太子以外的儿子都称公子。
④弊邑：对自己国家的谦称。弊，通"敝"。
⑤齐宣王：战国时齐国的君主，名辟疆。竽：古代用竹制的一种乐器，形状像笙。
⑥南郭：复姓。处士：隐居不做官的读书人。
⑦说：同"悦"。
⑧廪（lǐn）食：由官仓里供给粮食，即俸禄。
⑨湣王：战国时齐国继齐宣王之后的君主，名地。
⑩田严：人名，生平不详。

【译文】

说四

魏王对韩王说："起初魏国、韩国本来是一个国家，后来才分开，现在希望再能够把韩国合并到魏国去。"韩王对此感到担忧，召集来群臣与他们商议怎样答复魏国。公子对韩王说："这很容易答复。您对魏王说：'因为韩国与魏国原是一个国家所以可将韩国合并到魏国去，那么我们韩国也愿意把魏国合并到韩国来。'"魏王听了这个话便停止了。

齐宣王让人吹竽，一定要三百人合奏。有位南郭先生请求为齐宣王吹奏竽，齐宣王很高兴地答应了，享受着够几百个人吃的官仓供应粮的俸禄。齐宣王死后,齐湣王继位,喜欢听一个个地独奏,南郭先生便逃走了。

另一种说法:韩昭侯说:"吹竽的人多,我无法知道谁吹得好。"田严回答说:"一个一个地听他们吹就知道了。"

赵令人因申子于韩请兵①,将以攻魏。申子欲言之君②,而恐君之疑己外市也,不则恐恶于赵,乃令赵绍、韩沓尝试君之动貌而后言之③。内则知昭侯之意,外则有得赵之功。

三国兵至韩④,秦王谓楼缓曰⑤:"三国之兵深矣!寡人欲割河东而讲⑥,何如?"对曰:"夫割河东,大费也;免国于患,大功也。此父兄之任也,王何不召公子汜而问焉⑦?"王召公子汜而告之,对曰:"讲亦悔,不讲亦悔。王今割河东而讲,三国归,王必曰:'三国固且去矣,吾特以三城送之。'不讲,三国也入韩,则国必大举矣,王必大悔。王曰:'不献三城也。'臣故曰:王讲亦悔,不讲亦悔。"王曰:"为我悔也,宁亡三城而悔,无危乃悔。寡人断讲矣。"

应侯谓秦王曰⑧:"王得宛、叶、蓝田、阳夏⑨,断河内⑩,困梁、郑⑪,所以未王者⑫,赵未服也。弛上党在一而已⑬,以临东阳⑭,则邯郸口中虱也。王拱而朝天下,后者以兵中之。然上党之安乐,其处甚剧,臣恐弛之而不听,奈何?"王曰:"必弛易之矣。"

【注释】

①申子：即申不害，法家的代表人物，时任韩昭侯的相。
②君：指韩昭侯。
③赵绍、韩沓：人名，生平均不详。
④三国兵至韩：指前298年韩、魏、齐三国联合进攻秦国，军队在韩国集结。
⑤秦王：指秦昭襄王。楼缓：战国时赵国人，纵横家，曾任秦昭襄王的相。
⑥河东：黄河以东的地方，本属赵、魏的土地，被秦国占领。
⑦公子汜：秦国的公子，生平不详。
⑧应侯：范雎的封号。范雎本为战国时魏国人，后到秦国，游说昭襄王，被任用为相，受封于应（今河南鲁山西北），称为应侯。
⑨宛、叶、蓝田、阳夏：都是地名。宛位于今河南南阳，叶位于今河南叶县，蓝田位于今陕西蓝田西南，阳夏位于今河南太康西北。
⑩河内：战国时魏国地名，位于今河南黄河以北地区。
⑪梁、郑：指魏国、韩国。
⑫王（wàng）：做王，统治。
⑬上党：地名，原属韩国，此时已被秦攻取，位于今山西东南部。
⑭东阳：赵国地名，位于今河北南部，太行山以东。

【译文】

赵国让人通过申不害向韩国借兵，准备攻打魏国。申不害想对韩王谈这件事,但恐怕韩王怀疑自己与外国相勾结,不答应又恐怕得罪赵国,便让赵绍、韩沓试探韩王的意向然后再向韩王谈这件事。对内则可以知道韩昭侯的心意,对外可以收到使赵国满意的功效。

韩、魏、齐三国的军队集结到了韩国,秦王对楼缓说:"三国的军队已经深入到我国的防地了!我打算割让黄河以东的地区与他们讲和,你看怎么样?"楼缓回答说:"割让黄河以东的土地,损失太大了;而使国家免于被侵略的祸患,这是很大的功劳。这事是宗族老臣的责任,大王您为什么不召公子氾来问问他的意见?"秦王召来公子氾告诉他这件事,公子氾回答说:"讲和也后悔,不讲和也后悔。大王假如割让了河东地区而讲和,三国的军队回去了,大王您一定会说:'三国本来就要离去的,我白白地送给了他们三座城。'不讲和,三国的军队已集结在韩国,那么我们国家一定要大规模调兵,大王您一定会后悔。大王会说:'这都是因为舍不得献给他们三座城。'所以我说:'大王您讲和也后悔,不讲和也后悔。'"秦王说:"如果我后悔的话,宁愿丢失三座城而后悔,不能使国家遇到危亡才后悔。我决定讲和了。"

范雎对秦昭襄王说:"大王得到了宛、叶、蓝田、阳夏,切断河内,围困魏国、韩国,之所以还没有称王于天下,是因为赵国还没有臣服。放弃上党只是一个郡而已,如果把军队靠近东阳,那么赵国的都城邯郸就好像您口中的虱子了。大王您拱手就可以使天下来朝拜,来晚了的就派兵去攻击他。但上党现在平安和乐,它处的地理位置很重要，我担心放弃它您不会答应，怎么办？"秦昭襄王说："一定要放弃上党来换取赵国。"

经五　诡使①

数见久待而不任，奸则鹿散。使人问他则不鬻私。是以庞敬还公大夫，而戴欢诏视辒车，周主亡玉簪，商太宰论牛矢②。

【注释】
①诡使："疑诏诡使"的省略语。
②矢：通"屎"。

【译文】

经五　诡使

君主屡次召见一些臣子来让他们长久地等待在身旁而不任用他们做事，奸邪之人就会感到害怕而像鹿一样逃散。派人去办事而又通过另外的事来询问就不敢弄虚作假了。因此庞敬使公大夫中途返回，而戴欢派人侦察辒车的情况，东周君丢失了玉簪，宋太宰问起牛屎。

说五

庞敬①，县令也。遣市者行②，而召公大夫而还之③。立有间，无以诏之，卒遣行。市者以为令与公大夫有言，不相信，以至无奸。

戴欢④，宋太宰⑤，夜使人曰："吾闻数夜有乘辒车至李史门者⑥，谨为我伺之。"使人报曰："不见辒车,见有奉笥而与李史语者⑦,有间,李史受笥。"

周主亡玉簪⑧,令吏求之,三日不能得也。周主令人求而得之家人之屋间⑨。周主曰:"吾之吏之不事事也。求簪,三日不得之,吾令人求之,不移日而得之。"于是吏皆耸惧,以为君神明也。

商太宰使少庶子之市⑩,顾反而问之曰:"何见于市?"对曰:"无见也。"太宰曰:"虽然,何见也?"对曰:"市南门之外甚众牛车,仅可以行耳。"太宰因诫使者:"无敢告人吾所问于女⑪。"因召市吏而诮之曰:"市门之外何多牛矢?"市吏甚怪太宰知之疾也,乃悚惧其所也⑫。

【注释】

①庞敬:人名,生平不详。

②市者:管理市场的人。

③公大夫:管理市场的官吏。

④戴欢:人名,生平不详。

⑤太宰:宋国官名,相当于其他诸侯国的相。

⑥辒(wēn)车:古代的一种卧车。李史:人名,生平不详。

⑦奉:通"捧"。笥(sì):盛饭或衣物的方形竹器。

⑧周主:指东周君。前367年,周王朝直接统治的地区,分裂为东周和西周两个小国,它们的君主被分别称为东周君和西周君。簪(zān):古人用来固定

发髻或连结头发和冠的长针。

⑨家人：指人家、居民。

⑩商：指宋国。宋国为西周初周人分封商朝遗民建立的国家，故又称宋为商。少庶子：宋国年轻的侍从小吏。

⑪女：通"汝"。

⑫悚：通"耸"。

【译文】

说五

庞敬是县令。他派市场的管理人员去巡视，而叫管理市场的官员中途返回。站了一会儿，没有什么事交待给管理市场的官员，庞敬最终叫他走了。市场的管理人员以为县令与管理市场的官员有什么交待，对市场的管理人员们不相信，因此他们不敢做奸邪的事了。

戴欢是宋国的太宰，晚上派人说："我听说好几个夜晚有乘辒车到李史家门口的，小心地去给我侦查清楚。"派去的人回来报告说："没有看到辒车，看到有捧着竹筐与李史谈话的，过了一会儿，李史接受来人的竹筐。"

东周君丢失了玉簪，命令官吏去找，找了三天也没找到。东周君另派人去找却在居民的家里找到了。东周君说："我的官吏不认真做事。找一枚玉簪，找了三天找不到，我派另外的人去寻找，不到一天就找到了。"因此官吏们人人震恐，以为国君就是神明。

宋国的太宰派少庶子到集市去，回来后问他说："你在集市上看见什么了？"少庶子回答说："没有看到什么。"

太宰说:"虽然如此,你究竟见到了什么?"少庶子回答说:"集市的南门外面很多牛车,勉强可以走过去人。"太宰就告诫这位使者:"不准告诉别人我问你的话。"于是召来集市的管理官员而责备他们说:"集市的南门外为什么那么多牛屎?"集市的管理官员都对太宰那么快就知道了市场的情况感到很奇怪,于是小心惶恐地对待自己的职守。

经六　挟智①

挟智而问,则不智者智;深智一物,众隐皆变②。其说在昭侯之握一爪也。故必南门而三乡得③。周主索曲杖而群臣惧,卜皮使庶子,西门豹详遗辖④。

【注释】

①挟智:"挟智而问"的省略语。智:同"知"。下文"则不智者智"、"深智一物"中的三"智"字同。
②变:通"辨"。
③乡:通"向"。下文"三乡举而上之"之"乡"同此。
④详:通"佯"。

【译文】

经六　挟智

带着自己知道的事去询问,那么自己不知道的事也知道了;深入地了解一件事,许多不清楚的事都可以分辨清楚。这种论点的解说在韩昭侯握住一只指甲这则故事中。所以韩昭侯确切了解到南门的情况而其余三个方向城门的情况也就知道了。周国的君主索求弯曲的拐杖而大臣们恐惧，卜皮派庶子去暗中刺探，西门豹佯装丢失了车辖。

说六

韩昭侯握爪①，而佯亡一爪，求之甚急，左右因割其爪而效之。昭侯以此察左右之诚不②。

韩昭侯使骑于县。使者报，昭侯问曰："何见也？"对曰："无所见也。"昭侯曰："虽然，何见？"曰："南门之外，有黄犊食苗道左者③。"昭侯谓使者："毋敢泄吾所问于女④。"乃下令曰："当苗时，禁牛马入人田中固有令，而吏不以为事，牛马甚多入人田中。亟举其数上之；不得，将重其罪。"于是三乡举而上之。昭侯曰："未尽也。"复往审之，乃得南门之外黄犊。吏以昭侯为明察，皆悚惧其所而不敢为非。

周主下令索曲杖，吏求之数日不能得。周主私使人求之，不移日而得之。乃谓吏曰："吾知吏不事事也。曲杖甚易也，而吏不能得，我令人求之，不移日而得之，岂可谓忠哉！"吏乃皆悚惧其所，以君为神明。

卜皮为县令，其御史污秽而有爱妾⑤，卜皮乃使少庶子佯爱之，以知御史阴情。

西门豹为邺令⑥，佯亡其车辖⑦，令吏求之不能得，使人求之而得之家人屋间。

【注释】

①爪：指手指甲。

②不：通"否"。

③犊：小牛。

④女：通"汝"。

⑤御史：负责监察的官，这里指监督县令的监察官。

⑥西门豹：战国初期魏国人，著名的无神论者。邺：魏国县名，位于今河北临漳西南。

⑦辖：插在车轴两端防止车轮滑落的插销。

【译文】

说六

韩昭侯握手指甲，而假装掉了一只，找得很急切。他身边的人因而割下自己的手指甲献给韩昭侯。韩昭侯用这种方法来考察身边的近臣对自己是否忠诚。

韩昭侯派骑士到县中去巡视。使者回来报告，韩昭侯问他："你看到了些什么？"使者回答说："没有看到什么。"韩昭侯说："即便如此，你也要说究竟看到了什么？"使者说："我看到县城南门外面，有头小黄牛在吃路左边的禾苗。"韩昭侯对使者说："不准把我问你的话泄露出去。"于是下令说："当禾苗生长的时候，禁止牛马进入他人的田地本来已有惩罚条例，而地方官吏却不当回事，这使很多牛马进入他人的田中。立即将牛马进入农田的数目报上来；如果调查不到，将从重治负责官吏的罪。"因此县城三个城门方向都调查而上报了。韩昭侯说："还没有全部报告上来。"再次去仔细核查了这件事，才查出了南门外面小黄牛进入农田的事。地方官吏认为韩昭侯明察秋毫,个个都震恐不安地谨守职责而不敢胡作非为。

周国的君主寻找丢失的弯拐杖,官吏找了多日也没有找到。周国的君主私下派人去找拐杖,不到一天就找到了。周国的君主便对官吏说:"我知道你们这些官吏不认真办事。弯拐杖很容易找,而你们却找不到,我派别人去寻找,不到一天就找到了,你们能说对于国君忠诚吗?"官吏们就都震恐而谨慎地对待自己的职守,认为君主是神明。

卜皮任县令,他的御史行为卑鄙但有一位宠爱的妾,卜皮便让年轻的侍从官假意去爱御史的妾,借此去了解御史的隐私。

西门豹任邺县县令,假装丢失了车轴两头的插销,命令属吏寻找没有找到,另派人去找却在一户人家的屋里找到了。

经七 倒言^①

倒言反事以尝所疑则奸情得。故阳山谩樛竖,淖齿为秦使,齐人欲为乱,子之以白马,子产离讼者,嗣公过关市。

【注释】

①倒言:"倒言反事"的省略语。原作"倒言七右经",这里将"经"、"说"分别对应编排,已与原来的文体形式有所不同。

【译文】

经七　倒言

用说反话来试探自己所怀疑的事，那么就可以了解到奸情。所以阳山君欺骗樛竖，淖齿让人假装成秦国的使者，齐国有个人想作乱，子之用看见白马的假话试人，子产隔离诉讼的双方，卫嗣公派人通过关市。

说七

阳山君相卫①，闻王之疑己也，乃伪谤樛竖以知之②。

淖齿闻齐王之恶己也③，乃矫为秦使以知之。

齐人有欲为乱者，恐王知之，因诈逐所爱者，令走王知之。

子之相燕④，坐而佯言曰："走出门者何，白马也？"左右皆言不见。有一人走追之，报曰："有。"子之以此知左右之不诚信。

有相与讼者，子产离之而无使得通辞，倒其言以告而知之。

卫嗣公使人为客过关市⑤，关市苛难之，因事关市以金，关吏乃舍之。嗣公为关吏曰："某时有客过而所，与汝金，而汝因遣之。"关市乃大恐，而以嗣公为明察。

【注释】

①阳山君：战国初期卫国的一个封君，生平不详。

②樛(jiū)竖：卫国君主的近臣，生平不详。
③淖齿：人名，战国时楚国的将领，前284年带兵救齐，任齐湣王的相。齐王：指齐湣王。
④子之：人名，战国时燕国的相。
⑤关市：这里指管理关市的小吏。

【译文】

说七

阳山君在卫国任相，听说卫国的君主怀疑自己，就假装诽谤樛竖，借此刺激卫国的君主而探知卫君的态度。

淖齿听说齐湣王讨厌自己，就让人假装成秦国的使者来刺探情况。

齐国有个人想作乱，恐怕齐王会知道，便假意赶走自己所亲爱的人，让他逃到齐王那里来让齐王知道这件事。

子之做燕国的相，坐在屋里谎称："从门口跑过去的是什么，是白马吗？"他身边的人都说没看见。有一个人跑过去追赶马，回来报告说："是有一匹白马。"子之用这个方法了解到身边的人对自己不诚实。

有两个相互打官司的人，子产把他们隔开使他们不能相互通话，把双方的话倒过来告诉对方来了解实情。

卫嗣公派人扮商客经过国境上入关的集市，关市的管理官吏故意刁难他。商客向关市的管理官吏行贿，关市的管理官吏这才放过他。卫嗣公对关市的管理官吏说："在某个时间有位商客通过你的关卡，给了你钱，你便放过了他。"关市的管理官吏十分恐惧，认为卫嗣公明察秋毫。

内储说下六微

"六微",指危害君主的六种隐蔽的情况。韩非用大量的历史故事和传说,说明这六种隐蔽情况对君权和"法治"的危害,要求君主提高警惕,加强防范。和韩非在前面《八奸》《十过》等篇所列举的危害君权、破坏"法治"的各种情况相比,本篇显得更加宏观和概括。韩非认为,"六微"是"主之所察"的隐微活动,是上篇"主之所用"的"七术"的针对对象,君主在识破"六微"的基础上运用"七术",就可以把祸害消灭在萌芽状态。

本篇在"废置六"的"经"、"说"之后有"庙攻"和"(说)""七",应该属他篇的错简羼入。

六微①：一曰权借在下，二曰利异外借，三曰托于似类，四曰利害有反，五曰参疑内争②，六曰敌国废置。此六者，主之所察也。

【注释】
①六微：指六种危害君权的阴谋。
②疑：通"拟"，比拟，类似。

【译文】
有六种危害君权的隐蔽情况：一是君主的权势被臣下借用，二是由于君臣利益不同而被臣下借助其他诸侯国的势力谋取私利，三是臣下假托类似的事欺骗君主，四是由于人们利害相反臣下会谋私而危害君主，五是等级不同的臣子越位争权夺利，六是按敌国的意图任免大臣。这六种情况，是君主所应该明察的。

经一　权借①

权势不可以借人。上失其一，臣以为百。故臣得借则力多，力多则内外为用，内外为用则人主壅。其说在老聃之言失鱼也②。是以人主久语，而左右鬻怀刷。其患在胥僮之谏厉公，与州侯之一言，而燕人浴矢也③。

【注释】
①权借："权借在下"的省略语。
②老聃：即老子，名李耳，春秋时期道家学派的创始人。

③矢：通"屎"。下文"狗矢"之"矢"同此。

【译文】

经一　权借

权势不可以借让给他人。君主失去一分权势，臣下就会成百倍地利用。所以臣下能转借到权势就力量强大；力量强大，就会使朝廷内外都为他利用；朝廷内外都为他利用，那么人主就会蒙蔽。这种论点的解说在老聃说"鱼不可脱于渊"这段话里。因此君主和故人谈话的时间过长，君主身边的人就会炫耀受赐来的布巾一类小物品。权势转借他人的祸患在胥僮劝谏晋厉公，与众人齐声维护州侯，以及燕人用屎洗身几则故事中。

说一

势重者，人主之渊也；臣者，势重之鱼也。鱼失于渊而不可复得也，人主失其势重于臣而不可复收也。古之人难正言①，故托之于鱼。

赏罚者，利器也，君操之以制臣，臣得之以拥主②。故君先见所赏，则臣鬻之以为德③；君先见所罚，则臣鬻之以为威。故曰："国之利器，不可以示人④。"

【注释】

①古之人：此指老聃。
②拥：通"壅"，蒙蔽。
③见：同"现"。下文"君先见所罚"之"见"同此。
④国之利器，不可以示人：此句见于今本《老子》第

三十六章。

【译文】

说一

重大的权势是君主的深潭;臣下是重大权势控制下的鱼。鱼离开了深潭就不能再得到它,君主把他的重大权势落在臣子手里就不可能收回它。老聃不便于正面直说,所以把这个道理寄托在鱼那里。

赏罚是锐利的武器,君主掌握它用来控制臣下,臣下获得它用来蒙蔽君主。所以君主事先显露出所赏赐的对象,臣下就会卖弄人情而作为自己的恩德;君主事先显露出所惩罚的对象,臣下就会卖弄权势以作为自己的威风。所以说:"国家的锐利武器,不可以显示给人看。"

靖郭君相齐①,与故人久语,则故人富;怀左右刷②,则左右重。久语、怀刷,小资也,犹以成富,况于吏势乎?

晋厉公之时③,六卿贵④。胥僮、长鱼矫谏曰⑤:"大臣贵重,敌主争事,外市树党,下乱国法,上以劫主,而国不危者,未尝有也。"公曰:"善。"乃诛三卿⑥。胥僮、长鱼矫又谏曰:"夫同罪之人偏诛而不尽,是怀怨而借之间也。"公曰:"吾一朝而夷三卿,予不忍尽也。"长鱼矫对曰:"公不忍之,彼将忍公。"公不听。居三月,诸卿作难,遂杀厉公而分其地。

州侯相荆⑦,贵而主断。荆王疑之,因问左右,左右对曰"无有",如出一口也。

【注释】

①靖郭君:战国时齐国田婴的封号。他从齐宣王九年起,任齐相十一年。
②刷:布巾之类的小物品。
③晋厉公:春秋时晋国的君主,名州蒲,又名寿曼。
④六卿:指晋厉公时担任晋国六军首领的栾书、荀偃、韩厥、士燮、郤锜和郤至。
⑤胥僮:人名,晋厉公的宠臣,后被栾书、荀偃所杀。长鱼矫:人名,晋厉公的宠臣,胥僮被杀后,逃亡到狄国。
⑥三卿:指郤锜、郤犨(chōu)、郤至三人。
⑦州侯:人名,楚顷襄王的宠臣。相:担任相,这里指担任楚国的令尹。荆:楚的别名。

【译文】

田婴担任齐国的相,与老相识有一次长谈,老相识因此富裕;赐给身边的侍从布巾一类的小物品,身边的侍从因此尊贵。长谈和赐给布巾之类,只是小的资助,尚且使别人富裕起来,更何况让给官吏以权势呢?

晋厉公的时候,六卿位高权重。胥僮、长鱼矫劝谏说:"大臣尊贵权重,与君主抗衡争权夺利,对外勾结树立私党,对下扰乱国法,对上挟持君主,像这样国家还不危亡的,从没有过。"晋厉公说:"说得对。"于是诛杀了"六卿"中的三人。胥僮、长鱼矫又劝谏说:"罪行相同的人杀了一部分而不能全部除掉,他们就会心怀怨恨而给他们提供作乱的机会。"晋厉公说："我一下子就杀掉了三个卿，我不忍心把他们全部杀掉。"长鱼矫说："您不忍心杀他们，他们会忍心杀掉您。"晋厉公不听。过了三个月，其他几个卿作乱，结果杀掉了晋厉公并瓜分了他的土地。

州侯做楚国的令尹，地位尊贵而独断专行。楚王怀疑他有不轨的企图，便问身边的近臣，身边的近臣都回答说："没有"，如同一张嘴里说出的。

燕人无惑①，故浴狗矢。燕人，其妻有私通于士，其夫早自外而来，士适出。夫曰："何客也？"其妻曰："无客。"问左右，左右言"无有"，如出一口。其妻曰："公惑易也②。"因浴之以狗矢。

一曰：燕人李季好远出，其妻私有通于士，季突至，士在内中，妻患之。其室妇曰③："令公子裸而解发，直出门，吾属佯不见也。"于是公子从其计，疾走出门。季曰："是何人也？"家室皆曰："无有。"季曰："吾见鬼乎？"妇人曰："然。""为之奈何？"曰："取五牲之矢浴之。"季曰："诺。"乃浴以矢。一曰浴以兰汤。

【注释】
①燕：诸侯国名，范围包括今河北中部、北部和辽宁南部及山西和内蒙古自治区的部分地区。
②惑易：神志迷乱。易（yì）：痴狂。
③室妇：女仆。

【译文】

燕国人精神没有失常，反而用狗屎洗身。有个燕国人，他的妻子和一个士人私通，她的丈夫早晨从外面来，这个士人正好从他的家里出来。丈夫问道："这是哪位客人？"他的妻子说："没有客人。"问身边的仆人，身边的仆人都说"没有"，如出一辙。他的妻子说："老公您神志迷乱了。"因此就用狗屎给他洗身。

另一种说法：燕国人李季喜欢出门远游，他的妻子和一个士人私通，李季突然回家，这个士人还在内室中，他的妻子很担心事情败露。他家的女仆对李季的妻子说："让这位公子赤身裸体披散着头发，直冲出门，我们都假装没看见。"于是这位公子按照女仆的计策，快跑着冲出门去。李季说："这是什么人？"他的妻子和女仆都说："没有。"李季说："我见到鬼了吗？"他的妻子说："是的。"李季说："那该怎么办？"他的妻子说："拿五种牲畜的屎搅和以后洗身。"李季说："好吧。"便用牲畜的屎洗身。也有说是用兰草煮的热水洗身的。

经二 利异①

君臣之利异，故人臣莫忠，故臣利立而主利灭。是以奸臣者，召敌兵以内除，举外事以眩主，苟成其私利，不顾国患。其说在卫人之妻夫祷祝也。故戴歇议子弟，而三桓攻昭公；公叔内齐军②，而翟黄召韩兵；太宰嚭说大夫种，大成牛教申不害；司马喜告赵王，吕仓规秦、楚；宋石遗卫君书，白圭教暴谴。

【注释】
①利异："利异外借"的省略语。
②内：同"纳"，引进。

【译文】

经二　利异

君主和臣下的利益不同，所以臣下没有人忠于君主，臣下得到了利益，君主就失去了利益。因此那些奸臣，招致敌国的军队来除掉国内的私敌，提出外交上的事情来迷惑君主，只要能成就他们的私利，不顾及国家的忧患。这种论点的解说在卫国人一对夫妻祈祷的故事中。所以戴歇对楚王将诸公子派到邻国去一事大发议论，而鲁国的三桓合力攻打鲁昭公；公叔引进齐国的军队，而翟黄招来魏军；太宰伯嚭劝说越国的大夫文种，而大成牛教导申不害应彼此勾结；司马喜私下送情报给赵王，而吕仓规劝楚国和秦国攻打魏国；宋石写信给卫君，而白圭劝暴谴要相互支持。

说二

卫人有夫妻祷者①，而祝曰："使我无故，得百束布。"其夫曰："何少也？"对曰："益是，子将以买妾。"

荆王欲宦诸公子于四邻，戴歇曰②："不可。""宦公子于四邻，四邻必重之。"曰："子出者重，重则必为所重之国党，则是教子于外市也，不便。"

鲁孟孙、叔孙、季孙相戮力劫昭公③，遂夺其国而擅其制。鲁三桓逼公④，昭公攻季孙氏，而孟孙氏、叔孙氏相与谋曰："救之乎？"叔孙氏之御者曰："我，家臣也，安知公家？凡有季孙与无季孙于我孰利？"皆曰："无季孙必无叔孙。""然则救之。"于是撞西北隅而入⑤。孟孙见叔孙之旗入，亦救之。三桓为一，昭公不胜。逐之，死于乾侯⑥。

【注释】

①卫：诸侯国名，范围包括今河南东北部和河北、山东的部分地区。
②戴歇：人名，生平不详。
③鲁：诸侯国名，范围包括今山东南部和河南、江苏、安徽的部分地区。孟孙：指孟懿子。叔孙：指叔孙昭子。季孙：指季平子。昭公：指鲁昭公，春秋时鲁国的君主，名稠。
④三桓：孟孙、叔孙、季孙三家。他们都是鲁桓公的后代，故称"三桓"。
⑤隅：角落。此指鲁昭公围攻季孙氏阵地的一个角落。
⑥乾侯：晋国地名，位于今河北成安东南。

【译文】

说二

卫国人有一对夫妻向神明祈祷求福，妻子祈求说："让我没灾没病，得到一百捆布。"他的丈夫说："怎么这样少？"妻子回答说："超过了这个数字，你会用它来买妾。"

楚王想让各位公子到邻国去做官，戴歇说："不行。"楚王说："让众公子到四周邻国去做官，四周邻国一定会器重他们。"戴歇说："公子出去受到器重，受到器重必然成为这些国家的党羽，这是教育儿子们学会对外勾结，这样并不适当。"

鲁国的孟孙、叔孙、季孙相互联合来挟持鲁昭公，结果夺取了他的国家并擅自发号施令。鲁国的孟孙、叔孙、季孙三家逼迫鲁昭公的朝廷，鲁昭公攻打季孙氏，孟孙氏、叔孙氏互相商量说："救不救季孙氏呢？"叔孙氏的车夫对叔孙氏说："我只是一个家臣，怎么会知道公家的事？只是想说有季孙氏和没有季孙氏哪一样对我们更有利？"众人都说："没有了季孙氏一定不会有叔孙氏。"车夫说："既然是这样就去救他。"因此撞开西北角而冲了进去。孟孙氏看见叔孙氏的战旗冲了进去，也赶去救援。三家的军队合而为一，鲁昭公不能取胜。三家把鲁昭公赶跑了，鲁昭公最后死在了晋国的乾侯。

公叔相韩而有攻齐①，公仲甚重于王②，公叔恐王之相公仲也，使齐、韩约而攻魏。公叔因内齐军于郑③。以劫其君，以固其位，而信两国之约④。

翟璜⑤，魏王之臣也，而善于韩。乃召韩兵令之攻魏，因请为魏王构之以自重也。

越王攻吴王⑥，吴王谢而告服，越王欲许之。范蠡、大夫种曰⑦："不可。昔天以越与吴，吴不受，今天反夫差，亦天祸也。以吴予越，再拜受之，不可许也。"太宰嚭遗大夫种书曰⑧："狡兔尽则良犬烹，敌国灭则谋臣亡。大夫何不释吴而患越乎？"大夫种受书读之，太息而叹曰⑨："杀之，越与吴同命。"

大成牛从赵谓申不害于韩曰⑩："以韩重我于赵，请以赵重子于韩，是子有两韩，我有两赵。"

【注释】

①公叔：指公叔伯婴，韩国的宗室大臣，任韩宣惠王的相。有：通"又"。攻：善，此指友好。

②公仲：名朋，韩宣王宠信的臣子，与公叔伯婴争权，继公叔伯婴为韩国的相。

③内：同"纳"。郑：韩国的国都，战国时郑国为韩国所灭，韩国迁都至郑（位于今河南新郑）。

④信：通"伸"。

⑤翟璜：一作"翟黄"，名触，魏文侯的大臣。

⑥越王：指越王勾践。吴王：指吴王夫差（chāi）。

⑦范蠡：春秋时越国大臣，曾帮助越王勾践灭吴。种：即文种，越国大夫。

⑧太宰：吴国官名，相当于其他诸侯国的相。嚭（pǐ）：指伯嚭，吴王夫差的太宰。

⑨太息：深深地叹气。

⑩大成牛：人名，一作"大成午"，战国时赵国的相。

申不害：战国法家的代表人物，韩昭侯的相，与韩非合称"申韩"。

【译文】

　　公叔任韩国的相又与齐国交好，公仲很受韩王器重，公叔担心韩王要任用公仲担任相，让齐国、韩国约定攻打魏国。公叔趁机把齐国军队引入到韩国都城。借以挟持韩王，巩固自己的地位，而重申齐、韩两国的和约。

　　翟璜是魏王的大臣，但和韩国交好。便招来韩国军队让他们进攻魏国，趁机请求替魏王去与韩国讲和而提高自己的地位。

　　越王勾践攻打吴王夫差，吴王夫差谢罪表示臣服，越王勾践准备答应他的请求。范蠡、大夫文种说："不行。从前上天把越国给了吴国，吴国不接受，现在天反过来不帮助夫差了，这是天祸。上天把吴国赐给越国，越国应再三拜谢接受它，不能答应吴国投降。"吴国的太宰伯嚭给文种写信说："狡猾的兔子捕光了那么猎犬就要被烹杀，敌国被消灭了，谋臣就会灭亡。大夫您为什么不放开吴国而让它成为越国的祸患呢？"大夫文种收到信读后，长叹一声说："杀掉我这样的谋臣，越国将会有和吴国同样的命运。"

　　大成牛从赵国到韩国时申不害说："您用韩国使我在赵国贵重，我请求用赵国让您在韩国贵重，这样您等于有了两个韩国，我有了两个赵国。"

　　司马喜，中山君之臣也^①，而善于赵，尝以中山之谋微告赵王。

　　吕仓^②，魏王之臣也，而善于秦、荆。微讽秦、荆令之攻魏，因请行和以自重也。

宋石③，魏将也；卫君④，荆将也。两国构难，二子皆将。宋石遗卫君书曰："二军相当，两旗相望，唯毋一战，战必不两存。此乃两主之事也，与子无有私怨，善者相避也。"

白圭相魏⑤，暴谴相韩⑥。白圭谓暴谴曰："子以韩辅我于魏，我以魏待子于韩⑦，臣长用魏，子长用韩。"

【注释】

①司马喜：人名，战国时中山国的相，生平不详。中山：指中山国，春秋时白狄的别支鲜虞族建立的政权，位于今河北的中部偏西地区。
②吕仓：人名，战国时魏国的相，生平不详。
③宋石：人名，生平不详。
④卫君：人名，生平不详。
⑤白圭：名丹，战国时的水利家，曾任魏惠王的相。
⑥暴谴：人名，生平不详。
⑦待：通"持"，扶助。

【译文】

司马喜是中山国君的大臣，而和赵国交好，曾把中山国的谋划悄悄地告诉赵王。

吕仓是魏王的大臣，而和秦国、楚国交好。他暗中委婉地劝说秦国、楚国进攻魏国，趁机请求出去讲和以提高自己的地位。

宋石是魏国的将领，卫君是楚国的将领。两国之间发生了战争，宋石、卫君两人都被本国任命为出征的将领。宋石给卫君写信说："双方的军队力量不相上下，两军的旗帜遥遥相望，只希望双方不要打起来，打起来必然两伤。要打仗这是两国君主之间的事，我与您个人没有怨仇，最好的办法是相互回避。"

白圭担任魏国的相，暴谲担任韩国的相。白圭对暴谲说："您用韩国的力量帮助我在魏国任职，我用魏国的力量帮助您在韩国掌权，我长期在魏国任职，而您则长期在韩国掌权。"

经三　似类①

似类之事，人主之所以失诛，而大臣之所以成私也。是以门人捐水而夷射诛，济阳自矫而二人罪，司马喜杀爰骞而季辛诛，郑袖言恶臭而新人劓②，费无忌教郄宛而令尹诛，陈需杀张寿而犀首走。故烧刍廥而中山罪③，杀老儒而济阳赏也。

【注释】

①似类："托于似类"的省略语。
②劓（yì）：古代割鼻的刑罚。
③刍廥（guì）：存放马草的仓库。

【译文】

经三　似类

似是而非的事情，是君主之所以处罚失当，而大臣之所以能够谋取私利的原因。因此守门人泼水于廊门前而夷射被杀,济阳君假造王命声讨自己而魏王的两位臣子送命,司马喜杀掉季辛的仇人爰骞而季辛被杀,郑袖说新来的美人厌恶楚王的气味使新来的美人被割下了鼻子,费无忌教郗宛上当而使郗宛被令尹杀死,陈需杀死张寿而迫使犀首逃走。所以烧掉了中山君的马草仓库而中山君加罪于地位低贱的公子,济阳君的家臣派人杀了私敌老儒而被逐渐宠信。

说三

齐中大夫有夷射者①,御饮于王,醉甚而出,倚于郎门②。门者刖跪请曰③:"足下无意赐之余沥乎?"夷射叱曰:"去!刑余之人,何事乃敢乞饮长者!"刖跪走退。及夷射去,刖跪因捐水郎门霤下④,类溺者之状。明日,王出而呵之,曰:"谁溺于是?"刖跪对曰:"臣不见也。虽然,昨日中大夫夷射立于此。"王因诛夷射而杀之。

魏王臣二人不善济阳君⑤,济阳君因伪令人矫王命而谋攻己。王使人问济阳君曰:"谁与恨?"对曰:"无敢与恨。虽然,尝与二人不善,不足以至于此。"王问左右,左右曰:"固然。"王因诛二人者。

季辛与爰骞相怨⑥。司马喜新与季辛恶,因微令人杀爰骞,中山之君以为季辛也,因诛之。

【注释】

①中大夫:战国时的官名,君主的殿廷侍从官,负责议论朝政,备君主参考。夷射:人名,生平不详。

②郎：通"廊"。

③刖跪：受过砍脚刑的人。刖，古代一种砍掉脚的刑罚。跪，脚。

④霤（liù）下：屋檐下承接雨水的地方。

⑤济阳君：食封于济阳（位于今河南兰考东北）的魏国贵族，具体所指不详。

⑥季辛、爰骞：都是人名，生平不详。

【译文】

说三

齐国有个叫夷射的中大夫，陪齐王喝酒，醉酗酗地从宫中出来，身子斜靠在廊门上。受过砍脚刑罚的守门人请求说："你不愿赏给我一点吃剩的酒吗？"夷射叱骂守门人说："滚开！你这个没被砍死的东西，竟敢向老爷讨酒喝！"砍了脚的守门人很快退下。等到夷射离开，砍了脚的守门人便在廊门的屋檐滴水处泼了一些水，好像撒下尿的样子。第二天，齐王走出来看见了呵斥守门人说："谁在这里撒了尿？"砍了脚的守门人回答说："我没有看见人在这里撒尿。虽然这样，昨天中大夫夷射曾站在这里。"齐王因此处罚夷射而把他杀了。

魏王有个臣子和济阳君不友好，济阳君便令人假传王命来谋划攻打自己。魏王派人问济阳君："谁和你有仇？"济阳君回答说："我不敢和谁有仇。虽然这样，也曾和两个大臣关系不太好，但还不至于到这种地步。"魏王问身边的近侍是否有这么回事，魏王身边的近侍说："确实是这样。"魏王因此便处死了这两个人。

季辛与爰骞相互有仇怨。司马喜最近和季辛的关系很坏,便暗中让人杀了爰骞,中山国的君主以为是季辛所为,就处死了季辛。

荆王所爱妾有郑袖者①。荆王新得美女,郑袖因教之曰:"王甚喜人之掩口也,为近王,必掩口。"美女入见,近王,因掩口。王问其故,郑袖曰:"此固言恶王之臭②。"及王与郑袖、美女三人坐,袖因先诫御者曰③:"王适有言,必亟听从王言。"美女前近王甚,数掩口④。王悖然怒曰:"劓之。"御因揄刀而劓美人。

一曰:魏王遗荆王美人,荆王甚悦之。夫人郑袖知王悦爱之也,亦悦爱之,甚于王。衣服玩好,择其所欲为之。王曰:"夫人知我爱新人也,其悦爱之甚于寡人,此孝子所以养亲,忠臣之所以事君也。"夫人知王之不以己为妒也,因为新人曰⑤:"王甚悦爱子,然恶子之鼻,子见王,常掩鼻,则王长幸子矣。"于是新人从之,每见王,常掩鼻。王谓夫人曰:"新人见寡人常掩鼻,何也?"对曰:"不知也。"王强问之,对曰:"顷尝言恶闻王臭。"王怒曰:"劓之!"夫人先诫御者曰:"王适有言,必可从命。"御者因揄刀而劓美人。

【注释】

①荆王:这里指楚怀王,战国时楚国的君主。郑袖:

人名，楚怀王的爱妾。
②臭：气味，口气。
③御者：指侍从。
④数（shuò）：多次，屡次。
⑤为：通"谓"。

【译文】

楚王有位宠爱的妾名叫郑袖。楚王最近刚刚得到一位美女，郑袖便教导这位美女说："大王喜欢别人掩着嘴，如果你靠近大王，一定要用手掩着嘴。"美人进宫去见楚王，靠近楚王，便用手掩住嘴。楚王问其中的原故，郑袖说："这个女人本来就说厌恶大王口中的气味。"等到楚王与郑袖、这位美人三人同坐，郑袖便事先告诫侍从说："楚王如果有话，一定要立即听从楚王的吩咐。"美人上前靠楚王很近，多次掩住嘴。楚王勃然大怒说："给我把她的鼻子割掉。"侍从便抽刀割掉了美人的鼻子。

另外一种说法：魏王送给楚王一个美人，楚王很喜欢她。楚王的夫人郑袖知道楚王喜爱这个美人，也喜爱她，比楚王还要深切。美人所穿的衣服和所用的珍奇的玩物，都选择美人所想要的。楚王说："夫人知道我喜爱新来的美人，她喜爱的程度还要超过我，这是孝子所用来侍养双亲，忠臣所用来侍奉君主应有的态度。"郑袖知道楚王不认为自己嫉妒，便对新来的美人说："大王很喜爱你，但讨厌你的鼻子，你见到大王，经常掩着鼻子，那么大王就会长久地宠幸你。"新来的美人听从了郑袖的话，每次见到楚王，总掩着鼻子。楚王对郑袖说："新来的美人见到我总掩着鼻子，这是什么原因？"郑袖回答说："不知道是什么原因。"楚王硬是追问她，郑袖回答说："不久前新来的美人曾说厌恶嗅到大王口里的气味。"楚王大怒说："割掉她的鼻子。"郑袖事先告诫君主的侍从说："大王如果有话，一定要听从命令。"侍从便抽刀割掉了美人的鼻子。

费无极①，荆令尹之近者也②。郤宛新事令尹③，令尹甚爱之。无极因谓令尹曰："君爱宛甚，何不一为酒其家？"令尹曰："善。"因令之为具于郤宛之家。无极教宛曰："令尹甚傲而好兵，子必谨敬，先亟陈兵堂下及门庭④。"宛因为之。令尹往而大惊，曰："此何也？"无极曰："君殆，去之！事未可知也。"令尹大怒，举兵而诛郤宛，遂杀之。

犀首与张寿为怨⑤，陈需新入⑥，不善犀首，因使人微杀张寿。魏王以为犀首也，乃诛之。

中山有贱公子，马甚瘦，车甚弊。左右有私不善者，乃为之请王曰："公子甚贫，马甚瘦，王何不益之马食？"王不许。左右因微令夜烧刍厩⑦。王以为贱公子也，乃诛之。

【注释】
① 费无极：即费无忌，春秋时楚国人，楚平王的宠臣。
② 令尹：楚国官名，相当于其他诸侯国的相。这里指楚国的令尹子常。
③ 郤宛：人名，楚国大臣。

④堂下:指厅堂之下。门庭:院子门口。
⑤犀首:即公孙衍,以主持合纵出名,曾任魏国的相。
张寿:人名,生平不详。
⑥陈需:也作田需,曾任魏国的相。
⑦刍厩:草库和马棚。刍,喂牲畜的草。厩,马棚。

【译文】

费无极是楚国令尹的亲信。郤宛刚来侍奉令尹不久,令尹很喜欢他。费无极便对令尹说:"您很喜欢郤宛,为什么不到郤宛家去办一次酒席?"令尹说:"好的。"便让费无极在郤宛家里置办酒席。费无极教导郤宛说:"令尹很傲慢且喜欢兵器,你一定要小心遵从,先赶快在厅堂下面和院子门口把兵器陈列好。"郤宛便照他说的去做。令尹来到郤宛家大惊失色,说:"这些是什么?"费无极说:"您危险了,快离开!事情不可预知。"令尹非常愤怒,起兵向郤宛问罪,结果杀了他。

犀首和张寿相互结怨,陈需新近到魏国来,和犀首关系不好,便派人暗杀了张寿。魏王认为是犀首所为,就把犀首杀了。

中山国有位地位低下的公子,马很瘦,车很破旧。公子身边的侍从有和他私人关系不好的,就替他向中山王请求说:"公子很穷,马很瘦,大王您怎么不给他增加一些马食料?"中山王不答应。这位侍从便暗中令人夜晚烧了中山王的马料库。中山王认为是那位地位低贱的公子所为,就把他杀了。

魏有老儒而不善济阳君。客有与老儒私怨者，因攻老儒杀之，以德于济阳君，曰："臣为其不善君也，故为君杀之。"济阳君因不察而赏之。

一曰：济阳君有少庶子^①，有不见知欲入爱于君者。齐使老儒掘药于马梨之山^②，济阳少庶子欲以为功，入见于君曰："齐使老儒掘药于马梨之山，名掘药也，实间君之国。君不杀之，是将以济阳君抵罪于齐矣。臣请刺之。"君曰："可。"于是明日得之城阴而刺之，济阳君还益亲之^③。

【注释】

①少庶子：年轻的侍从家臣。
②马梨之山：古代山名，在今何地不详。
③还：通"旋"，随即。

【译文】

魏国有位老儒生和济阳君关系不好。济阳君有位与老儒生有旧仇的门客，便去攻击老儒生杀死了他，借此来讨好济阳君，说："我因为他和您关系不好，所以替您杀了他。"济阳君便不细加考察而赏赐了这个门客。

另一种说法：济阳君有几位年轻的侍从家臣，有个未被济阳君赏识而又想得到济阳君宠爱的。齐国派遣一位老儒生到马梨之山挖药材，济阳君的年轻侍从家臣想利用这个机会立功，就去晋见济阳君说："齐国让老儒生来马梨之山，名义上是挖药材，实际上是刺探您的军情。您不杀他，这个人将使您由于齐国的刺探泄密而被治罪。我请求去刺杀他。"济阳君说："行。"因此第二天在城北遇到了这位老儒生便把他杀了,济阳君随即逐渐亲近此人。

经四 有反①

事起而有所利,其尸主之②;有所害,必反察之。是以明主之论也,国害则省其利者,臣害则察其反者。其说在楚兵至而陈需相,黍种贵而廪吏覆。是以昭奚恤执贩茅,而僖侯谯其次③,文公发绕炙,而穰侯请立帝。

【注释】

①有反:"利害有反"的省略语。
②尸主:主持。"尸"与"主"同义。
③僖侯:即韩昭侯,详下。谯:同"诮",责骂。

【译文】

经四 有反

事情发生了而有利可得,君主应该主持它;如果有害处,一定要从反面考察它。因此英明的君主讨论问题,国家受害就要察看谁从中得利,臣下受害就要考察利害相反的人。这一论点的解说在楚军到达而陈需升任魏相,黍种贵而粮仓官吏被查出罪状两则故事中。因此昭奚恤抓住了贩茅草的人,而韩昭侯责骂厨师的副手;晋文公追查头发缠在烤肉上的事,而魏冉请求同时立秦王、齐王为帝。

说四

陈需,魏王之臣也,善于荆王,而令荆攻魏。荆攻魏,陈需因请为魏王行解之,因以荆势相魏。

韩昭侯之时①,黍仲尝贵甚②。昭侯令人覆廪,吏果窃黍种而粜之甚多。

昭奚恤之用荆也③,有烧仓廥窌者而不知其人④。昭奚恤令吏执贩茅者而问之,果烧也。

昭僖侯之时⑤,宰人上食而羹中有生肝焉,昭侯召宰人之次而诮之曰:"若何为置生肝寡人羹中?"宰人顿首服死罪⑥,曰:"窃欲去尚宰人也。"

一曰:僖侯浴,汤中有砾。僖侯曰:"尚浴免⑦,则有当代者乎?"左右对曰:"有。"僖侯曰:"召而来。"谯之曰:"何为置砾汤中?"对曰:"尚浴免,则臣得代之,是以置砾汤中。"

【注释】

①韩昭侯:战国时韩国的君主。
②黍:黍子,有黏性的黄色小米,似粟。这里泛指粮食。
③昭奚恤:人名,楚国的贵族,楚宣王时任令尹。
④窌(jiào):地窖。
⑤昭僖侯:即韩昭侯,也简称僖侯。
⑥宰人:此指"宰人之次"。宰人,即厨师。
⑦尚浴:官中主管君主沐浴的官吏。

【译文】

说四

陈需，是魏王的臣子，但和楚王关系很好，因而让楚国进攻魏国。楚国进攻魏国，陈需便请求替魏王前去讲和，于是借助楚国的势力做了魏国的相。

韩昭侯的时候，黍的种子很贵。韩昭侯让人去检查粮仓，主管粮仓的官吏果然偷窃了黍种卖掉了很多。

昭奚恤在楚国专权的时候，有人烧毁了粮仓、草料库和地窖，但不知道是什么人干的。昭奚恤命令官吏抓住贩卖茅草的人加以审问，果然是他放火烧的。

韩昭侯的时候，厨师端上来的带汁的肉汤中有生肝，韩昭侯召来厨师的副手责骂他说："你为什么放生肝在我的汤中？"这位厨师的副手叩头承认自己犯有死罪，说："我想私下赶跑厨师。"

另一种说法：韩昭侯洗澡，热水中有小石子。韩昭侯说："负责洗澡的官员要是免职了，那么有取代他的人吗？"韩昭侯身边的侍从说："有。"韩昭侯说："把这个可能取代负责洗澡官员的人给我叫来。"当面责骂这个人说："你为什么要在热水中放小石子？"这个人回答说："负责洗澡的官员如果免职，那么我就可以取代他，所以我就在热水中放了小石子。"

文公之时^①，宰臣上炙而发绕之^②。文公召宰人而谯之曰："女欲寡人之哽耶^③，奚为以发绕炙？"宰人顿首再拜请曰："臣有死罪三：援砺砥刀，利犹干将也④,切肉肉断而发不断,臣之罪一也;援木而贯脔而不见发,臣之罪二也;奉炽炉,炭火尽赤红,而炙熟而发不烧,臣之罪三也。堂下得无微有疾臣者乎⑤?"公曰:"善。"乃召其堂下而谯之,果然,乃诛之。

一曰:晋平公觞客⑥,少庶子进炙而发绕之,平公趣杀炮人⑦,毋有反令⑧。炮人呼天曰:"嗟乎!臣有三罪,死而不自知乎!"平公曰:"何谓也?"对曰:"臣刀之利,风靡骨断而发不断,是臣之一死也;桑炭炙之,肉红白而发不焦,是臣之二死也;炙熟,又重睫而视之,发绕炙而目不见,是臣之三死也。意者堂下其有翳憎臣者乎?杀臣不亦蚤乎⑨!"

穰侯相秦而齐强⑩。穰侯欲立秦为帝而齐不听,因请立齐为东帝,而不能成也。

【注释】

①文公:指晋文公,名重耳,晋国君主,"春秋五霸"之一。
②宰臣:即尚宰人,古代管理膳食的官。
③女:通"汝"。
④干将:古代宝剑名,相传为春秋时吴国的造剑名手干将所造。此泛指宝刀。
⑤堂下:指平时立于堂下的地位低贱的侍从。疾:同"嫉",忌恨。

⑥晋平公:春秋时晋国的君主,名彪。
⑦趣:通"促",催促。炮人:即庖人,厨师。
⑧反:平反,引申为赦免。
⑨蚤:通"早"。
⑩穰(ráng)侯:魏冉的封号,魏冉曾任秦昭襄王的相。

【译文】

　　晋文公的时候,膳食官献上的烤肉上面缠有头发。晋文公叫来厨师责骂他说:"你想要我噎死吗?为什么要在烤肉上缠上头发?"厨师叩头两拜然后请罪说:"我有三条死罪:拿来磨刀石磨刀,刀磨得像干将那样锋利,切肉肉能被切断但头发却切不断,这是我的第一条死罪;拿来木棍儿穿肉片而没有发现头发,这是我的第二条罪状;我捧着烧得很旺的炉子,炭火通红,肉烤熟了但头发却没有烧着,这是我的第三条罪状。您堂下的侍从中该没有暗中嫉恨我的人吧?"晋文公说:"对。"便召他堂下的侍从来责问,果然如此,就把这个侍从杀了。

　　另一种说法:晋平公宴请客人,年轻的侍从官献上的烤肉上有头发缠着,晋平公催促杀掉厨师,不得赦免。厨师呼天鸣冤说:"唉呀!我虽有三条罪状,至死都不知道为什么被处死啊。"晋平公说:"你的话是什么意思?"厨师回答说:"我的刀锋利的程度,顺风倒下能切断骨头但头发却没被切断,这是我的第一条死罪;用桑树木炭来烤肉,肉烤得精肉红肥肉白而头发却不焦,这是我的第二条死罪;肉烤熟了,我又眯着眼睛细看了一遍,头发缠绕在烤肉上但我却没有看见,这是我的第三条死罪。我猜想堂下大概有憎恨我的人吧？杀我不是太早了吗？"

魏冉做秦国的相使齐国强大。魏冉想立秦昭襄王为帝而齐国不同意，于是他请求立齐王为东帝，但不能成功。

经五　参疑①

参疑之势，乱之所由生也，故明主慎之。是以晋骊姬杀太子申生，而郑夫人用毒药，卫州吁杀其君完，公子根取东周，王子职甚有宠而商臣果作乱，严遂、韩傀争而哀侯果遇贼，田常、阚止、戴欢、皇喜敌而宋君、简公杀。其说在狐突之称"二好"②，与郑昭之对"未生"也。

【注释】

①参疑："参疑内争"的省略语。
②二好（hào）：指好内和好外，即内宠姬妾和外宠近臣。

【译文】

经五　参疑

等级不同的臣子越位争权夺利的局面，是祸乱之所以产生的根源，所以英明的君主慎重地对待它。因此晋骊姬杀掉了太子申生，而郑国的夫人用毒药毒死了郑国的君主，卫国的州吁杀了卫国的君主卫桓公，公子根取得了东周公的称号，楚国的王子职很受宠爱而商臣果然兴兵作乱，严遂、韩傀争权夺势而韩哀侯最终遇到伤害，田常、阚止、戴欢与皇喜争权导致宋国君主和齐简公被杀。这一论点在狐突谈论"君主宠爱姬妾和近臣的危害"，与郑昭答复君主

"太子还没有生下来"的提问二则故事中。

说五

晋献公之时①,骊姬贵②,拟于后妻,而欲以其子奚齐代太子申生③,因患申生于君而杀之,遂立奚齐为太子。

郑君已立太子矣,而有所爱美女欲以其子为后④,夫人恐,因用毒药贼君杀之。

卫州吁重于卫⑤,拟于君,群臣百姓尽畏其势重。州吁果杀其君而夺之政。

公子朝⑥,周太子也,弟公子根甚有宠于君⑦。君死,遂以东周叛⑧,分为两国。

楚成王以商臣为太子⑨,既而又欲置公子职⑩。商臣作乱,遂攻杀成王。

一曰:楚成王以商臣为太子,既欲置公子职。商臣闻之,未察也,乃为其傅潘崇曰⑪:"奈何察之也?"潘崇曰:"飨江芈而勿敬也⑫。"太子听之,江芈曰:"呼,役夫!宜君王之欲废女而立职也⑬。"商臣曰:"信矣。"潘崇曰:"能事之乎?"曰:"不能。""能为之诸侯乎?"曰:"不能。""能举大事乎?"曰:"能。"于是乃起宿营之甲而攻成王⑭。成王请食熊膰而死⑮,不许,遂自杀。

【注释】

①晋献公:名诡诸,春秋时晋国的君主。

②骊姬：晋献公的宠妾，戎骊君主的女儿，生奚齐、卓子。
③申生：晋献公的正妻所生的儿子，已立为太子。
④后：指继承人，即太子。
⑤州吁：春秋时卫桓公之弟，曾杀兄自立。
⑥公子朝：疑是周威公的长子，即西周惠公。战国时周天子的属地已只是一个小诸侯的领地，后来这块领地又分裂为西周和东周两个诸侯国。
⑦公子根：疑是周威公的小儿子，周天子的直属领地分裂后公子根号东周惠公。君：指周威公。
⑧东周：即由周天子直属领地分裂出的东周小诸侯国。
⑨楚成王：春秋时楚国的君主，名恽。商臣：楚成王的长子，后杀父即位，即楚穆王。
⑩公子职：楚成王的小儿子。
⑪为：通"谓"。傅：师傅。潘崇：人名，生平不详。
⑫江芈（mǐ）：人名，楚成王的妹妹，本姓芈，嫁给江国，故称江芈。
⑬女：通"汝"。
⑭宿营之甲：指守卫宫殿的军队。
⑮熊蹯（fán）：烤熟的熊掌。蹯，同"蹯"。

【译文】

说五

晋献公的时候，骊姬地位尊贵，可以和君主的正妻匹敌，她想用自己的儿子奚齐取代太子申生，便在晋献公面前构陷太子申生而杀死了他，结果就把奚齐立为太子。

郑国的君主已经立了太子，而另有一个所宠爱的美女想把自己的儿子立为王位的继承人，郑国君主的夫人很害怕，于是用毒药毒死了他。

卫国的州吁在卫国地位尊贵，等同于国君，群臣百姓都畏惧他的权势。州吁结果杀了卫国的君主并夺取卫国君主的政权。

公子朝，是周君的太子，他的弟弟公子根很受周君的宠爱。周君死后，公子根便以东周叛乱，把周国分为了东周、西周两个诸侯国。

楚成王立长子商臣为太子，不久又改立公子职为太子。商臣发动叛乱，最终进攻杀死了楚成王。

另一种说法：楚成王立商臣为太子，不久又想改立公子职为太子。商臣听说后，没有弄清楚实情，就对他的老师潘崇说："怎么来弄清楚这件事呢？"潘崇说："可以盛宴招待江芈而又对她不敬。"商臣听从了他的意见。江芈受了不恭敬的待遇后说："呸！下贱的东西！活该你的君王想废掉你而立公子职为太子。"商臣说："消息确实了。"潘崇说："你能侍奉公子职吗？"商臣说："不能。""你能做公子职所封的诸侯吗？"商臣说："不能。""你能发动大事吗？"商臣说："能。"因此便发动守卫宫殿的军队进攻楚成王。楚成王请求吃过烤熊掌后再死，商臣不答应，楚成王就自杀了。

韩傀相韩哀侯①，严遂重于君②，二人甚相害也。严遂乃令人刺韩傀于朝，韩傀走君而抱之，遂刺韩廆而兼哀侯。

田恒相齐③,阚止重于简公④,二人相憎而欲相贼也。田恒因行私惠以取其国,遂杀简公而夺之政。

戴欢为宋太宰⑤,皇喜重于君⑥,二人争事而相害也,皇喜遂杀宋君而夺其政。

狐突曰⑦:"国君好内则太子危,好外则相室危。"郑君问郑昭曰⑧:"太子亦何如?"对曰:"太子未生也。"君曰:"太子已置而曰'未生',何也?"对曰:"太子虽置,然而君之好色不已,所爱有子,君必爱之,爱之则必欲以为后,臣故曰'太子未生'也。"

【注释】

① 韩廆:人名,韩哀侯的相。韩哀侯:战国时韩国的君主。
② 严遂:韩哀侯的宠臣。
③ 田恒:一作"田常",即田成子,春秋末期齐国执政的卿。
④ 阚止:字子我,齐简公宠信的臣子。简公:指齐简公,名任,春秋末期齐国的君主。
⑤ 戴欢:人名,战国时期宋桓侯的太宰。下文"宋君"即指宋桓侯。
⑥ 皇喜:即司城子罕。
⑦ 狐突:人名,字伯行,春秋时晋国大夫。
⑧ 郑:诸侯国名,范围包括今河南中部,黄河以南。

郑昭：人名，生平不详。

【译文】

韩廆任韩哀侯的相，严遂很受韩哀侯的重用，两人互相很仇恨。严遂便派人在朝堂上刺杀韩廆，韩廆跑到韩哀侯身边抱住韩哀侯，结果刺杀韩廆同时刺中了韩哀侯。

田常任齐简公的相，阚止受齐简公重用，两个人互相怨恨而想害死对方。田常趁机施行私人恩惠收买人心夺取了齐国，于是杀死齐简公并夺取了他的政权。

戴欢任宋国的太宰，皇喜受宋国君主的重用，二人为争权而互相残杀，皇喜便杀了宋国的君主夺取了他的政权。

狐突说："国君宠爱宫内的姬妾太子就危险，宠信外朝的臣子相国就危险。"

郑国的君主问郑昭说："我们郑国的太子怎么样？"郑昭回答说："太子还没有出生。"君主说："太子早已经立了而你却说'还没有出生'，这是什么原因？"郑昭回答说："太子虽然已立，但是君主您喜好美色没完没了，您所喜爱的美人如有儿子，您一定也会喜爱，喜爱他就一定想要把他立为王位的继承人，所以我说'太子还没有出生'。"

经六　废置①

敌之所务，在淫察而就靡，人主不察，则敌废置矣。故文王资费仲，而秦王患楚使；黎且去仲尼，而干象沮甘茂。是以子胥宣言而子常用，内美人而虞、虢亡②，佯遗书而苌弘死，用鸡猳而郐桀尽③。

【注释】

①废置:"敌国废置"的省略语。
②内:同"纳"。
③豭(jiā):同"豭",猪。郐(kuài):古国名。周初封国,后为郑武公所灭。故地在今河南郑州南。桀:通"杰",豪杰。

【译文】

经六 废置

敌国所努力追求的,在于使我国的君主观察错乱而造成错误,君主如果不明察敌国的诡计,那么就会按敌国的意图来任免大臣。所以周文王要资助费仲,而秦王担心楚国的使臣;黎且设计赶跑孔子,而干象阻止楚王推荐甘茂。因此伍子胥通过散布舆论使子常被任用,虞国的君主接受了晋国献来的美人而虞、虢两国灭亡,叔向伪造信件而苌弘被杀,郑桓公用鸡和猪造成盟誓的假相而郐国的豪杰之士全都被杀。

说六

文王资费仲而游于纣之旁①,令之谏纣而乱其心。

荆王使人之秦,秦王甚礼之。王曰:"敌国有贤者,国之忧也。今荆王之使者甚贤,寡人患之。"群臣谏曰:"以王之贤圣与国之资厚,愿荆王之贤人,王何不深知之而阴有之。荆以为外用也,则必诛之。"

仲尼为政于鲁②,道不拾遗,齐景公患之③。黎且谓景公曰④:"去仲尼犹吹毛耳。君何不迎之以重禄高位,遗哀公女乐以骄荣其意⑤。哀公新乐之,必怠于政,仲尼必谏,谏必轻绝于鲁。"景公曰:"善。"乃令黎且以女乐六遗哀公⑥,哀公乐之,果怠于政。仲尼谏,不听,去而之楚⑦。

楚王谓干象曰⑧:"吾欲以楚扶甘茂而相之秦⑨,可乎?"干象对曰:"不可也。"王曰:"何也?"曰:"甘茂少而事史举先生⑩。史举,上蔡之监门也⑪,大不事君,小不事家,以苛刻闻天下。茂事之,顺焉。惠王之明⑫,张仪之辨也⑬,茂事之,取十官而免于罪,是茂贤也。"王曰:"相人敌国而相贤,其不可何也?"干象曰:"前时王使邵滑之越⑭,五年而能亡越。所以然者,越乱而楚治也。日者知用之越,今亡之秦⑮,不亦太亟亡乎!"王曰:"然则为之奈何?"干象对曰:"不如相共立⑯。"王曰:"共立可相,何也?"对曰:"共立少见爱幸,长为贵卿,被王衣⑰,含杜若⑱,握玉环,以听于朝,且利以乱秦矣。"

【注释】

① 文王:指周文王。费仲:人名,商纣王的宠臣,善于阿谀逢迎。纣:商纣王,商朝的最后一个君主。
② 仲尼:孔子的字。
③ 齐景公:春秋末期齐国的君主,名杵臼。

④黎且：一作"黎鉏"，齐景公的臣子。

⑤遗（wèi）：赠送，给。哀公：指鲁哀公，春秋末期鲁国的君主，名蒋。女乐：女子组成的歌舞乐队。

⑥六：指歌舞乐队成员排列为六行。古代歌舞时以八人为一行，六行即四十八人。

⑦楚：诸侯国名，战国时楚国的范围包括今湖北全部和湖南、陕西、河南、安徽、江西、浙江、江苏等的部分地区。

⑧楚王：指楚怀王，战国时楚国的君主。干象：人名，楚怀王的臣子。

⑨甘茂：人名，战国时楚国上蔡人，曾任秦武王的相。

⑩史举：人名，甘茂曾拜他为师。

⑪上蔡：地名，位于今河南上蔡西南。

⑫惠王：指惠文王，战国时秦国的君主。

⑬张仪：战国时魏国人，纵横家中连横派的代表人物，曾任秦国的相。

⑭邵滑：一作"召滑"，战国时楚国人，长于游说。越：诸侯国名，范围包括今浙江大部及江西、江苏的部分地区。

⑮亡：通"忘"。

⑯共立：《战国策·楚策一》作"公孙郝"，秦国公子，当时被作为人质派往楚国。

⑰被：同"披"。

⑱杜若：一种香草的名称。

【译文】

说六

周文王资助费仲让他在商纣王身边活动,让他劝谏商纣王从而扰乱商纣王的思想。

楚王派人到秦国去,秦王对来访的楚国人很礼貌。秦王说:"敌国有贤德的人,是我国的忧患。现在楚王的使者很有才德,我很担心。"群臣劝谏说:"凭大王您的德才和圣明与秦国丰厚的资财,羡慕楚王的贤人,大王何不与他深交而暗中收买下他。楚国认为他已被外国利用,那么一定会杀了他。"

孔子在鲁国执政,使鲁国路上丢了东西也没人捡,齐景公对此很忧虑。黎且对齐景公说:"去掉孔子像吹毛一样容易。君主您怎么不用优厚的俸禄和高的职位来招引孔子,送给鲁哀公女乐而使他骄傲和虚荣。鲁哀公沉溺在新近送去的女乐之中,一定会懈怠政事,这样孔子一定会去劝谏,劝谏一定会轻易断绝与鲁国的关系。"齐景公说:"好。"便让黎且把四十八个女乐送给鲁哀公,鲁哀公被女乐迷住,果然懈怠政事。孔子去劝谏,鲁哀公不听,孔子便离开鲁国前往楚国。

楚王对干象说:"我想用楚国的力量扶助甘茂去秦国做相,可以吗?"干象回答说:"不行。"楚王说:"为什么?"干象说:"甘茂年纪小的时候侍奉史举先生。史举,是上蔡地方的守门人,从大的方面说他不侍奉君主,从小的方面说他不顾家,以刻薄闻名天下。甘茂侍奉他,很顺从他。秦惠文王那样明智,张仪那样明察,甘茂侍奉他们,取得十种官职而没有得罪他们，这些都说明了甘茂很能干。"楚王说："替和我国相当的国家选了一个好的相，这有什么不行的吗？"干象说："以前大王您让邵滑到越国去，过了五年以后越国就灭亡了。之所以会这样，是因为越国乱而楚国治理得好。以前您知道用不贤的邵滑到越国去搞乱敌国，现在却忘了而用贤德的人到秦国去，不也是太健忘了吗？"楚王说："那么怎么处理这件事好呢？"干象回答说："不如让共立去做秦国的相。"楚王说："共立可以去任秦国的相，这是为什么？"干象回答说："共立小时候被秦王宠爱，长大以后被封为贵卿，身穿秦王的衣服，口含杜若这样的香草，手握玉环，在朝堂上处理政事，这将有利于扰乱秦国。"

吴攻荆①，子胥使人宣言于荆曰②："子期用③，将击之；子常用④，将去之。"荆人闻之，因用子常而退子期也，吴人击之，遂胜之。

晋献公伐虞、虢⑤，乃遗之屈产之乘⑥，垂棘之璧⑦，女乐六，以荣其意而乱其政。

叔向之谗苌弘也⑧，为书曰："苌弘谓叔向曰：'子为我谓晋君，所与君期者，时可矣，何不亟以兵来？'"因伴遗其书周君之庭而急去行。周以苌弘为卖周也，乃诛苌弘而杀之。

郑桓公将欲袭郐⑨，先问郐之豪杰、良臣、辨智果敢之士，尽与姓名⑩，择郐之良田赂之，为官爵之名而书之。因为设坛场郭门之外而埋之⑪，衅之以鸡豭⑫，若盟状。郐君以为内难也而尽杀其良臣。桓公袭郐，遂取之。

【注释】

①吴：诸侯国名，范围包括今江苏大部和浙江、安徽的部分地区。
②子胥：指伍子胥，名员，春秋时楚国人，后逃到吴国，帮助吴王阖庐策划攻楚。
③子期：即楚国的公子结，楚平王时任司马。
④子常：人名，楚平王时任令尹。
⑤虞：诸侯国名，位于今山西平陆东北。
⑥屈产之乘：屈产的马匹。屈产，春秋时晋国地名，位于今山西石楼东南，产良马。
⑦垂棘：春秋时晋国地名，在今何处不详。
⑧叔向：人名，即羊舌肸（xī），春秋时晋国的卿。苌弘：人名，春秋时周王朝的大夫。
⑨郑桓公：西周时郑国的君主，名友。郐（kuài）：西周时诸侯国名，位于今河南密县东北。
⑩与：通"举"，记录。
⑪坛场：古代祭祀、会盟的场地。堆土为坛，辟地为场。
⑫豭（jiā）：猪。

【译文】

吴国进攻楚国，伍子胥派人到楚国散布舆论说："如果楚国任用子期为将军，我们将攻击他；如果楚国任用子常为将军，我们将撤退走。"楚国人听说这个消息，因而任用子常为将军而不用子期，吴国人进攻楚军，于是战胜了楚军。

晋献公进攻虞国和虢国，就先赠送给虞国君主屈产良马和垂棘出产的璧玉，以及四十八人的女子歌舞乐队，用以惑乱他的思想扰乱他的国政。

叔向陷害苌弘，伪造书信说："苌弘对叔向说：'你替我告诉晋国君主，和晋国君主所约定的事，时机到了，为什么不赶快带兵来呢？'"于是假装把信掉在了周君的朝廷上急忙离去。周朝认为苌弘是在出卖周国，就惩罚苌弘把他杀了。

郑桓公准备偷袭郐国，先问清楚郐国有哪些豪杰、良臣、明察有才及坚定敢作为的士人，把他们的姓名全部记录下来，选择郐国的良田写在他们的名下表示贿赂了他们，在他们的名下写上官爵名称表示已被收买。在郐国国都的城门外设立坛场将这些名册埋在地下，洒上鸡和猪的血作为祭祀，好像举行过盟誓的样子。郐国的君主以为是国内发生了叛乱就把他的良臣全杀了。郑桓公偷袭郐国，于是就攻下了它。

经七 庙攻①

"参疑""废置"之事，明主绝之于内而施之于外。资其轻者，辅其弱者，此谓"庙攻"。参伍既用于内，观听又行于外，则敌伪得。其说在秦侏儒之告惠文君也。故襄疵言袭邺，而嗣公赐令席。

【注释】

①庙攻：在宗庙里制订进攻敌人的策略。庙，这里代指朝廷。"庙攻"并没有列入"六微"的总纲之中；且加入"庙攻"，"六微"所述就变成七种情况，故疑自此以后为他篇错简羼入。

【译文】

经七　庙攻

"臣下等级混乱而争权夺利"、"君主观察错乱而按敌国的意图任免大臣"这类事情，英明的君主要杜绝在自己国内发生，而把它们施行到国外。资助敌国那些权势轻的，支持敌国那些势力弱的，这就叫做"庙攻"。君主既在国内检查、验证，又在国外观察、探听，那么敌人的奸诈就可以识破。这种观点的解说在秦国的侏儒把偷听到的消息告诉秦惠文王这则故事中。所以襄疵把打听到的赵国偷袭邺县的消息告诉魏王，而卫嗣公赐给县令床褥。

说七

秦侏儒善于荆王，而阴有善荆王左右而内重于惠文君①。荆适有谋，侏儒常先闻之以告惠文君。

邺令襄疵②，阴善赵王左右。赵王谋袭邺，襄疵常辄闻而先言之魏王。魏王备之，赵乃辄还。

卫嗣君时③，有人于令之左右。县令发蓐而席弊甚④，嗣公还令人遗之席⑤，曰："吾闻汝今者发蓐而席弊甚，赐汝席。"县令大惊，以君为神也。

【注释】

①有：通"又"。惠文君：即秦惠文王。
②邺：魏国县名，位于今河北临漳西南。襄疵：人名，魏惠王时任邺县县令。
③卫嗣君：即卫嗣公，战国时卫国的君主。
④蓐：通"褥"，床单。下文"发蓐"之"蓐"同此。
⑤还：通"旋"，马上。

【译文】

说七

秦国的侏儒和楚王关系很好，而暗中又和楚王身边的臣子关系密切，因而在秦国国内受秦惠文王器重。楚国如有什么谋划，侏儒总是先知道消息并把它告诉秦惠文王。

魏国的邺县县令襄疵，暗中和赵王身边的大臣关系很好。赵王谋划偷袭邺县，襄疵总是马上就听说而事先告诉魏王。魏王防备赵军，赵国就立即撤回。

卫嗣君的时候，有人受命在县令身边观察。县令揭开褥子露出了很破旧的席子，卫嗣公马上派人赠送给他席子，说："我听说你今天揭开褥子下面的席子很破旧，赏赐给你席子。"县令大吃一惊，认为卫嗣君是神明。

外储说左上

"外储说"之"外",是相对"内储说"之"内"而言的。"内"是指"君之内谋",即君主应该怎样防奸和君主应该知道臣下可能有哪些奸术,这些都是针对君主本身而言的,故称"内谋";"外"是指"君之外谋",即君主应该如何对待臣下实行赏罚,它针对的方向是朝外的,故称"外谋"。《内储说》两篇各有明确的主旨,故有"七术"、"六微"两个标题;《外储说》内容相对繁杂,所以没有标题。

本篇共有六段"经文"和相应的"说文"。"经一"和"说一"论述君主"听言"不要只顾言辞美丽动听、"观行"不要只看行动闳大深远,而应重在实效。"经二"和"说二"进一步说明"人主之听言也",应以功用为准的,并批判了当时各种空谈学派。"经三"和"说三"从人与人的互相利用关系,论证了实行切实有效法令制度的必要性,嘲笑和抨击了那些死守"先王之言"的人。"经四"和"说四"劝告君主不要任用"居学之士",以免亡国之祸。"经五"和"说五"说明明主应"明分"、"责诚",而不应"躬亲位下";掌握赏罚,就能驾驭臣下。"经六"和"说六"说明推行法治,必须重视信用。

经一

明主之道,如有若之应密子也①。人主之听言也,美其辩;其观行也,贤其远。故群臣士民之道言者迂弘,其行身也离世。其说在田鸠对荆王也②。故墨子为木鸢,讴癸筑武宫。夫药酒忠言,明君圣主之以独知也。

【注释】

① 密子:即宓子。
② 荆:即楚。

【译文】

经一

英明君主的治国原则,就像有若回答宓子贱时所说的那样。君主听取言论,欣赏说话人的口才;君主观察行为,赞赏行为人远离实际的作风。所以群臣和民众讲话都迂远阔大,行为都远离现实世界。这种观点的解说在田鸠回答楚王这则故事中。所以墨子做成木鸢,讴癸用唱歌鼓舞建筑武宫。忠言犹如药酒,只有英明的君主独自知道。

说一

宓子贱治单父①。有若见之曰②:"子何臞也③?"宓子曰:"君不知贱不肖,使治单父,官事急,心忧之,故臞也。"有若曰:"昔者舜鼓五弦、歌《南风》之诗而天下治④。今以单父之细也,治之而忧,治天下将奈何乎?故有术而御之,身坐于庙堂之上,有处女子之色，无害于治；无术而御之，身虽瘁臞，犹未有益。"

楚王谓田鸠曰⑤："墨子者⑥，显学也。其身体则可，其言多而不辩，何也？"曰："昔秦伯嫁其女于晋公子⑦，令晋为之饰装，从衣文之媵七十人⑧。至晋，晋人爱其妾而贱公女。此可谓善嫁妾，而未可谓善嫁女也。楚人有卖其珠于郑者⑨，为木兰之柜⑩，薰以桂椒⑪，缀以珠玉，饰以玫瑰⑫，辑以翡翠⑬。郑人买其柜而还其珠。此可谓善卖柜矣，未可谓善鬻珠也。今世之谈也，皆道辩说文辞之言，人主览其文而忘有用。墨子之说，传先王之道，论圣人之言，以宣告人。若辩其辞，则恐人怀其文忘其直，以文害用也。此与楚人鬻珠、秦伯嫁女同类，故其言多不辩。"

【注释】

① 宓子贱：人名，春秋时鲁国人，孔子的学生。单（shàn）父：春秋时鲁国地名，位于今山东单县。
② 有若：人名，春秋时鲁国人，孔子的学生。
③ 臞（qú）：消瘦。
④ 舜：我国原始社会末期的部落首领。五弦：指琴，古代的一种乐器。《南风》：远古时代的歌谣名。
⑤ 楚：诸侯国名，范围包括今湖北全部及湖南、河南、安徽、江西等的部分地区。田鸠：即田俅，战国时齐国人，墨家人物。

⑥墨子:指墨翟,战国初期鲁国人,曾任宋国大夫,墨家学派的创始人。
⑦秦伯:秦国的君主。秦国君主始封时爵位为"伯",故称秦伯。公子:诸侯除太子外的儿子。
⑧媵(yìng):陪嫁的妾。
⑨郑:诸侯国名,位于今河南中部,黄河以南。
⑩木兰:树名,皮有香气,木质优良。椟:匣子。
⑪薰:通"熏"。桂椒:指肉桂和花椒两种香料。
⑫玫瑰:红色的玉。
⑬翡翠:绿色的玉。

【译文】

说一

宓子贱做单父的地方长官。有若见到他后说:"你怎么这样瘦?"宓子贱说:"君主不知道我没有才德,派我治理单父,公务紧迫,我心里忧愁,所以人就瘦了。"有若说:"从前舜手弹五弦琴、口中唱着《南风》诗就把天下治理好了。现在单父这么小一个地方,你治理它还忧愁,让你治理天下将怎么样呢?所以掌握了术来统治国家,身体坐在朝堂上面,有少女的红润气色,对治理国家没有妨害;没有掌握术而统治国家,虽然身体劳累消瘦,也还是没有什么益处。"

楚王对田鸠说:"墨子是现在声名显赫的学者。他亲身实践是不错的,他的话讲得多但没有文采,这是什么原因?"田鸠说:"从前秦伯把女儿嫁给晋国的公子,让晋国为他的女儿修饰打扮,跟着陪嫁出去的女子有七十人。到了晋国,晋国人喜欢陪嫁的妾而看不起秦伯的女儿。这可以说是善于嫁妾,而不能叫做善于嫁女儿。楚国有个人在郑国卖宝珠,为宝珠做了个木兰树质的匣子,用肉桂和花椒两种香料熏过,用珠子和宝玉点缀,用红色的玉装饰,聚集起绿色的玉。郑国人买下了他的匣子而把宝珠还给了他。这个楚国人可以叫做善于卖匣子,不能叫做善于卖宝珠。现在社会上的言论,都说一些漂亮动听的言词,君主只看到了它们表面的文采而忘记了它们是否有用。墨子的学说,传播先王之道,论述圣人的言词,把它们宣传给人们。如果把他的文词修饰得很华丽,就怕人们会记住它的文词的华丽而忘记了它的内在价值,因为文词而损害了实用。这样就和楚国人卖宝珠、秦伯嫁女儿成了同类了,所以他的言词大多不漂亮动听。"

墨子为木鸢①,三年而成,蜚一日而败②。弟子曰:"先生之巧,至能使木鸢飞。"墨子曰:"吾不如为车輗者巧也③。用咫尺之木,不费一朝之事,而引三十石之任④,致远力多,久于岁数。今我为鸢,三年成,蜚一日而败。"惠子闻之曰⑤:"墨子大巧,巧为輗,拙为鸢。"

宋王与齐仇也⑥,筑武宫⑦,讴癸倡⑧,行者止观,筑者不倦。王闻,召而赐之。对曰:"臣师射稽之讴又贤于癸⑨。"王召射稽使之讴,行者不止,筑者知倦。王曰:"行者不止,筑者知倦,其讴不胜如癸美,何也?"对曰:"王试度其功。"癸四板⑩,

射稽八板；擿其坚⑪，癸五寸，射稽二寸。

夫良药苦于口，而智者劝而饮之，知其入而已己疾也。忠言拂于耳，而明主听之，知其可以致功也。

【注释】

① 鸢（yuān）：一种鹰。
② 蜚：通"飞"。下文"蜚一日之败"之"蜚"同此。
③ 輗（ní）：连接车辕和车衡的一个部件。
④ 石：古代的重量计算单位，一百二十斤为一石。
⑤ 惠子：即惠施，战国时宋国人，名家的代表人物。
⑥ 宋：诸侯国名，范围包括今河南东部和山东、江苏的部分地区。齐：诸侯国名，范围包括今山东大部和河北东南部。
⑦ 武宫：宋国练习武艺的一种建筑物。
⑧ 讴癸：名叫癸的歌手。倡：通"唱"。
⑨ 射稽：人名，生平不详。
⑩ 板：古代用木板夹土筑墙。一板长二丈，宽二尺。
⑪ 擿（zhì）：同"掷"，引申为戳捣。

【译文】

墨子制作木鸢，三年才做成，飞行一天就坏了。弟子说："先生真是巧手，以至于能使木头的鸢飞起来。"墨子说："我赶不上做车輗的人手巧。他用八寸长的小木头，不费一早晨的功夫，就能做出承担三十石重量的车輗，能行至远方且力量很大，还可以用许多年。现在我做木鸢，三年才做成，飞行了一天就坏了。"惠子听到这番话后说："墨子真是太聪明了，知道做车輗是巧的，做木鸢是笨拙的。"

宋国的君主跟齐王作对，修筑练习武艺的场所。一位名叫癸的歌手带头唱歌，走路的人停下脚步来看，筑土的人不感到疲倦。宋国的君主听说后，召进宫去奖赏了他。癸回答宋国君主的问话说："我的老师射稽的歌唱得比我好。"宋国君主召来射稽让他歌唱，走路的人不停下来，筑土的人感到疲倦。宋国的君主说："射稽歌唱时走路的人不停下，筑土的人感到疲倦，他的歌唱得不如你好，这是什么原因？"癸回答说："大王您设法去检查一下我们的功效。"结果发现癸唱歌时筑土的人只筑了四板，射稽唱歌时筑土的人筑了八板；戳捣筑成土墙的坚固度，癸唱歌时筑的土能戳进去五寸，射稽歌唱时筑的土只能戳进去二寸。

好的药入口很苦，但聪明的人却鼓励人喝下去，知道喝下去能治好自己的病。忠言是不顺耳的，而英明的君主愿听取它，知道忠言能够收得好的功效。

经二

人主之听言也，不以功用为的①，则说者多"棘刺"、"白马"之说；不以仪的为关②，则射者皆如羿也。人主于说也，皆如燕王学道也；而长说者，皆如郑人争年也。是以言有纤察微难而非务也，故季、惠、宋、墨皆画策也；论有迂深闳大③，非用也，故魏、长、瞻、陈、庄皆鬼魅也④；行有拂难坚确，非功也，故务、卞、鲍、介、田仲皆坚瓠也⑤。且虞庆诎匠也而屋坏，范且穷工而弓折。是故求其诚者，非归饷也不可。

【注释】

①的：箭靶，引申为目标。
②仪：准则。关：关口，比喻衡量事物的客观界限和标准。
③闳：通"弘"。
④瞻：通"詹"，指詹何，战国时期的道家代表人物。另外，此处季（良）、惠（施）、宋（钘）、墨（翟）、魏（牟）、长（卢子）、陈（骈）、庄（周），也都是战国诸子学派的代表人物。务（光）、卞（随）、鲍（焦）、介（之推）、田仲，则为古代以来的著名隐士。
⑤瓠（hù）：一种茎蔓生，花白色，果实细长，圆筒形的瓜，名叫瓠子或瓠瓜，俗称"葫芦"。

【译文】

经二

君主听取言论，不以功用为目的，那么进说的人大多会说"棘刺"、"白马"一类的话；不以客观的标准为准则，那么射箭的人就个个都像后羿那样成了射箭高手。君主对于臣下的进说，如果都像燕王学长生不死之道那样；那么擅长辩说的人，就都会像郑国人争论年龄长短一样没完没了。因此言论有些是细致明察微妙难知但不是迫切需要的，所以季良、惠施、宋钘、墨翟之言都像画竹筒一样微妙而无用；议论有些是深远阔大，但不切实用的，所以魏牟、长卢子、詹何、陈骈、庄周的学说，都是些画鬼怪的活儿；行动有些是违反常理、一般人难以做到而坚定固执的，所以务光、卞随、鲍焦、介之推、田仲的行为都和实心葫芦一样没有用处。况且虞庆把匠人驳得无话可说但按他的意见造出的屋子却坏了，范且把工匠说得无言以对但依他的话做出的弓却折断了。因此要想确实填饱肚子，不回去吃饭就不行。

说二

宋人有请为燕王以棘刺之端为母猴者①，必三月斋然后能观之。燕王因以三乘养之②。右御冶工言王曰③："臣闻人主无十日不燕之斋④。今知王不能久斋以观无用之器也，故以三月为期。凡刻削者，以其所以削必小⑤。今臣冶人也，无以为之削，此不然物也，王必察之。"王因囚而问之。果妄，乃杀之。冶人谓王曰："计无度量，言谈之士多'棘刺'之说也。"

一曰：燕王好微巧。卫人曰："能以棘刺之端为母猴。"燕王说之⑥，养之以五乘之奉⑦。王曰："吾试观客为棘刺之母猴。"客曰："人主欲观之，必半岁不入宫，不饮酒食肉。雨霁日出⑧，视之晏阴之间⑨，而棘刺之母猴乃可见也。"燕王因养卫人，不能观其母猴。郑有台下之冶者谓燕王曰⑩："臣，削者也。诸微物必以削削之，而所削必大于削。今棘刺之端不容削锋，难以治棘刺之端。王试观客之削,能与不能可知也。"王曰:"善。"谓卫人曰:"客为棘刺之母猴也,何以理之?"曰:"以削。"王曰:"吾欲观见之。"客曰:"臣请之舍取之。"因逃。

【注释】

①棘:一种像枣树那样多刺的树。母猴:即猕猴。
②乘:古代规定土地方六里出兵车一乘。到战国时期,即以方六里的土地面积为一乘。
③右御:官名,掌管宫中进用器物一类的事情。冶工:冶铁的工匠。
④燕:通"宴"。
⑤所以削:所用来刻削的东西,指刻刀。下文"削削"中的前一个"削"字及"大于削"、"削锋"、"以削"中的诸"削"字,均指刻刀。
⑥说:同"悦"。下文"人主说之而不已"之"说"字同此。
⑦奉:通"俸",指俸禄。
⑧霁(jì):雨后转晴。
⑨晏:阳,引申为晴。
⑩台下:疑是郑国地名。

【译文】

说二

宋国有人请求替燕王用棘刺的尖端刻出猕猴,但一定要沐浴斋戒三个月之后才能看。燕王因此以三乘土地的俸禄来供养这个宋国人。右御属下的冶铁工匠对燕王说:"我听说君主没有十天不设宴取乐的斋戒。现在他知道大王不可能长时间斋戒来观看这个没有用处的东西，所以要以三个月为期限。大凡刻削物品，用来刻削的东西一定会比被刻削的物品更小。现在我是个冶铁的工匠，没有办法做出他的刻刀来，这个刻刀是不可能有的东西，大王一定要明察。"燕王便因禁了这个宋国人审问他，果然是假的，就杀了他。冶铁的工匠对燕王说："计谋没有一定的标准，进献计谋的人所说的就多半是宋人为燕王在棘刺的尖端刻猕猴的把戏。"

另一种说法：燕王喜欢小巧玲珑的东西。有个卫国人说："我能用棘刺的尖端雕刻猕猴。"燕王听了很高兴，用五乘土地的俸禄来供养他。燕王说："我想试着看看客人雕刻的猕猴。"客人说："君主想要看它，一定要半年不进宫，不饮酒吃肉。等雨停云散太阳出来的时候，在晴阴交错之际观看，棘刺尖端的猕猴才能看到。"燕王因而供养这个卫国人，而不能看他雕刻的猕猴。郑国台下有个冶铁工匠对燕王说："我是做刻刀的人。各种微小的东西一定要用刻刀来削它，而所被刻削的东西一定要比刻刀大。现在棘刺的尖端容纳不下刻刀的刀锋，难以来刻削棘刺的尖端。大王您试看他的刻刀，能不能在棘刺的尖端刻猕猴就知道了。"燕王说："好。"就对这个卫国人说："你在棘刺的尖端雕刻猕猴，用什么来刻削？"卫国人说："用刻刀。"燕王说："我想看看你的刻刀。"卫国人说："我请到住处去取刻刀。"便趁机逃跑了。

儿说①，宋人，善辩者也，持"白马非马也"服齐稷下之辩者②。乘白马而过关，则顾白马之赋③。故籍之虚辞④，则能胜一国；考实按形，不能谩于一人。

夫新砥砺杀矢，彀弩而射⑤，虽冥而妄发⑥，其端未尝不中秋毫也，然而莫能复其处，不可谓善射，无常仪的也。设五寸之的，引十步之远⑦，非羿、逢蒙不能必全者⑧，有常仪的也。有度难而无度易也。有常仪的，则羿、逢蒙以五寸为巧；无常仪的，则以妄发而中秋毫为拙。故无度而应之，则辩士繁说；设度而持之，虽知者犹畏失也⑨，不敢妄言。今人主听说，不应之以度而说其辩；不度以功，誉其行而不入关。此人主所以长欺，而说者所以长养也。

客有教燕王为不死之道者，王使人学之，所使学者未及学而客死。王大怒，诛之。王不知客之欺己，而诛学者之晚也。夫信不然之物而诛无罪之臣，不察之患也。且人所急无如其身，不能自使其无死，安能使王长生哉？

郑人有相与争年者。一人曰："吾与尧同年⑩。"其一人曰："我与黄帝之兄同年⑪。"讼此而不决，以后息者为胜耳。

【注释】

①儿说：人名，战国时宋国人，名家代表人物。

②白马非马：战国名家学派的一个著名命题，该命题认为"马"和"白"是两个概念，"马"指形状，"白"指颜色，"白马"是两个概念的复合，不同于单一概念"马"。稷下：地名，在齐国都城临淄（位于今山东淄博东北）的西门外，是战国诸子聚众讲学的著名场所。

③顾：通"雇"，酬报，交纳。赋：指税。

④籍：通"藉"，借。

⑤彀（gòu）：张弓。弩：一种利用机械力量发射的箭。

⑥冥：通"瞑"，闭眼。

⑦步：古代长度计量单位，一步为六尺。

⑧羿：即后羿，古代传说中的射箭能手。逢蒙：后羿的徒弟，射箭能手。

⑨知：同"智"。

⑩尧：我国原始社会末期的部落首领。

⑪黄帝：我国传说中比尧年代更早的原始社会的部落首领。

【译文】

兒说是宋国人，是个善于辩说的人，持"白马非马论"说服了齐国稷下的众多辩论者。但骑白马通过关口，还是要交白马的税。所以借助浮虚的言辞，可以胜过一国的辩者；考察实际而对照具体事物，连一个人也不能欺骗。

刚刚磨好的利箭，张满弓弩而射，即使闭着眼睛乱射，箭的尖端没有不射中秋天毫毛那样的细小东西的，然而不能再次射中同样的地方，这不能说是善于射箭，因为没有固定的箭靶作目标。设置一个直径五寸的箭靶，后退十步的距离，不是后羿和逢蒙就不一定能全都射中，是因为有固定的箭靶作为目标。有固定的目标射起来难而没有目标乱射就容易。有固定的箭靶，那么后羿和逢蒙就以射中直径五寸的靶心为灵巧；没有固定的箭靶，乱射而射中了秋天鸟兽细毛那样的小东西也被视为拙劣。所以没有一定的标准来衡量，能言善辩的人就会不断进说；设立标准而加以衡量，即使是有智慧的人也害怕说话有失，而不敢乱说。现在君主听别人进说，不用客观标准来衡量而喜欢他的动听的言辞；不用功效来检验它，却赞美他们的行为而不问是否合乎准则。这就是君主长期被欺骗，而游说者被长期供养的原因。

有位客人教燕王求长生不死的道术，燕王派人去学习这种道术，派去学习的人还没有学会客人就死了。燕王大怒，把这个去学习的人杀掉了。燕王不知道客人是在欺骗自己，而杀掉了去学习的人因为他学得太晚了。相信没有根据的东西而杀掉了根本没有罪的臣子，这是不明察的危害。况且人所看重的无过于自己的生命，那个客人不能使自己不死，又怎么能使燕王长生不死呢？

郑国有两个相互争论年龄大小的人。其中一个人说："我和尧同年生。"另一个人说："我和黄帝的哥哥同年生。"争辩这个问题而没有决断，只好以最后停止争辩的人为胜者。

客有为周君画策者，三年而成。君观之，与髹策者同状①。周君大怒。画策者曰："筑十版之墙②，凿八尺之牖，而以日始出时加之其上而观。"周君为之，望见其状，尽成龙蛇禽兽车马，万物之状备具。周君大悦。此策之功非不微难也，然其用与素髹策同。

客有为齐王画者，齐王问曰："画孰最难者？"曰："犬马难。""孰易者？"曰："鬼魅最易。"夫犬马，人所知也，旦暮罄于前，不可类之，故难。鬼魅，无形者，不罄于前，故易之也。

齐有居士田仲者③，宋人屈谷见之④，曰："谷闻先生之义，不恃仰人而食。今谷有巨瓠，坚如石，厚而无窍，献之。"仲曰："夫瓠所贵者，谓其可以盛也⑤。今厚而无窍，则不可剖以盛物；而任重如坚石⑥，则不可以剖而以斟。吾无以瓠为也。"曰："然，谷将弃之。"今田仲不恃仰人而食，亦无益人之国，亦坚瓠之类也。

【注释】

①髹（xiū）：给器物涂漆。
②版：通"板"。
③田仲：即陈仲子，战国时齐国的隐士。
④屈谷：人名，生平不详。
⑤谓：通"为"。
⑥任：通"妊"，包藏。

【译文】

有位为周国的君主画竹简的人，画了三年才画成。周国君主观看竹筒,和用漆漆过的竹筒形状一样。周国君主非常愤怒。画竹筒的人说:"筑一座十板高的墙,在墙上凿一个八尺的窗户,等太阳刚出来的时候将竹筒放在上面观看。"周国的君主这样做了,望见竹筒的形状,都是龙蛇禽兽车马之类,万物的形状都具备了。周国君主非常高兴。这个画过的竹筒上面的功夫并非不微妙难能,但是它的功用却和没有画过、没有漆过的竹筒一样。

有位给齐王画画的客人,齐王问他说:"画什么最难?"客人说:"画狗和马最难。""画什么最容易?"客人说:"画鬼魅最容易。"狗和马是人们都知道的东西,一天到晚都呈现在人们的面前,不可能画得很相像,所以难画。鬼魅是无形之物,从没有显现在人的面前,所以容易画。

齐国有个隐士叫田仲,宋国人屈谷见到他,说:"我听说先生的高义,不依赖别人而生活。现在我有一只巨大的葫芦,像石头一样坚硬,很厚实却没有一点空隙,我要把它献给你。"田仲说:"葫芦这东西可贵的地方,是因为可以用来装东西。现在这个葫芦厚实而没有空隙,就不能剖开了来盛东西;而它里面包藏的东西如石头一样坚硬,就不能剖开了来斟酒。我没有办法对你的这个大葫芦派上用场。"屈谷说:"的确是这样,我把它扔掉。"现在田仲不依赖别人而生活,也对国家没有什么用处,也是和坚硬的实心葫芦一类的东西。

虞庆为屋①,谓匠人曰:"屋太尊。"匠人对曰:"此新屋也,涂濡而椽生。"虞庆曰:"不然。夫濡涂重而生椽挠，以挠椽任重涂，此宜卑。更日久，则涂干而椽燥。涂干则轻，椽燥则直，以直椽任轻涂，此益尊。"匠人诎，为之而屋坏。

一曰：虞庆将为屋，匠人曰："材生而涂濡。夫材生则挠，涂濡则重，以挠任重，今虽成，久必坏。"虞庆曰："材干则直，涂干则轻。今诚得干，日以轻直，虽久，必不坏。"匠人诎，作之成，有间，屋果坏。

范且曰②："弓之折，必于其尽也，不于其始也。夫工人张弓也，伏檠三旬而蹈弦③，一日犯机，是节之其始而暴之其尽也，焉得无折？且张弓不然：伏檠一日而蹈弦，三旬而犯机，是暴之其始而节之其尽也。"工人穷也，为之，弓折。

范且、虞庆之言，皆文辩辞胜而反事之情。人主说而不禁，此所以败也。夫不谋治强之功，而艳乎辩说文丽之声，是却有术之士而任"坏屋""折弓"也。故人主之于国事也，皆不达乎工匠之构屋张弓也。然而士穷乎范且、虞庆者：为虚辞，其无用而胜；实事，其无易而穷也。人主多无用之辩，而少无易之言，此所以乱也。今世之为范且、虞庆者不辍，而人主说之不止，是贵"败""折"之类而以知术之人为工匠也④。工匠不得施其技巧，故屋坏弓折；知治之人不得行其方术，故国乱而主危。

夫婴儿相与戏也，以尘为饭，以涂为羹，以木为胾⑤，然至日晚必归饷者，尘饭涂羹可以戏而不可食也。夫称上古之传颂，辩而不悫，道先王仁义而不能正国者，此亦可以戏而不可以为治也。夫慕仁义而弱乱者，三晋也⑥；不慕而治强者，秦也，然而未帝者，治未毕也。

【注释】

①虞庆：即虞卿，"庆"通"卿"。战国时期赵国人，赵孝成王时，被任用为上卿。
②范且：即范雎（jū），字叔，战国时期魏国人，后到秦国游说，被秦昭襄王任为相。
③檠（qíng）：校正弓弩的工具。
④知：同"智"。
⑤胾（zì）：大块肉。
⑥三晋：指韩、赵、魏三个国家。它们是取代晋国后建立的，故称为"三晋"。

【译文】

虞庆建造房子，对匠人说："屋顶的坡度太陡了。"匠人回答说："这是刚建的房子，泥是湿的而椽木也没有干透。"虞庆说："不对。湿泥巴重而没干透的椽木是弯曲的，用弯曲的椽木承担很重的湿泥，屋顶应当建得低。经过长时间之后，泥就干了而椽木也干燥了。泥巴干了就会轻，树木干了就会直，用直椽木承受变轻了的泥巴，房顶应该日渐变陡。"匠人无话可说，照他说的去建造结果房子坏了。

另一种说法：虞庆准备做房子，匠人说："木材没有干透而泥巴是湿的。木材没干透就会弯曲，泥巴是湿的就重，用弯曲的木材承受很重的泥巴，现在虽然做成了，过久了一定会坏。"虞庆说："木材干了会变直，泥巴干了会变轻。如果它们确实能变干，就会一天天变直变轻，即使时间很久，也一定不会坏。"匠人无言以对，建成了房子，过了不久，房子果然坏了。

范且说："弓被折断，一定是在它制作快结束的阶段，不在它刚开始的时候。工匠张弓的时候，先把弓弩放在校弩工具中调节三十天之后才装上弦，一天之内把箭发射出去，这就是开始的时候缓慢而最后使用时急促，弓怎么会不折断？我这张弓不是这样：用校正弩的工具校正一天就装上弓弦，上弦三十天后才把箭发射出去，这就是开始的时候急促而最后有节制。"张弓的工匠无言以对，照范且说的去做，弓折断了。

范且、虞庆的言论，都是漂亮动听而违反实际情况的。君主喜欢听而不加禁止，这是他们事情败坏的原因。不谋治国强兵的实际功效，而羡慕华丽动听的诡辩，这是赶跑有法术的人士而任用"坏屋"、"折弓"这类巧说的原因。所以君主对于国事，都不通晓工匠造房子和张弓的道理。然而有术之士被范且、虞庆所困窘的原因：讲虚浮动听的话，没有用却能取得君主的信用；办切合实际的事，虽属不可改变却受到窘迫。君主赞美没有用处的动听言辞，而轻视说明必然结果的言论，这就是他们国家混乱的原因。现在社会上像范且、虞庆那样的人不断出现，而君主对他们欣赏不已，这是尊重"败屋"、"折弓"之类的言论而把智术之士看成了造屋张弓的工匠。工匠不能施展他们的技巧，所以屋子坏了弓折断了；懂得治国方略的人不能实行他们的治国方略，所以国家混乱而君主处境危险。

小孩子在一起玩耍，用尘土做饭，用泥巴做汤汁，用木块做肉，但等到天黑了一定会回家去吃饭，用尘土泥巴做的饭菜可以用来玩但不能拿来吃。称说上古传颂的东西，虽然动听却不真实，称道先王的仁义而不能使国家走上正途，是因为这些东西只可以用来游戏而不能用来治国。羡慕仁义而使国家衰弱混乱的，是赵、魏、韩这三个国家；不追求仁义而使国家治理好军队强盛的，是秦国这样的国家，但是秦国还没有在天下称帝，是因为它的治理还不完善。

经三

挟夫相为则责望，自为则事行。故父子或怨谯①，取庸作者进美羹。说在文公之先宣言与勾践之称如皇也。故桓公藏蔡怒而攻楚，吴起怀瘳实而吮伤。且先王之赋颂，钟鼎之铭，皆播吾之迹，华山之博也②。然先王所期者利也，所用者力也。筑社之谚③，自辞说也。请许学者而行宛曼于先王，或者不宜今乎？如是，不能更也。郑县人得车厄也④，卫人佐弋也，卜子妻写弊裤也，而其少者侍长者饮也。先王之言，有其所为小而世意之大者，有其所为大而世意之小者，未可必知也。说在宋人之解书与梁人之读记也。故先王有郢书，而后世多燕说。夫不适国事而谋先王，皆归取度者也。

【注释】

① 谯：同"诮"，责骂。下文凡言"谯"者同此。
② 博：通"簿"，古代的一种游戏用物，类似于后代的棋。
③ 社：土地神。
④ 厄：通"轭"，俗称轭头，驾车或拉动农具时架在车马颈上的曲木。

【译文】

经三

怀着相互依赖的心理就会责备和埋怨，自己依赖自己事情就能办成。所以父子之间有时也会埋怨和责备，而给雇工准备丰盛的饭菜。这种论点的解说在文公伐宋之前先宣布宋国的罪状与勾践宣布吴王筑如皇台的罪状这两则故事之中。所以齐桓公隐藏起对蔡国的恼怒而进攻楚国，吴起心怀着士兵伤愈去拼命作战的念头为他们吮吸伤口。况且先王所作的那些歌功颂德的文字，铸刻在钟鼎上的铭文，都是和播吾山上赵主父的大脚印，华山上秦昭襄王刻的大棋局同样的东西。然而先王所期待的是利益，所使用的是气力。修筑社坛的谚语，是晋文公辩解和争取他人为自己出力的说辞。允许学者瞎说而实行渺茫广远的先王之道，恐怕不适宜于现在吧？像这样，又不能改变它。郑县人得到车轭，卫国掌管射飞禽的小官帮倒忙，卜子的妻子仿照旧裤子的样子做新裤子，以及年轻人侍候年纪大的人喝酒，就都是这样的行为。先王的言论，有的针对的事情小而在当今社会的意义很大，有的针对的事情大而在当今社会的意义很小，这是不一定能知道的。这种论点的解说有宋人误解所读之书的意义和梁国人读书变呆这两则故事中。所以先王的话有如郢都人写信，而后世的理解则大多像燕国人读信那样胡乱猜测。不管是否适合自己国家的政事而谋求先王之道，都和郑国人买鞋不相信自己的脚而回家取尺码一样。

说三

人为婴儿也，父母养之简，子长而怨；子盛壮成人，其供养薄，父母怒而谯之。子、父，至亲也，而或谯或怨者，皆挟相为而不周于为己也。夫买庸而播耕者①，主人费家而美食，调布而求易钱者，非爱庸客也，曰：如是，耕者且深，耨者熟耘也。庸客致力而疾耘耕者，尽巧而正畦陌者②，非爱主人也，曰：如是，羹且美③，钱布且易云也。此其养功力，有父子之泽矣，而心调于用者，皆挟自为心也。故人行事施予，以利之为心，则越人易和④；以害之为心，则父子离且怨。

文公伐宋⑤，乃先宣言曰："吾闻宋君无道，蔑侮长老⑥，分财不中，教令不信，余来为民诛之。"

越伐吴⑦，乃先宣言曰："我闻吴王筑如皇之台⑧，掘深池，罢苦百姓⑨，煎靡财货，以尽民力，余来为民诛之。"

蔡女为桓公妻⑩，桓公与之乘舟，夫人荡舟，桓公大惧，禁之不止，怒而出之。乃且复召之，因复更嫁。桓公大怒，将伐蔡。仲父谏曰⑪："夫以寝席之戏⑫，不足以伐人之国，功业不可冀也，请无以此为稽也。"桓公不听。仲父曰："必不得已，楚之菁茅不贡于天子三年矣⑬，君不如举兵为天子伐楚。楚服，因还袭蔡，曰'余为天子伐楚，而蔡不以兵听从'，遂灭之。此义于名而利于实，故必有为天子诛之名，而有报仇之实。"

吴起为魏将而攻中山⑭。军人有病疽者⑮，吴起跪而自吮其脓。伤者之母立泣，人问曰："将军于若子如是，尚何为而泣？"对曰："吴起吮其父之创而父死，今是子又将死也，今吾是以泣。"

【注释】

①庸：通"佣"，雇工。
②陌：田间东西方向的道路，这里泛指田埂。
③羹：这里泛指饭菜。
④越人：指居住在我国浙江等东南沿海地区的越族人，这里比喻关系疏远的人。越，诸侯国名，春秋时越族建立的国家，范围包括今浙江北部和江西、江苏的部分地区。
⑤文公：所指不详。
⑥长老：年高有品德的人。
⑦吴：诸侯国名，范围包括今江苏大部和安徽、浙江

⑧吴王：指吴王夫差（chāi），春秋时吴国的君主。如皇之台：名台，具体位置不详。台，古代一种用土筑成的高建筑物，供观望游乐。

⑨罢：通"疲"。

⑩蔡：春秋时诸侯国名，位于今河南上蔡一带。桓公：指齐桓公，名小白，著名的"春秋五霸"之一。

⑪仲父：指管仲，齐桓公的相，辅佐齐桓公完成霸业，齐桓公尊他为仲父。

⑫寝席：比喻夫妻之间的亲密关系。

⑬楚：诸侯国名，范围包括今湖北全部和湖南大部及河南、安徽、江西等的部分地区。菁茅：也称苞茅，草名，滤酒用。

⑭吴起：战国时卫国人，法家代表人物。中山：春秋时由白狄别支鲜虞族建立的国家，位于今河北的中偏西部。

⑮疽：一种毒疮。

【译文】

说三

人在小孩的时候，父母抚养他很马虎，孩子长大以后要埋怨父母；孩子壮年时期，供养父母微薄，父母就恼怒责备他。儿子和父母是血肉至亲，但有时责骂有时埋怨，都是因为各自怀着相互依赖的心理而认为对方不能周到地照顾自己。雇用雇工来播种耕耘，主人花费家财准备好的饮食，挑选布币交换钱币来付报酬，不是喜欢雇工，而是说：像这样做，雇工耕地将会深耕，锄草才会精细。雇工尽力而快速地耕田耕地，使尽技巧整理畦埂，不是因为喜爱主人，而是说：像这样做，饭菜才会丰盛，钱币将会容易得到。主人这样供养雇工而爱惜功力，有父亲和儿子之间的惠泽，而雇工专心一意地为主人工作，都是怀着为自己打算的心理。所以人们办事和给人好处，如果从对自己有利着想，那么关系疏远的人也容易和好；从对自己有害处着想，那么父子之间也要分离而且埋怨。

文公攻打宋国，便先发表言论说："我听说宋国的君主昏庸无道，蔑视侮辱年老有德之人，分配财物不公平，发布法令不守信用，我来为宋国的百姓除掉他。"

越国攻打吴国，便先发表言论说："我听说吴王夫差修筑了一座如皇台，挖掘了很深的护城河，使老百姓疲劳困苦，榨干了老百姓的钱财，而且耗尽老百姓的力量，我来替老百姓惩罚他。"

蔡侯的女儿嫁给齐桓公做妻子，齐桓公同她一块儿乘船，这位夫人晃动着船，齐桓公非常害怕，命令她停下来她却不听，齐桓公愤怒地休了她。随后又想召回她，蔡国已把她改嫁了。齐桓公非常恼怒，将要讨伐蔡国。管仲劝谏说："因为夫妻之间的游戏，不值得去讨伐别人的国家，不能希望通过这个来建功立业，请不要计较这件事。"齐桓公不听从管仲的劝谏。管仲说："一定不能打消这个念头，楚国给天子上贡的苞茅草已经三年不交了，您不如发兵为周天子讨伐楚国。楚国臣服了，趁机回兵袭击蔡国，说：'我为周天子讨伐楚国，而蔡国却不派兵来听从调遣'，于是消灭它。这样做在名义上是正义的而实际上是有利的。所以一定要有替天子讨伐的名义,而后有报仇的实利。"

吴起担任魏国的将领去攻打中山国。军人中有个人生了毒疮,吴起跪下亲自吮吸这个士兵伤口的脓血。这个士兵的母亲立即哭起来,有人问她说:"将军对你儿子这般爱护,你为什么还要哭呢?"这位母亲回答说:"吴起为我儿子的父亲吮吸伤口他的父亲战死了,现在这个儿子又将要战死,因此我要哭泣。"

赵主父令工施钩梯而缘播吾①,刻疏人迹其上,广三尺,长五尺,而勒之曰:"主父常游于此②。"

秦昭王令工施钩梯而上华山③,以松柏之心为博,箭长八尺④,棋长八寸,而勒之曰:"昭王尝与天神博于此矣。"

文公反国⑤,至河,令笾豆捐之⑥,席蓐捐之⑦,手足胼胝面目黧黑者后之⑧。咎犯闻之而夜哭⑨。公曰:"寡人出亡二十年,乃今得反国。咎犯闻之不喜而哭,意不欲寡人反国耶?"犯对曰:"笾豆,所以食也,席蓐,所以卧也,而君捐之;手足胼胝,面目黧黑,劳有功者也,而君后之。今臣有与在后,中不胜其哀,故哭。且臣为君行诈伪以反国者众矣,臣尚自恶也,而况于君?"再拜而辞。文公止之曰:"谚曰:'筑社者,攓撅而置之⑩,端冕而祀之⑪。'今子与我取之,而不与我治之;与我置之,而不与我祀之;焉可?"解左骖而盟于河⑫。

【注释】

① 赵主父：即赵武灵王，他把王位让给小儿子何之后，自称主父。钩梯：带钩的梯子。播吾：一作"番（pó）吾"，赵国山名，在今河北平山东南。
② 常：通"尝"。
③ 秦昭王：即秦昭襄王，战国时秦国的君主。华山：即西岳华山，在今陕西东部。
④ 箭：一名"箸"，骰（tóu）子。
⑤ 文公：指晋文公，名重耳，著名的"春秋五霸"之一。反：同"返"。
⑥ 笾豆：古代盛食物的用具，笾盛果实，豆盛肉类。
⑦ 席蓐（rù）：席子和草垫子，指卧具。
⑧ 手足胼胝（piánzhī）：指手脚因劳累被磨硬变粗。黧黑：黑色。
⑨ 咎犯：人名，即狐偃，字子犯，是晋文公的舅父，因此又称舅犯。咎，通"舅"。
⑩ 搴（qiān）：通"褰"，揭起衣裙等。撅：揭衣。
⑪ 端冕：指玄端和玄冕，古代的礼衣和礼帽。
⑫ 左骖（cān）：古代用四匹马拉一辆车，两边的马为骖。左边的马为左骖，右边的马为右骖。

【译文】

赵武灵王命令工匠安放钩梯攀上播吾山，在上面刻上脚印，宽三尺，长五尺，刻上字："赵武灵王曾到此游玩。"

秦昭襄王命令工匠安装钩梯攀上华山，用松柏的树心做棋，骰子长八尺，棋子长八寸，刻上字："秦昭襄王曾在这里与天神下棋。"

　　晋文公返回晋国,来到黄河边,命令把笾豆扔掉,把席子和草垫子也扔掉,手足粗糙脸色黑的人都退到后面去。子犯听到这个消息夜里哭了。晋文公说:"我出来流亡二十年了,而今才得以回国。舅父你听说了不高兴反而哭,你心里不想我回国吗?"子犯回答说:"笾豆是用来吃饭的,席子垫子是用来睡觉的,而您把它们扔了;手脚磨出老茧,脸色黑的人,都是些辛劳有功的人,而你却让他们到后面去。现在我有理由被安排在后面,心中有说不完的哀伤,所以我哭。况且我替君主您做的使用欺诈手段以便返回晋国的事太多了,我尚且讨厌自己,而何况是您呢?"连拜了两次向晋文公告辞。晋文公制止住他说:"俗话说:'修筑土地神坛的人,撩起衣服树立社神,穿好衣帽祭祀它。'现在你和我取得了国家,而不和我一起治理它;好比和我一起树立了社神,而不和我一起祭祀它一样;怎么能行呢?"便解开左边的骖马沉入黄河发誓,表示不会背叛子犯。

　　郑县人卜子使其妻为裤,其妻问曰:"今裤何如?"夫曰:"象吾故裤。"妻子因毁新,令如故裤。
　　郑县人有得车轭者^①,而不知其名,问人曰:"此何种也?"对曰:"此车轭也。"俄又复得一,问人曰:"此是何种也?"对曰:"此车轭也。"问者大怒曰:"曩者曰车轭^②,今又曰车轭,是何众也?此女欺我也^③!"遂与之斗。
　　卫人有佐弋者^④,鸟至,因先以其裾麾之^⑤,鸟惊而不射也。

郑县人卜子妻之市,买鳖以归。过颍水⑥,以为渴也,因纵而饮之,遂亡其鳖。

夫少者侍长者饮,长者饮,亦自饮也。

一曰:鲁人有自喜者,见长年饮酒不能釂则唾之⑦,亦效唾之。

一曰:宋人有少者亦欲效善,见长者饮无余,非堪酒饮也而欲尽之。

【注释】

① 郑县:战国时韩国的地名,位于今河南郑州。
② 曩(nǎng):从前,以前。
③ 女:通"汝"。
④ 佐弋:古代掌管射飞禽的一种小官。
⑤ 帣(yuān):通"帬",头巾。麾:通"挥",挥动。
⑥ 颍水:即颍河,上游在韩国境内。
⑦ 釂(jiào):把杯中的酒喝光。

【译文】

郑县人卜子让他的妻子做裤子,他的妻子问道:"现在这条裤子做成什么样子?"卜子说:"像我的旧裤子那样。"他的妻子便把新裤子毁坏,让它和旧裤子一样。

郑县有个人得到了一副车轭,但不知道它的名称,问别人说:"这是什么东西?"别人回答说:"这是车轭。"过了一会儿又得一副,问别人说:"这是什么东西?"别人回答说:"这是车轭。"这个发问的人十分恼怒地说:"从前那个叫车轭,现在这个又叫车轭,哪来这么多车轭?这是你欺骗我!"结果跟别人打起来了。

卫国有个掌管射飞禽的小官,鸟落下来,便先向鸟挥动头巾,鸟惊吓飞走而无法射到。

郑县人卜子的妻子到集市去,买了一只鳖回家。经过颍河时,认为这只鳖渴了,就把它放到河里去喝水,结果丢失了她的鳖。

年纪轻的人侍候年纪大的人喝酒,年纪大的人喝,他自己也喝。

另一种说法:鲁国有个自以为高明的人,看到年纪大的人不能把杯里的酒喝完就呕吐,他也摹仿呕吐。

另一种说法:宋国有个年轻人也想摹仿高明的样子,看到年纪大的人喝酒没有剩余,不能喝酒也想一饮而尽。

书曰:"绅之束之①。"宋人有治者,因重带自绅束也。人曰:"是何也?"对曰:"书言之,固然。"

书曰:"既雕既琢,还归其朴。"梁人有治者②,动作言学,举事于文,曰:"难之。"顾失其实。人曰:"是何也?"对曰:"书言之,固然。"

郢人有遗燕相国书者③,夜书,火不明,因谓持烛者曰:"举烛。"云而过书"举烛"。举烛,非书意也。燕相受书而说之,曰:"举烛者,尚明也;尚明也者,举贤而任之。"燕相白王,王大说④,国以治。治则治矣,非书意也。今世举学者多似此类。

郑人有且置履者，先自度其足而置之其坐⑤，至之市而忘操之。已得履，乃曰："吾忘持度。"反归取之⑥。及反，市罢，遂不得履。人曰："何不试之以足？"曰："宁信度，无自信也。"

【注释】

①绅：古代士人束在衣外的大带子。
②梁：即魏国，魏国曾都大梁（今河南开封），所以又称梁。
③郢（yǐng）：楚国的国都，位于今湖北荆州城北。燕：诸侯国名，范围包括今河北北部、中部和山西、辽宁的部分地区。
④说：同"悦"。
⑤坐：同"座"。
⑥反：同"返"。

【译文】

古书上说："反复约束自己。"宋国有个研究这部书的人，用带子把自己重重叠叠地绑起来。有人问他："这是为什么？"这个人回答说："书上这么说，当然应该这样做。"

古书上说："又雕又琢，还原它的本来面目。"魏国有个研究这部书的人，处处都学习这句话，办事样样都讲求文饰，说："真是困难呀。"有人问他说："这是为什么？"这个人回答说："书上是这么说的，当然应该这样。"

郢都有个人给燕国的相国写书信，夜晚书写，灯火不明亮，因而对拿蜡烛的人说："举烛。"说过后在信上错写上"举烛"二字。"举烛",不是信的原意。燕国的相国收到了信后解释说:"'举烛'的意思,是崇尚光明;崇尚光明,就是要选拔有德才的人加以任用。"燕国的相国把这个意思告诉燕王,燕王非常高兴,燕国因此治理好了。国家是治理好了,但这不是书信里的原意。现在社会上提拔的学者大多类似这样。

郑国有个人要去买鞋,先量好了自己的脚码放在座位上,到了集市忘了带上尺码。已经拿到鞋子了,才想起来说:"我忘了带尺码了。"返回去取尺码。等到他返回,集市已经收市,结果他没买到鞋。有人问他:"为什么不用你的脚试试?"这个人说:"我宁肯相信量下的尺码,不相信自己的脚。"

经四

利之所在,民归之;名之所彰,士死之。是以功外于法而赏加焉,则上不能得所利于下;名外于法而誉加焉,则士劝名而不畜之于君。故中章、胥己仕,而中牟之民弃田圃而随文学者邑之半;平公腓痛足痹而不敢坏坐,晋国之辞仕托者国之锤。此三士者①,言袭法,则官府之籍也②;行中事,则如令之民也:二君之礼太甚③。若言离法而行远功,则绳外民也④,二君又何礼之?礼之当亡。且居学之士,国无事不用力,有难不被甲。礼之,则惰修耕战之功;不礼,则害主上之法。国安则尊显,危则为屈公之威⑤,人主奚得于居学之士哉?故明主论李疵视中山也。

【注释】
①三士:指中章、胥己、叔向三人。
②籍:指国家的法令文件。
③二君:指赵襄子和晋平公。
④绳:木匠用的墨线,比喻法度。
⑤威:通"畏",畏惧。

【译文】

经四

利益所在的地方,民众就归向它;名声可以彰显的事情,士人就会拼死去争取。因此对法制规定之外的功劳给予奖赏,那么君主就不能从臣下得到利益;对法制规定之外的名声加以赞誉,那么士人就会受这种名声的鼓励而不会受君主所蓄养了。所以中章、胥己做了官,而中牟地方的百姓抛弃耕种田地追随文饰虚浮之学的人占了该地的一半;晋平公小腿痛脚麻木了还不敢不端坐,晋国辞去官职和对贵族的依附而仿效叔向的人占了国家的一半。中章、胥己和叔向这三个人,如果言论遵循法制,那么也只是照官府的法典讲话;行为符合事宜,那么就是遵从法令的人:赵襄主和晋平公对他们的礼遇太过分了。如果他们言论背离法制行为没有功效,那就都是些法度之外的人,赵襄主和晋平公又有什么必要礼遇他们?礼遇这种人国家应当灭亡。况且隐居讲学的这些人,国家太平无事的时候不用力农耕,国家有难时不披甲打仗。礼敬这种人,就会使那些致力于耕战的民众懒惰；不敬重他们，他们又会危害君主的法制。国家平安时他们就尊贵显赫，国家有危难时他们就像屈公一样畏惧，君主能从隐居讲学的士人那里得到什么？所以英明的君主肯定李疵看待中山国的观点。

说四

王登为中牟令①，上言于襄主曰②："中牟有士曰中章、胥己者③，其身甚修，其学甚博，君何不举之？"主曰："子见之，我将为中大夫④。"相室谏曰⑤："中大夫，晋重列也，今无功而受，非晋臣之意。君其耳而未之目邪⑥！"襄主曰："我取登，既耳而目之矣；登之所取，又耳而目之。是耳目人绝无已也。"王登一日而见二中大夫，予之田宅。中牟之人弃其田耘、卖宅圃而随文学者⑦，邑之半。

叔向御坐⑧，平公请事⑨，公腓痛足痹转筋而不敢坏坐⑩。晋国闻之，皆曰："叔向贤者，平公礼之，转筋而不敢坏坐。"晋国之辞仕托慕叔向者，国之锤矣⑪。

郑县人有屈公者⑫，闻敌，恐，因死；恐已，因生。

赵主父使李疵视中山可攻不也⑬。还报曰："中山可伐也。君不亟伐，将后齐、燕。"主父曰："何故可攻？"李疵对曰："其君见好岩穴之士⑭，所倾盖与车以见穷闾隘巷之士以十数⑮，伉礼下布衣之士以百数矣。"君曰："以子言论，是贤君也，安可攻？"疵曰："不然。夫好显岩穴之士而朝之，则战士怠于行阵；上尊学者，下士居朝，则农夫惰于田。战士怠于行陈者⑩，则兵弱也；农夫惰于田者，则国贫也。兵弱于敌，国贫于内，而不亡者，未之有也。伐之不亦可乎？"主父曰："善。"举兵而伐中山，遂灭也。

【注释】

①王登：一作"壬登"，赵襄子的家臣。中牟：晋国地名，位于今河北邢台东南。

②襄主：即赵襄子，春秋末期晋国掌实权的卿。当时家臣称卿大夫为主，故又称襄主。

③中章、胥己：人名，生平不详。

④中大夫：侍从官名，负责议论政事、提出建议，供君主参考。

⑤相室：这里指家臣中的头目。

⑥邪：通"耶"。

⑦田：通"佃"，耕种。

⑧叔向：即羊舌肸（xī），春秋时期晋国的卿。

⑨平公：即晋平公，春秋时晋国的君主，名彪。

⑩腓（féi）：小腿肚。

⑪锤：通"垂"，垂直则分一物为两面，引申为一半。

⑫屈公：人名，生平不详。

⑬李疵：人名，生平不详。不：通"否"。

⑭岩穴之士：指隐居山林的隐士。

⑮穷闾：穷困的街坊。隘巷：狭窄的小巷。
⑯陈：通"阵"。

【译文】

说四

　　王登担任中牟县令，给赵襄主上书说："中牟地方有士人叫中章、胥己的，他们的品行很好，他们的学问很渊博，君主您怎么不提拔选用他们？"赵襄主说："你让他们来见我，我将任用他们为中大夫。"赵襄主的家臣头目说："中大夫，是晋国重要的官职，现在他们没有功劳而接受这个官位，不符合晋国选拔大臣的原意。您大概只是耳闻其名而没有亲眼看到他们的实际情况吧！"赵襄主说："我选取王登，是既耳闻又亲眼见过的；王登所选取的人，又是既耳闻又亲眼见过的。这样亲自耳闻目见去考察人就永远没有个完了。"王登很快就让这两个人见了赵襄主，这两个人被任用为中大夫，赵襄主授给了他们土地房屋。中牟的民众放弃了耕种田地、卖掉土地园圃去追随搞私学的人，占了这个地区的一半。

　　叔向侍陪晋平公坐，晋平公和他商量事情，晋平公的小腿痛脚麻以至于抽筋还不敢不坐端正。晋国人听说后，都说："叔向是有德才的人，晋平公礼敬他，以至于脚抽筋还不敢不坐端正。"晋国人辞去官职依附仿效叔向的，占了全国的一半。

　　郑县有个叫屈公的人，听说敌人来了，害怕，吓得死过去；害怕的情绪过后，又活过来。

　　赵武灵王让李疵去察看是否可以攻打中山国。李疵回来报告说:"中山国可以攻打。您不攻打,齐国、燕国将抢先攻打了。"赵武灵王说:"什么原因说可以攻打中山国?"李疵回答说:"中山国君主表现出很喜欢隐居士人的模样,亲自驱车去拜访困狭窄街巷里的读书人就有十几次,以平等礼节相待的平民书生要用百来计算了。"赵武灵王说:"根据你的话来判断,这是位有德才的君主,怎么能去攻打他?"李疵说:"不对。君主喜爱隐居之士让他们入朝,那么战士就会懒于作战;君主尊宠学者,敬重的文人居于朝廷,那么农夫就会懒于耕作。战士懒于作战,军队就会弱;农夫懒于耕作,国家就会贫穷。军队比敌人弱,国内又贫穷,这样的国家不灭亡的,还从未有过。攻打它不也是可以的吗?"赵武灵王说:"好。"出兵攻打中山国,于是灭掉了它。

经五

《诗》曰①:"不躬不亲,庶民不信。"傅说之以"无衣紫",援之以郑简、宋襄,责之以尊厚耕战。夫不明分,不责诚,而以躬亲位下②,且为"下走""睡卧",与夫"掩弊""微服"③。孔丘不知④,故称犹盂;邹君不知,故先自僇。明主之道,如叔向赋猎与昭侯之奚听也。

【注释】

①《诗》:指《诗经》。下文引《诗经》诗句"不躬不亲,庶民不信",见《诗经·小雅·节南山》。

②位:通"莅",到,临。
③弊:通"蔽"。
④孔丘:孔子名丘,字仲尼。知:同"智"。

【译文】

经五

《诗经》上说:"君主不以身作则,民众就不会相信。"齐王的师傅用"君主自己不穿紫衣"来说明这个道理,也可引用郑简公、宋襄公的故事,用尊重耕战的观点来指责这句诗。如果不明确君臣的名分,不要求臣下真心实意地效力,反而亲自做臣下该做的事,而且还做出"下走"、"睡卧",以及"掩蔽"、"微服"一类蠢事。孔子不明智,所以称君如盂民如水;邹君很愚蠢,所以先割断了自己的长缨。英明君主的治国原则,就要像叔向分配猎物和韩昭侯懂得如何听取意见一样。

说五

齐桓公好服紫,一国尽服紫。当是时也,五素不得一紫①。桓公患之,谓管仲曰:"寡人好服紫,紫贵甚,一国百姓好服紫不已,寡人奈何?"管仲曰:"君欲止之,何不试勿衣紫也?谓左右曰:'吾甚恶紫之臭②。'于是左右适有衣紫而进者,公必曰:'少却,吾恶紫臭。'"公曰:"诺。"于是日,郎中莫衣紫③;其明日,国中莫衣紫;三日,境内莫衣紫也。

一曰:齐王好衣紫,齐人皆好也。齐国五素不得一紫。齐王患紫贵。傅说王曰④："《诗》云：'不躬不亲，庶民不信。'今王欲民无衣紫者，王请自解紫衣而朝。群臣有紫衣进者，曰：'益远！寡人恶臭。'"是日也，郎中莫衣紫；是月也，国中莫衣紫；是岁也，境内莫衣紫。

【注释】

①素：没有染色的布。
②臭（xiù）：气味。
③郎中：君主的侍从官，掌通报和警卫。
④傅：师傅，此疑指管仲。

【译文】

说五

齐桓公喜欢穿紫色的衣服，全国人都穿紫色的衣服。在这个时候，五匹没染色的布抵不上一匹紫色的布。齐桓公对此感到忧虑，对管仲说："我喜欢穿紫色衣服，紫色布就特别贵，全国的老百姓都没有止境地喜欢穿紫色衣服，我该怎么办？"管仲说："您想要制止这种情况，为什么不试着自己不穿紫色衣服呢？您对身边的近侍说：'我很讨厌紫色衣服的气味。'如果在这个时候有近侍穿紫色衣服进见，您一定要说：'稍微往后退一点，我讨厌紫色衣服的气味。'"齐桓公说："好吧。"在当天，郎中就没有一个人穿紫色衣服了；第二天，国都中就没有一个人穿紫色衣服了；第三天，整个国家内没有一个人穿紫色衣服了。

另一种说法：齐王喜欢穿紫色衣服，齐国人都喜欢上了穿紫色衣服。在齐国五匹没有染色的布抵不上一匹紫色的布。齐王对紫色的布太贵感到忧虑。齐王的师傅劝说道："《诗经》说：'君主不以身作则，民众就不会相信。'如果现在大王您想要老百姓没有人穿紫色衣服，请大王自己脱下紫色衣服上朝。群臣有穿紫色衣服进见的，您就说：'离我再远点！我讨厌紫色衣服的气味。'"当天，齐国郎中就没有穿紫色衣服的了；当月，齐国都城之内就没有穿紫色衣服的了；当年，齐国全境都没有穿紫色衣服的了。

郑简公谓子产曰①："国小，迫于荆、晋之间。今城郭不完，兵甲不备，不可以待不虞。"子产曰："臣闭其外也已远矣，而守其内也已固矣，虽国小，犹不危之也。君其勿忧。"是以没简公身无患。

一曰：子产相郑，简公谓子产曰："饮酒不乐也。俎豆不大②，钟鼓竽瑟不鸣③，寡人之事不一，国家不定，百姓不治，耕战不辑睦，亦子之罪。子有职，寡人亦有职，各守其职。"子产退而为政五年，国无盗贼，道不拾遗，桃枣荫于街者莫有援也，锥刀遗道三日可反④。三年不变，民无饥也。

【注释】

①郑简公：春秋时郑国的君主，名嘉。子产：人名，姓公孙，名侨，曾任郑简公的相。
②俎豆：古代祭祀时放祭品的两种器具。
③钟鼓竽瑟：古代的四种乐器。竽为像笙一样的管乐

器,瑟是像琴一样的弦乐器。

④反:同"返",返回。

【译文】

郑简公对子产说:"郑国小,又在楚国和晋国之间受逼迫。现在我国城郭不完整,武器装备不完备,不能应付意外事变。"子产说:"我严守国境已经很久了,而防守国内也很牢固了,国家虽然很小,但并没有危险。国君您不要担心。"因此直到郑简公去世时郑国都没有危险。

另一种说法:子产担任郑国的相,郑简公对子产说:"我喝酒都不高兴。我们郑国祭品不丰盛,礼乐不兴,我的事务太繁多,国家不太平,老百姓没有治理好,耕战之士不能和睦相处,这也是你的过失。你有你的职责,我有我的职责,我们各人恪守自己的职责。"子产退下来掌管政事五年,国内没有偷盗行为,路上掉了东西也没人捡,桃和枣的枝条遮蔽了大路都没有人伸手去摘,锥子和刀掉在路上三天以后还可找回。三年国家没有变故,老百姓没有饥荒。

宋襄公与楚人战于涿谷上①。宋人既成列矣,楚人未及济。右司马购强趋而谏曰②:"楚人众而宋人寡,请使楚人半涉未成列而击之,必败。"襄公曰:"寡人闻君子曰:'不重伤,不擒二毛③,不推人于险,不迫人于阨④,不鼓不成列。'今楚未济而击之,害义。请使楚人毕涉成阵而后鼓士进之。"右司马曰:"君不爱宋民,腹心不完⑤,特为义耳。"

公曰:"不反列,且行法。"右司马反列,楚人已成列撰阵矣,公乃鼓之。宋人大败,公伤股,三日而死。此乃慕自亲仁义之祸。夫必恃人主之自躬亲而后民听从,是则将令人主耕以为食、服战雁行也民乃肯耕战,则人主不泰危乎⑥?而人臣不泰安乎?

齐景公游少海⑦,传骑从中来谒曰⑧:"婴疾甚⑨,且死,恐公后之。"景公遽起,传骑又至。景公曰:"趋驾烦且之乘⑩,使驺子韩枢御之⑪。"行数百步,以驺为不疾,夺辔代之御;可数百步,以马为不进,尽释车而走。以烦且之良而驺子韩枢之巧,而以为不如下走也。

魏昭王欲与官事⑫,谓孟尝君曰⑬:"寡人欲与官事。"君曰:"王欲与官事,则何不试习读法?"昭王读法十余简而睡卧矣⑭。王曰:"寡人不能读此法。"夫不躬亲其势柄,而欲为人臣所宜为者也,睡不亦宜乎?

【注释】
① 宋襄公:春秋时宋国的君主,名兹父。涿谷:宋国地名,位置当在今河南柘城北的古泓水附近。
② 右司马:古代官名,掌管军政和军事赋税。购强:人名,疑为《左传》中记载的公孙固。
③ 二毛:黑白两种颜色的毛发(头发和胡子),指年纪大的人。
④ 阽:通"厄",困苦。

⑤腹心：比喻国家的根本。

⑥泰：通"太"。下文"泰安"之"泰"与此同。

⑦齐景公：春秋时齐国的君主，名杵臼。少海：即渤海。

⑧传骑：指驿使，负责传递公文和情报的人。

⑨婴：指晏婴，字平仲，齐景公的相。

⑩烦且：一种良马。

⑪驺子：掌驾马车的官。韩枢：人名，驾驭车马的能手。

⑫魏昭王：战国时魏国的君主。

⑬孟尝君：战国时齐国的贵族，著名的战国"四公子"之一，曾任魏昭王的相。

⑭简：古代书写文字的木条或竹片。

【译文】

宋襄公和楚国人在涿谷交战。宋国人已摆好阵势，楚国人还没有完全过河。宋国的右司马购强小步紧跑过来劝谏说："楚国人多而宋国人少，请求让军人在楚国人渡河过半还没有排好队列时向他们攻击，一定可以打败他们。"宋襄公说："我听君子说：'不重复伤害伤兵，不捉须发斑白的老人，不把人推向危险的地方，不逼迫人到困苦的地步，不击鼓向没有排好阵列的敌军进攻。'现在楚军还未渡过河而攻击他们，妨害了道义。请让楚国人完全渡过了河排好阵势然后击鼓向他们进攻。"右司马说："您不爱惜宋国的民众，不保全国家的根本，只不过要表现自己的仁义罢了。"宋襄公说："不回到你的队列里去，我将按军法处置你。"右司马回到队列里,楚国人已排好队列构成了阵势,宋襄公这才击鼓进攻。宋国人被打得大败,宋襄公被射伤了大腿,过了三天就死了。这就是追求亲自实行仁义的祸害。一定要依靠君主亲自去做而后民众才能听从,这样就要让君主耕种田地为自己谋食、排在队伍的行列里行军打仗民众才肯耕战,那么君主不是太危险了吗?而臣子不是太安全了吗?

齐景公在渤海游玩,驿使从宫中来拜见说:"晏婴病得很重,将死,恐怕您赶不上见晏婴了。"齐景公立刻起身,驿使又来了。齐景公说:"赶快驾起烦且拉的马车,让韩枢驾驭它。"马车跑了几百步远,齐景公认为韩枢赶车还不够快,夺过他手中的马缰绳代他驾车;大约又过了几百步远,认为马没有奔跑,就将车马全部舍弃了下车奔跑。凭烦且这样的好马和车马手韩枢这样高超的本领,齐景公还认为不如自己下车跑得快。

韩昭侯想亲自参与管理国家事务,对孟尝君说:"我想来参与管理国家事务。"孟尝君说:"大王想管理国家事务,那为什么不试着读些官府的法令呢?"韩昭侯读了十多支简的法令文书就躺下睡着了。韩昭侯说:"我读不了这些法令。"君主不亲自掌握权势,而想要做臣下所应当做的事,打瞌睡不是很应该的吗?

孔子曰:"为人君者,犹盂也;民,犹水也。盂方水方,盂圜水圜①。"

邹君好服长缨②,左右皆服长缨,缨甚贵。邹君患之，问左右，左右曰："君好服，百姓亦多服，是以贵。"君因先自断其缨而出，国中皆不服长缨。君不能下令为百姓服度以禁之，断缨出以示先民，是先僇以莅民也③。

叔向赋猎，功多者受多④，功少者受少。

韩昭侯谓申子曰⑤："法度甚不易行也。"申子曰："法者，见功而与赏⑥，因能而受官。今君设法度而听左右之请，此所以难行也。"昭侯曰："吾自今以来知行法矣，寡人奚听矣。"一日，申子请仕其从兄官。昭侯曰："非所学于子也。听子之谒，败子之道乎，亡其用子之谒？"申子辟舍请罪⑦。

【注释】

①圜：通"圆"。
②邹：诸侯国名，位于今山东邹平。
③僇（lù）：通"僇"，羞辱。
④受：通"授"。下文"受少""因能受官"之"受"同此。
⑤韩昭侯：战国时韩国的君主。
⑥见：同"现"。
⑦辟：通"避"，退避。

【译文】

孔子说："做君主的人好像盂，民众就像水。盂是方的，民众就是方的；盂是圆的，民众就是圆的。"

邹国的君主喜欢佩带帽子下面的长帽带，邹国君主身边的近侍也都佩带这种长帽带，一时间长帽带非常贵。邹国的国君对此感到忧虑，问身边的近侍，身边的近侍说："君主喜欢佩带，老百姓也大多跟着佩带，因此就贵了。"邹国的君主因此首先割断长帽带出巡，国都中的人也就不再佩带了。君主不能下达命令为老百姓制订佩带的标准来禁止佩带长帽带，竟至于割断自己的长帽带出巡以表示走在民众前面，这是先侮辱自己而去指导民众。

叔向分配猎物，功劳多的人分配得多，功劳少的分配得少。

韩昭侯对申不害说："法令制度很不容易实行。"申不害说："所谓法，就是做出了功劳要给予奖赏，根据才能而授予官职。现在君主设立了法令制度而又听从身边近侍的请托，这就是法制难以实行的原因。"韩昭侯说："我从今天开始知道如何施行法令了，知道该如何来听取意见了。"有一天，申不害请求委任他的堂兄做官。韩昭侯说："这不是我从你那里学来的做法。我是听从你的请求，败坏了你的原则呢，还是不采用你的请求呢？"申不害不敢住正屋而请求给予处罚。

经六

小信成则大信立，故明主积于信。赏罚不信则禁令不行，说在文公之攻原与箕郑救饿也。是以吴起须故人而食，文侯会虞人而猎。故明主表信，如曾子杀彘也[①]。患在厉王击警鼓与李悝谩两和也[②]。

【注释】

①彘（zhì）：猪。

②谩（mán）：欺骗，蒙蔽。

【译文】

经六

小事上讲信用则能在大事上建立信用，所以明智的君主要在信用上积累声誉。赏罚不坚决落实那么禁令就不能实行，这种论点的解说在晋文公攻打原和箕郑回答晋文公如何救济饥荒两则故事中。因此吴起必须等老朋友回来才吃饭，魏文侯一定要会同主管山泽的官员去打猎。所以英明的君主要表明信用，就像曾子一定要杀猪给孩子吃一样。不守信用的祸患表现在楚厉王误击报警的鼓和李悝欺骗左右两军这两个故事中。

说六

晋文公攻原①，裹十日粮，遂与大夫期十日。至原十日而原不下，击金而退②，罢兵而去。士有从原中出者，曰："原三日即下矣。"群臣左右谏曰："夫原之食竭力尽矣，君姑待之。"公曰："吾与士期十日，不去，是亡吾信也。得原失信，吾不为也。"遂罢兵而去。原人闻曰："有君如彼其信也，可无归乎？"乃降公。卫人闻曰③："有君如彼其信也，可无从乎？"乃降公。孔子闻而记之曰："攻原得卫者，信也。"

文公问箕郑曰④："救饿奈何？"对曰："信。"

公曰："安信？"曰："信名，信事，信义。信名，则群臣守职，善恶不逾，百事不怠；信事，则不失天时，百姓不逾；信义，则近亲劝勉而远者归之矣。"

吴起出⑤，遇故人而止之食。故人曰："诺，今返而御。"吴子曰："待公而食。"故人至暮不来，起不食待之。明日早，令人求故人。故人来，方与之食。

魏文侯与虞人期猎⑥。明日，会天疾风，左右止文侯，不听，曰："不可以风疾之故而失信，吾不为也。"遂自驱车往，犯风而罢虞人。

曾子之妻之市⑦，其子随之而泣。其母曰："女还⑧，顾反为女杀彘⑨。"适市来，曾子欲捕彘杀之。妻止之曰："特与婴儿戏耳。"曾子曰："婴儿非与戏也。婴儿非有知也，待父母而学者也，听父母之教。今子欺之，是教子欺也。母欺子，子而不信其母，非以成教也。"遂烹彘也。

【注释】

①原：春秋时诸侯国名，位于今河南济源西北。

②击金：敲钟，古代打仗时退兵的信号。

③卫：诸侯国名，范围包括今河南东北部和河北、山东的部分地区。

④文公：指晋文公。箕郑：人名，晋国的大夫。

⑤吴起：战国初期卫国人，法家的代表人物，曾在楚国主持变法。

⑥虞人:管理山林河池的官。
⑦曾子:指曾参,鲁国人,孔子的学生。
⑧女:通"汝"。
⑨顾:与"返"同义。反:同"返"。

【译文】

说六

晋文公进攻原国,让军队准备十天的粮食,于是与士大夫约定了十天的期限。到了原国攻打了十天而没能攻下,就敲钟退下,收兵离开了。士人有从原国中出来的,说:"原国再有三天就能攻下了。"群臣和身边的近侍都劝谏说:"原国已弹尽粮竭了,君主姑且等几天。"晋文公说:"我和士人约定十天为期,如果到期不走,这是要失掉我的信用。得到原国而失掉了信用,我不做这样的事。"便收兵撤走了。原国人听到这个消息说:"君主有像这样守信用的,能不归附他吗?"便向晋文公投降了。孔子听说后记下这件事说:"晋文公攻下原国获得卫国土地的原因,是因为他守信用。"

晋文公问箕郑说:"救济饥荒该怎么做?"箕郑说:"守信用。"晋文公说:"怎么个守信用法?"箕郑说:"在名位、政事、道义上守信用。在名位守信用,就能使群臣忠于职守,政绩的好坏界线清晰,不超越名分,各种事务都不会怠慢;在事情上守信用,就能不违背自然的规律,百姓不会僭越;在道义上守信用,就能使亲近的人勉力工作而远方的人归顺你。"

吴起出门,遇见了老朋友于是留老朋友吃饭。老朋友说："好吧，我立即回来和你一块儿进餐。"吴起说："我等你来吃饭。"老朋友到天黑也没来，吴起就不吃饭等候他。第二天早上，让人去找老朋友。老朋友来了，才和他一起吃饭。

魏文侯和掌管山泽的官员约定去打猎。第二天，正巧碰到刮大风，魏文侯身边的人劝他不要去，魏文侯不听，说："不能因为刮大风的原故而失掉信用，这样的事我不做。"于是自己赶着车前去，冒着风告诉主管山泽的官员打猎的事作罢。

曾参的妻子到集市去，他的儿子跟在后面哭。曾参的妻子对孩子说："你回去，我回来杀猪给你吃。"他的妻子刚从集市上回来，曾参就要去抓猪杀。他的妻子制止他说："只不过是与小孩子开玩笑。"曾参说："小孩子不是开玩笑的对象。小孩子没有判断力，等着向父母学习，听从父母的教育。现在你欺骗他，这是教育孩子去欺骗。母亲欺骗了孩子，孩子因此就不相信母亲了，这不是用来教育孩子的方法。"于是烹杀了那头猪。

楚厉王有警①，为鼓以与百姓为戍。饮酒醉，过而击之也，民大惊。使人止之，曰："吾醉而与左右戏，过击之也。"民皆罢②。居数月，有警，击鼓而民不赴。乃更令明号而民信之。

李悝警其两和③，曰："谨警敌人，旦暮且至击汝。"如是者再三而敌不至。两和懈怠，不信李悝。居数月，秦人来袭之，至几夺其军。此不信患也。

一曰:李悝与秦人战,谓左和曰:"速上!右和已上矣。"又驰而至右和曰:"左和已上矣。"左右和曰:"上矣。"于是皆争上。其明年,与秦人战。秦人袭之,至几夺其军。此不信之患。

【注释】

①楚厉王:楚国的君主,具体生活年代史书记载各有不同。

②罢:通"疲",疲劳。

③李悝:魏国人,曾任魏文侯的相,战国法家的代表人物之一。两和:指左右两边壁垒里的军队。和,军门,垒门。

【译文】

楚厉王约定有一种警报,设置了鼓遇到紧急情况就击鼓让民众一起防守。楚厉王喝醉了酒,错误地击起了鼓,民众非常吃惊。楚厉王派人阻止民众说:"我喝醉了酒和身边的人戏闹,错误地击了鼓。"民众都疲惫地散去了。过了几个月,真有警报,击了鼓民众却不来救援。于是重新下令明确信号后民众才相信。

李悝警告左右壁垒的军队说:"小心警惕敌人,他们早晚会来袭击你们。"像这样反复警告了多次而敌人没有来。左右壁垒的军队都懈怠了,不再相信李悝的话。过了几个月,秦国人来袭击,几乎消灭了李悝的守备军队。这是不讲求信用的祸患。

另一种说法:李悝与秦人交战,对左边壁垒的军队说:

"快冲上去！右边壁垒的战士已冲上去了。"又跑去对右边壁垒的军队说："左边壁垒的战士已冲上去了。"左右壁垒的军队都说："别人已在前面冲上去了。"因此争着往上冲。到了第二年，与秦国人交战。秦国人袭击魏军，几乎消灭了守备的魏军。这就是不讲信用的祸患。

外储说左下

　　本篇由六段"经文"和"说文"组成。"经一"和"说一"说明君主应严格执法,赏罚得当,避免私怨和私恩。"经二"和"说二"说明君主不能依赖臣下的忠诚,而应该依靠"势"和"术"来驾驭臣下,使其为我所用。"经三"和"说三"说明要巩固等级制度,维护尊卑次序,加强君主的独尊地位。"经四"和"说四"说明君主要正确赏罚,坚决依法办事,杜绝私情请托。"经五"和"说五"说明臣下应按名分享受应得的待遇,使君主的"宠光"发挥应有的作用;同时应一心为君主推荐人才,不能互相勾结。"经六"和"说六"要君主鼓励忠言直谏,但也指出了当时敢于直谏和秉公执法的人可能面对的迫害。

　　本篇"经文"和"说文"的个别地方并不能相互对应,说明其中应存在错简或脱简。

经一

以罪受诛,人不怨上,朋危坐子皋^①;以功受赏,臣不德君,翟璜操右契而乘轩。襄王不知,故昭卯五乘而履屩^②。上不过任,臣不诬能,即臣将为夫少室周。

【注释】

①朋:砍脚的刑罚,"朋"通"刖"。危:足,脚。"危"通"跪"。下文凡"朋"、"危"皆同此。坐(cuò):通"侳",安,引申为保全。
②屩(juē):草鞋。

【译文】

经一

由于犯罪而受惩罚,受惩罚的人对上没有怨恨,被砍脚的人保全了子皋;因功劳受奖赏,臣下不用感激君主,翟璜拿着还贷的凭证而乘坐尊贵的轩车。魏襄王不明白这个道理,所以昭卯有享受五乘的食封犹如赚了很多钱的人穿草鞋之叹。君主不错误地任用臣子,臣子不隐瞒有能力的人,那么臣子将会成为少室周那样诚实的人。

说一

孔子相卫^①,弟子子皋为狱吏^②,刖人足,所刖者守门。人有恶孔子于卫君者^③,曰:"尼欲作乱^④。"卫君欲执孔子。孔子走,弟子皆逃。子皋从出门,刖危引之而逃之门下室中,吏追不得。夜半,子皋问趼危曰："吾不能亏主之法令而亲趼子之足，是子报仇之时也，而子何故乃肯逃我？我何以得此于子？"趼危曰："吾断足也，固吾罪当之，不可奈何。然方公之狱治臣也，公倾侧法令⑤，先后臣以言，欲臣之免也甚，而臣知之。及狱决罪定，公憱然不悦⑥，形于颜色，臣见又知之。非私臣而然也，夫天性仁心固然也。此臣之所以悦而德公也。"

孔子曰："善为吏者树德，不能为吏者树怨。概者⑦，平量者也；吏者，平法者也。治国者，不可失平也⑧。"

【注释】

① 卫：诸侯国名，范围包括今河南东北部和河北、山东的部分地区。
② 子皋：即子羔，春秋时期卫国人，孔子的学生。狱吏：掌诉讼、刑法的官吏。
③ 恶（wù）：使孔子受讨厌，引申为中伤。
④ 尼：孔子字仲尼，这里指孔子。
⑤ 倾侧：倾斜，引申为反复推敲。
⑥ 憱（cù）：通"蹙"。
⑦ 概：古代量粮食时刮平斗斛的短木。
⑧ "孔子曰"至"不可失平也"：这一段文字，"经文"中没有相应的文字，原排在"秦、韩攻魏，昭卯西说秦、韩罢"之后。据《说苑·至公》篇，这些话本在子皋刖人足的故事之后，故现移于此。

【译文】

说一

孔子任卫国的相,弟子子皋任卫国的刑狱官,砍掉了犯罪人的脚,被砍掉脚的犯人看守大门。有人向卫国的君主中伤孔子,说:"孔子想发动叛乱。"卫国的君主准备捉拿孔子。孔子逃跑了,他的弟子也都逃跑了。子皋从大门里出来,被砍掉脚的人引导他逃到大门边自己的屋子里,官吏追捕不到。半夜的时候,子皋问被砍脚的人说:"我不能破坏君主的法令而亲手砍掉了你的脚,现在正是你报仇的时候,你为什么还肯引导我逃走?我凭什么能得到你的帮助?"被砍脚的人说:"我被砍脚的时候,本来是我罪有应得,是没有办法的事。但当您给我依法定罪时,您反复推敲法令,先后为我说话,很想免除我的罪,这我是知道的。等案子判下来给我定了罪,您紧皱眉头局促不安,表现在脸色上,这又是我所知道的。这并不是您偏袒我才这样做,而是您天生的仁爱本心就是这样。这就是我为什么喜欢您而对您感恩的原因。"

孔子说:"会做官的人树立恩德,不会做官的人树立仇怨。概,是用来量平斗斛的;官吏,是用来使法制公平的。治理国家的人,不能失掉了公平。"

田子方从齐之魏①,望翟黄乘轩骑驾出②,方以为文侯也③,移车异路而避之,则徒翟黄也。方问曰:"子奚乘是车也?"曰:"君谋欲伐中山④,臣荐翟角而谋得果⑤;且伐之,臣荐乐羊而中山拔⑥;得中山，忧欲治之，臣荐李克而中山治⁷：是以君赐此车。"方曰："宠之称功尚薄。"

秦、韩攻魏⁸，昭卯西说而秦、韩罢⁹；齐、荆攻魏⁑⁰，卯东说而齐、荆罢。魏襄王养之以五乘⑪。卯曰："伯夷以将军葬于首阳山之下⑫，而天下曰：'夫以伯夷之贤与其称仁，而以将军葬，是手足不掩也。'今臣罢四国之兵，而王乃与臣五乘，此其称功，犹赢胜而履屦⑬。"

【注释】

① 田子方：战国时魏国人，曾为魏文侯师。齐：诸侯国名，范围包括今山东大部和河北东南部。魏：战国诸侯国名，范围包括河南北部和东部、山西西南部及河北、山东、陕西的部分地区。
② 翟黄：一作"翟璜"，战国初期魏文侯的大臣。轩：古代一种前顶较高而有帷幕的车子，供大夫以上乘坐。
③ 文侯：指魏文侯，战国初期魏国的君主。
④ 中山：诸侯国名，春秋时白狄别支鲜虞族建立的国家，位于今河北中部偏西。
⑤ 翟角：人名，魏文侯的谋臣。
⑥ 乐羊：人名，魏文侯的将。
⑦ 李克：人名，战国法家人物，任魏国中山的相。一说即李悝。
⑧ 秦：诸侯国名，范围包括今陕西大部和甘肃、四川、河南的部分地区。韩：战国诸侯国名，范围包括今

河南的中部、北部和山西、陕西的部分地区。

⑨昭卯：人名，又作"孟卯"、"芒卯"，魏安釐王的将，有辩才。

⑩荆：楚的别名，战国时诸侯国名，范围包括今湖北的全部和湖南的大部，以及河南、安徽、江西、浙江、江苏等的部分地区。

⑪魏襄王：战国时魏国的君主。五乘：以五乘土地的贡赋供养。乘，古时以地方六里出兵车一乘，到战国后称方圆六里的土地为一乘。

⑫伯夷：商朝末年孤竹国君的大儿子，因推让君位逃奔到周。但最后因反对周武王灭商，不食周粟而饿死。首阳山：古代山名，今所在地不详。

⑬赢：通"蠃"。屩（juē）：草鞋。

【译文】

田子方从齐国来到魏国，望见翟黄乘坐尊贵的轩车骑队护卫出行，田子方还以为是魏文侯，把车子赶到另一条路上给他让路，但却只是翟黄。田子方问道："你怎么乘坐这么高贵的车？"翟黄说："君主计划攻打中山国，我推荐翟角而谋划得很好；将要出兵攻打中山国，我推荐乐羊而攻占了中山国；占领了中山国，君主忧虑如何把它治理好，我推荐李克而中山国治理得很好；因此魏国的君主赐给了我这辆轩车。"田子方说："这样的宠爱和你的功绩比较起来还嫌薄了。"

秦国、韩国进攻魏国，昭卯到西边去游说结果秦国、韩国罢了兵；齐国、楚国进攻魏国，昭卯到东边去游说结果齐国、楚国收兵退回。魏襄王用五乘食邑的俸禄供养昭卯。昭卯说:"伯夷死后被按将军的礼仪埋葬在首阳山下,而天下的人说:'凭伯夷的贤德和他相称的仁爱,而只用将军的葬礼埋葬他,这就像连他的手脚都没有掩埋好。'现在我给您劝退了四个国家的军队,但大王就给了我五乘食邑的俸禄,这和我的功劳比起来,就好像赚了很多钱的人却穿草鞋一样。"

少室周者①,古之贞廉洁悫者也,为赵襄主力士②。与中牟徐子角力③,不若也,入言之襄主以自代也。襄主曰:"子之处,人之所欲也,何为言徐子以自代?"曰:"臣以力事君者也。今徐子力多臣,臣不以自代,恐他人言之而为罪也。"

一曰:少室周为襄主骖乘④,至晋阳⑤,有力士牛子耕⑥,与角力而不胜。周言于主曰:"主之所以使臣骖乘者,以臣多力也。今有多力于臣者,愿进之。"

【注释】
①少室周:姓少室,名周,战国初期人,赵襄子的侍卫。
②赵襄主:即赵襄子,春秋末期晋国执政的卿。因当时家臣称所属的卿大夫为主,故有赵襄主之称。
③中牟:晋国地名,位于今河北邢台东南。徐子:人名,生平不详。
④骖(cān)乘:站在驾车人右侧的卫士。

⑤晋阳：晋国地名，当时为赵氏封邑，位于今山西太原西南。

⑥牛子耕：人名，生平不详。

【译文】

少室周是古代正直诚实的人，担任赵襄主的力士。他和中牟徐子比力气，不如中牟徐子，进去告诉了赵襄主并请让中牟徐子代替自己。赵襄主说："你的职位，是人们所希望得到的，为什么说要让徐子代替你呢？"少室周说："我是凭力气来侍奉您的。现在徐子的力气比我大，我如果不请求让他来代替我，恐怕别人说到这件事而您怪罪我。"

另一种说法：少室周担任站在赵襄主驾车人右侧的卫士，来到晋阳。有一位力士牛子耕，与少室周比力气而少室周没能取胜。少室周对赵襄主说："您之所以让我担任站在驾车人右侧的卫士，是因为我的力气大。现在有人比我的力气更大，愿把他举荐给您。"

经二

恃势而不恃信，故东郭牙议管仲；恃术而不恃信，故浑轩非文公。故有术之主，信赏以尽能，必罚以禁邪，虽有驳行，必得所利。简主之相阳虎，哀公问"一足"。

【译文】

经二

君主依赖权势而不信赖臣下的诚实，所以东郭牙议论管仲；依赖权术而不依赖臣下诚信，所以浑轩非议晋文公的做法。所以有权术的君主，一定兑现奖赏以使臣下充分发挥自己的才能；坚决落实惩罚以禁止奸邪发生，即使臣下有杂乱行为，一定有可以利用的地方。赵简主任用阳虎为相，鲁哀公问孔子"一足"如何理解，这两则故事就说明了这个道理。

说二

齐桓公将立管仲①，令群臣曰："寡人将立管仲为仲父②。善者入门而左，不善者入门而右。"东郭牙中门而立③。公曰："寡人立管仲为仲父，令曰：'善者左，不善者右。'今子何为中门而立？"牙曰："以管仲之智，为能谋天下乎？"公曰："能。""以断，为敢行大事乎？"公曰："敢。"牙曰："若知能谋天下④，断敢行大事，君因专属之国柄焉。以管仲之能，乘公之势以治齐国，得无危乎？"公曰："善。"乃令隰朋治内、管仲治外以相参⑤。

晋文公出亡⑥，箕郑挈壶餐而从⑦，迷而失道，与公相失，饥而道泣，寝饿而不敢食⑧。及文公反国⑨，举兵攻原⑩，克而拔之。文公曰："夫轻忍饥馁之患而必全壶餐，是将不以原叛。"乃举以为原令。大夫浑轩闻而非之⑪，曰："以不动壶餐之故，恃其不以原叛也，不亦无术乎？"故明主者，不恃其不我叛也，恃吾不可叛也；不恃其不我欺也，恃吾不可欺也。

阳虎议曰⑫:"主贤明,则悉心以事之;不肖,则饰奸而试之。"逐于鲁⑬,疑于齐,走而之赵,赵简主迎而相之⑭。左右曰:"虎善窃人国政,何故相也?"简主曰:"阳虎务取之,我务守之。"遂执术而御之。阳虎不敢为非,以善事简主,兴主之强,几至于霸也。

【注释】

①齐桓公:春秋时齐国的君主,名小白,著名的"春秋五霸"之一。管仲:名夷吾,齐桓公的相。
②仲父:齐桓公对管仲的尊称,长辈的意思。
③东郭牙:姓东郭,名牙,齐桓公的大臣。
④知:同"智"。
⑤隰(xí)朋:人名,齐桓公的大臣。
⑥晋文公:春秋时晋国的君主,名重耳,著名的"春秋五霸"之一。
⑦箕郑:人名,晋文公的大臣。壶飱:指水和饭,即食物。
⑧寖:通"寖",逐渐。
⑨反:同"返"。
⑩原:春秋时的诸侯国名,位于今河南济源西北。
⑪浑轩:人名,春秋时晋国的大夫。
⑫阳虎:又名阳货,春秋时鲁国季孙氏的家臣。
⑬鲁:诸侯国名,范围包括今山东南部和河南、江苏等的部分地区。

⑭赵简主：即赵简子，赵襄主之父，春秋末期晋国执政的六卿之一。

【译文】

说二

齐桓公将立管仲为仲父，下令群臣说："我将立管仲为仲父。赞成的人进门以后往左站，不赞成的人进门以后往右站。"东郭牙站在门中间。齐桓公说："我立管仲为仲父，下令说：'赞成的往左站，不赞成的往右站。'现在你为什么站在门中间？"东郭牙说："凭管仲的智慧，您以为能谋取天下吗？"齐桓公说："能。""凭他的决断，您以为他敢做大事吗？"齐桓公说："敢。"东郭牙说："他的智慧能谋取天下，决断敢做大事，君主您因此把国家的权柄全都交给他一个人。凭管仲的才能，借助您的权势来治理齐国，能没有危险吗？"齐桓公说："说得好。"于是命令隰朋治理朝廷内部事务，管仲治理朝廷外部事务，使两人互相牵制。

晋文公外出逃亡，箕郑带着食物跟随在后，迷路而与晋文公失散了，饿了在路边哭，慢慢饿得很厉害也不敢吃所带的食物。等到晋文公返回晋国，发兵攻打原国，攻克并占领了它。晋文公说："箕郑能忍受饥饿的痛苦而保全食物，这样的人将不会凭借原国的土地背叛我。"就提拔箕郑做了原国地方的行政长官。大夫浑轩听说后反对这一安排，说："因为不动食物的缘故，信赖他不会依据原国的土地背叛，不也是没有术的表现吗？"所以英明的君主，不依靠别人不背叛我，而依赖我的不可背叛；不依靠别人不欺骗我，而依赖我的不可欺骗。

阳虎发表议论说:"君主贤明,就尽心侍奉他;君主不贤,就掩饰起邪念去试探他。"阳虎在鲁国被赶跑,在齐国受怀疑,逃跑到赵国,赵简子迎接他并让他为相室。赵简子身边的近侍说:"阳虎很会窃取别人的国家政权,为什么还用他做相室?"赵简子说:"阳虎用尽心思夺取政权,我用心来守护政权。"于是便掌握权术来使用他。阳虎不敢做坏事,很好地侍奉赵简子,使赵简子强盛起来,几乎成了霸主。

鲁哀公问于孔子曰^①:"吾闻古者有夔一足^②,其果信有一足乎?"孔子对曰:"不也,夔非一足也。夔者忿戾恶心,人多不说喜也^③。虽然,其所以得免于人害者,以其信也。人皆曰:'独此一,足矣。'夔非一足也,一而足也。"哀公曰:"审而是,固足矣。"

一曰:哀公问于孔子曰:"吾闻夔一足,信乎?"曰:"夔,人也,何故一足?彼其无他异,而独通于声。尧曰^④:'夔一而足矣。'使为乐正^⑤。故君子曰:'夔有一,足。'非一足也。"

【注释】

①鲁哀公:春秋末期鲁国的君主。
②夔:古代神话中的一种怪兽,像牛,只有一只脚。传说中尧时的乐官也叫夔。
③说:同"悦"。

④尧：我国原始社会末期的部落首领，传说中的贤君。

⑤乐正：主管音乐的官员。

【译文】

鲁哀公问孔子说："我听说古代有个名叫夔的一条腿，果真是一条腿吗？"孔子回答说："不是的，夔不是一条腿。夔这个东西狠心残暴，人多不喜欢它。虽然这样，它所以能够避免人的伤害，因为它还守信用。人们都说：'只要有这一点，就足够了。'夔不是一条腿，而是只要有守信用这一点也就足够了。"鲁哀公说："如果确实是这样，当然是足够了。"

另一种说法：鲁哀公问孔子说："我听说夔一条腿，确实是这样吗？"孔子说："夔是人，为什么只有一条腿？这个人没有别的特异之处，只是他独能精通声律。尧说：'夔有这一点就足够了。'让他担任主管音乐的官。所以君子说：'夔有这一点就足够了'，而不是说他只有一条腿。"

经三

失臣主之理，则文王自履而矜。不易朝燕之处①，则季孙终身庄而遇贼。

【注释】

①燕：通"宴"，安闲，休息。

【译文】

经三

不顾君臣上下的关系，周文王就亲自系鞋带而且以此自夸。不改变为朝堂与闲居时的装束,季孙一生庄重却在偶尔的一次疏忽中遇害。

说三

文王伐崇①,至凤黄虚②,袜系解,因自结。太公望曰③:"何为也?"王曰:"上,君与处皆其师;中,皆其友;下,尽其使也。今皆先君之臣,故无可使也。"

一曰:晋文公与楚战,至黄凤之陵④,履系解,因自结之。左右曰:"不可以使人乎?"公曰:"吾闻:上,君所与居,皆其所畏也;中,君之所与居,皆其所爱也;下,君之所与居,皆其所侮也。寡人虽不肖,先君之人皆在,是以难之也。"

季孙好士⑤,终身庄,居处衣服常如朝廷。而季孙适懈,有过失,而不能长为也。故客以为厌易己,相与怨之,遂杀季孙。故君子去泰去甚⑥。

一曰:南宫敬子问颜涿聚曰⑦:"季孙养孔子之徒,所朝服与坐者以十数而遇贼,何也?"曰:"昔周成王近优侏儒以逞其意⑧,而与君子断事,是能成其欲于天下。今季孙养孔子之徒,所朝服而与坐者以十数,而与优侏儒断事,是以遇贼。故曰:不在所与居,在所与谋也。"

【注释】

①文王:指周文王姬昌。崇:商王朝的属国,位于今

陕西西安沣水西。
②凤黄虚：地名，今所在不详。虚，通"墟"，大土堆。
③太公望：即吕望，又称姜尚，曾为周文王师，后帮助周武王灭商，受封于齐。
④黄凤之陵：古代地名，今所在不详。陵，大土山。
⑤季孙：人名，所指不详。
⑥泰：通"太"，下文"车席泰美"、"泰侈逼上"之"泰"同此。
⑦南宫敬子：即南宫敬叔，春秋末期鲁国人。颜涿聚：齐景公的臣子，孔子的学生。
⑧周成王：西周君主，周武王的继位人。侏儒：身材矮小的人，古代统治者常把这种人作为玩弄的对象。

【译文】

说三

周文王攻打崇国，到达凤黄虚，袜子的带子散开了，便自己系好。太公吕望说："这是为什么？"周文王说："上等的人，君主与他们相处时把他们看作自己的老师；中等的人，君主把他们看成自己的朋友；下等的人，都看作自己使唤的人。现在和我在一起的都是先父的旧臣，所以没有可以使唤的。"

另一种说法：晋文公和楚国交战，到达黄凤陵，鞋带子散开了，便自己去系紧。晋文公身边的近侍说："不能让别人来干吗？"晋文公说："我听说：上等的人，君主和他们相处，都是君主所敬畏的；中等的人，君主和他们相处，都是君主所喜爱的；下等的人，君主和他们相处，都是君主所侮弄的。我虽然不贤德，但先父的旧臣都在，所以难以使唤他们。"

季孙喜欢文士，一生很庄重，平常生活中穿着都像在朝廷上一样。而季孙偶然有疏忽，出了差错，不能一直这样做。门下的老门客认为季孙已厌恶轻视自己了，相互怨恨他，于是杀掉了季孙。所以君子要去掉过分和走极端。

另一种说法：南宫敬子问颜涿聚说："季孙供养孔子的学生，穿着朝服和他坐在一起的达十几人而被人杀害，这是为什么？"颜涿聚说："从前周成王亲近侏儒来放纵心意，而和君子决断事情，因此能在天下实现他的愿望。现在季孙供养着孔子的门徒，穿着朝服和他同坐的以十为单位来计数，而和侏儒这样的玩乐对象来决断事情，所以就遇害了。所以说：不在于平时和什么人相处，而在于和什么人谋划大事。"

孔子御坐于鲁哀公，哀公赐之桃与黍①。哀公曰："请用。"仲尼先饭黍而后啖桃，左右皆掩口而笑。哀公曰："黍者，非饭之也，以雪桃也。"仲尼对曰："丘知之矣②。夫黍者，五谷之长也③，祭先王为上盛④。果蓏有六⑤，而桃为下，祭先王不得入庙⑥。丘之闻也，君子以贱雪贵，不闻以贵雪贱。今以五谷之长雪果蓏之下，是以上雪下也。丘以为妨义，故不敢以先于宗庙之盛也。"

简主谓左右⑦："车席泰美。夫冠虽贱，头必戴之；屦虽贵，足必履之。今车席如此，太美，吾将何屦以履之？夫美下而耗上，妨义之本也。"

费仲说纣曰⑧："西伯昌贤⑨，百姓悦之，诸侯附焉，不可不诛；不诛，必为殷祸⑩。"纣曰："子言，义主，何可诛？"费仲曰："冠虽穿弊，必戴于头；履虽五采，必践之于地。今西伯昌，人臣也，修义而人向之，卒为天下患，其必昌乎？人臣不以其贤为其主，非可不诛也。且主而诛臣，焉有过？"纣曰："夫仁义者，上所以劝下也。今昌好仁义，诛之不可。"三说不用，故亡。

齐宣王问匡倩⑪，曰："儒者博乎？"曰："不也。"王曰："何也？"匡倩对曰："博贵枭⑫，胜者必杀枭。杀枭者，是杀所贵也。儒者以为害义，故不博也。"又问曰："儒者弋乎？"曰："不也。弋者，从下害于上者也，是从下伤君也。儒者以为害义，故不弋。"又问："儒者鼓瑟乎⑬？"曰："不也。夫瑟以小弦为大声，以大弦为小声，是大小易序，贵贱易位。儒者以为害义，故不鼓也。"宣王曰："善。"仲尼曰："与其使民谄下也，宁使民谄上。"

【注释】

①黍（shǔ）：黄色小米，似粟，有黏性。
②丘：孔子的名。孔子名丘，字仲尼。
③五谷：指黍、稷、稻、麦、菽，泛指粮食。
④上盛：盛在祭器里的上等谷物，这里指上等祭品。
⑤蓏（luǒ）：瓜类的果实。

⑥庙：指宗庙，即安放祖先神主和祭祀祖先的地方。
⑦简主：指赵简主，即赵简子。
⑧费仲：商纣王的宠臣。纣：即商纣王，商朝的最后一位君主。
⑨西伯昌：指周文王姬昌。商纣王为了笼络他，曾给他"西伯"的封号。
⑩殷：商的别名，商朝盘庚曾迁都于殷，故商朝又称殷朝。
⑪齐宣王：战国时齐国的君主。匡倩：人名，生平不详。
⑫博：通"簙"，古代一种棋类游戏。枭：博戏中的彩名。么为枭，得枭者胜。
⑬瑟：古代的一种弦乐器。

【译文】

孔子为鲁哀公侍坐，鲁哀公赐给他桃子和黍子。鲁哀公说："请吃。"孔子先吃了黍子然后再吃桃子，鲁哀公身边的侍从都捂着嘴笑孔子。鲁哀公说："黍子，不是用来吃的，是用来拭桃子的。"孔子回答说："我知道。但是黍是五谷中的上等品，祭祀先王时是上等的祭品。瓜果之类共有六种，而桃子是下等品，祭祀先王的时候都不能摆到宗庙里去。我听说，君子用地位低贱的东西擦拭地位高的东西，没听说用地位高的东西来擦拭地位低贱的东西。现在用五谷中的最上等品来擦拭瓜果中的下等品，这是用地位高的东西来擦拭地位低贱的东西。我认为这样做妨害了道义，所以不敢把桃子放在宗庙祭品的前面吃。"

赵简子对身边的近侍说："车上铺的席子太美了。帽子虽然低贱，一定戴在头上；鞋子虽然贵重，一定踩在脚下。现在车上的席子也是这样，太美了，我将用什么脚来踩在上面？美化了下面而损耗了上面，就伤害了道义的根本。"

费仲对商纣王说："周文王很贤德，老百姓喜欢他，诸侯都归附他，不能不杀掉他；不杀掉他，一定会成为商朝的祸害。"商纣王说："从你说的来看，他是好君主，怎么能杀掉呢？"费仲说："帽子虽然破旧，一定戴在头上；鞋子虽然色彩华丽，一定踏在地上。现在周文王是您的臣子，修行仁义而人民归向他，终究会成为天下的祸患，他一定会强盛么？人臣不用他的贤能为他的君主效劳，不能不杀掉。况且君主杀掉臣子，有什么过错？"商纣王说："仁义，是君主用来勉励臣民的。现在周文王爱好仁义，杀掉他不行。"费仲劝说了多次而不被采用，所以商朝灭亡了。

齐宣王问匡倩说："儒家的人玩博吗？"匡倩说："不玩。"齐宣王说："为什么不玩？"匡倩回答说："博戏以枭棋为贵，获胜的人一定会杀掉对方的枭棋。杀枭棋，是杀掉尊贵的东西。儒家的人认为这伤害礼义，所以不玩博戏。"齐宣王又问道："儒家的人射鸟吗？"匡倩说："不射。射鸟，是从下面伤害上面的事物，这如同臣子从下面伤害君主。儒家的人认为这样伤害礼义，所以不射鸟。"又问："儒家的人弹奏瑟吗？"匡倩说："不弹奏。瑟是弹小弦发出大的声音，弹大弦发出小的声音，这是大小颠倒了次序，贵贱改变了位置。儒家的人认为这是伤害礼义的，所以不弹奏瑟。"齐宣王说："说得对。"孔子说："与其让人讨好下级,还不如使人讨好上级。"

经四

利所禁,禁所利,虽神不行;誉所罪,毁所赏,虽尧不治。夫为门而不使入,委利而不使进,乱之所以产也。齐侯不听左右,魏主不听誉者,而明察照群臣,则钜不费金钱,屦不用璧。西门豹请复治邺,足以知之。犹盗婴儿之矜裘与刖危子荣衣。子绰左右画,去蚁驱蝇。安得无桓公之忧索官与宣主之患臞马也?

【译文】

经四

让所禁止的得利,让有利的被禁止,即使神也办不好;称赞应受惩罚的,诋毁应受奖赏的,就是尧也不能把国家治理好。做好门而不让人进去,堆积了财利在那里又不让人前去取得,这是祸乱产生的原因。如果齐侯不听身边亲信的逸言,魏王不听捧场人的话,而能明察臣下的用心,那么钜就不用花金钱,屦就不用费玉璧去找官做了。西门豹请求再次治理邺县,这件事就足以知道这个道理。就好比狗盗的儿子夸耀他父亲的皮衣有尾巴和砍脚人的儿子以他的父亲不费裤子为荣。子绰说人不能同时左手画方右手画圆,用肉驱赶蚂蚁用鱼驱赶苍蝇。怎么能不发生齐桓公为臣下纷纷索求官职而担忧和韩宣子为马的消瘦而发愁这一类的事情呢?

说四

钜者①,齐之居士;屏者②,魏之居士。齐、魏之君不明,不能亲照境内而听左右之言,故二子费金璧而求入仕也。

西门豹为邺令③,清克洁悫④,秋毫之端无私利也,而甚简左右。左右因相与比周而恶之。居期年⑤,上计⑥,君收其玺⑦。豹自请曰:"臣昔者不知所以治邺,今臣得矣,愿请玺,复以治邺。不当,请伏斧锧之罪⑧。"文侯不忍而复与之⑨。豹因重敛百姓,急事左右。期年,上计,文侯迎而拜之。豹对曰:"往年臣为君治邺,而君夺臣玺;今臣为左右治邺,而君拜臣。臣不能治矣。"遂纳玺而去。文侯不受,曰:"寡人曩不知子⑩,今知矣。愿子勉为寡人治之。"遂不受。

齐有狗盗之子与刖危子戏而相夸。盗子曰:"吾父之裘独有尾。"刖危子曰:"吾父独冬不失裤。"

【注释】

①钜:假设的人名。
②屏:假设的人名。
③西门豹:战国初期魏国人,曾在魏文侯时期任邺县令。邺:地名,位于今河北临漳西南。
④克:通"刻",严格。
⑤期(jī)年:一周年。
⑥上计:向君主上缴税收,汇报一年内的政治经济

情况。

⑦玺：印章。

⑧斧锧（zhì）之罪：腰斩的罪行，泛指死罪。锧，古代处腰斩的死刑时的垫具。

⑨文侯：指魏文侯，战国时魏国的君主。

⑩曩（nǎng）：以前，过去。

【译文】

说四

钜，是齐国的隐士；屠，是魏国的隐士。齐国、魏国的君主不清醒，不能亲自洞察国内的情况而听信身边近侍的话，所以钜和屠两人花费金钱宝玉而求官做。

西门豹担任邺县县令，清正廉洁而严明，丝毫不谋私利，但很轻慢君主身边的近侍。君主身边的近侍就相互勾结在君主那里中伤西门豹。过了一周年，君主考核政绩，要收回他的官印。西门豹自己请求说："我从前不懂得怎样治理邺县，现在我懂了，希望发还官印给我，让我再次去治理邺县。如果治理不当，愿接受腰斩的刑罚。"魏文侯不忍心拒绝又把印给了他。西门豹便加重搜刮老百姓，极力奉承君主身边的近侍。过了一周年，君主考核政绩，魏文侯迎接他向他下拜。西门豹回答说："以前的年份我替君主把邺县治理得很好，但君主夺去了我的官印；现在我为您身边的近侍治理邺县，而您拜谢我。我不能治理邺县了。"于是上缴了官印离去。魏文侯不接受，说："我以前不了解你，现在知道了。希望你尽力帮我治理邺县。"于是没有接受他的交印辞官。

齐国有个狗盗的儿子和砍了脚的人的儿子互相夸耀。狗盗的儿子说:"只有我父亲的皮衣上有尾巴。"砍了脚的人的儿子说:"唯独我父亲冬天不耗费裤子。"

子绰曰①:"人莫能左画方而右画圆也。以肉去蚁,蚁愈多;以鱼驱蝇,蝇愈至。"

桓公谓管仲曰:"官少而索者众,寡人忧之。"管仲曰:"君无听左右之请,因能而受禄②,录功而与官,则莫敢索官。君何患焉?"

韩宣子曰③:"吾马菽粟多矣④,甚瘠⑤,何也?寡人患之。"周市对曰⑥:"使驺尽粟以食⑦,虽无肥,不可得也。名为多与之,其实少,虽无瘠,亦不可得也。主不审其情实,坐而患之,马犹不肥也。"

桓公问置吏于管仲,管仲曰:"辩察于辞⑧,清洁于货,习人情,夷吾不如弦商⑨,请立以为大理⑩。登降肃让,以明礼待宾,臣不如隰朋,请立以为大行⑪。垦草仞邑,辟地生粟,臣不如宁戚⑫,请以为大田⑬。三军既成陈⑭,使士视死如归,臣不如公子成父⑮,请以为大司马⑯。犯颜极谏,臣不如东郭牙,请立以为谏臣⑰。治齐,此五子足矣;将欲霸王,夷吾在此。"

【注释】
①子绰:人名,生平不详。
②受:通"授"。

③韩宣子：即韩起，春秋末期晋国的卿。
④菽：豆类的总称。
⑤臞（qú）：消瘦。
⑥周市：人名，生平不详。
⑦食：通"饲"，喂养。
⑧辩：通"辨"。
⑨夷吾：管仲的字。弦商：人名，生平不详。
⑩大理：掌管刑狱的官。
⑪大行：官名，掌管礼仪和接待宾客。
⑫宁戚：人名，齐桓公的大臣。
⑬大田：官名，掌管农业。
⑭三军：春秋时，大国一般设有上、中、下三军。陈：通"阵"。
⑮公子成父：一作"王子城父"，生平不详。
⑯大司马：掌军政的官。
⑰谏臣：掌谏议的官。

【译文】

子绰说："没有人能同时左手画方而右手画圆。拿肉驱除蚂蚁，蚂蚁越多；用鱼驱散苍蝇，苍蝇更要来。"

齐桓公对管仲说："官职少而求官的人多，我为此担忧。"管仲说："君主您不要听从身边近侍的请求，根据人的才能而授予俸禄，根据记录的功劳而给予官职，那么就没有人敢求官了。您还担忧什么呢？"

韩宣子说："我的马饲料很多，但马很瘦，这是为什么？我对此很忧虑。"周市回答说："让养马的人把你的饲料全都用在喂马上，即使要马不肥，也不可能。名义上多给马吃，实际上却给得很少，即使不要马瘦，也是不可能的。主人不细致考察真实情况，坐在这里担忧，马还是不会肥。"

齐桓公问管仲怎样安置官吏，管仲说："对诉讼双方的言辞能分辨清楚，廉洁不贪财物，熟悉人情世故，我不如弦商，请求安排他任大理之职。恭敬谦让地登阶下堂，用恰当的礼仪接待宾客，我不如隰朋，请求安排他任大行之职。开荒充实粮仓，垦田多产粮食，我不如宁戚，请求安排他任大田之职。三军已经摆开阵势，使战士视死如归，我不如公子成父，请求安排他任大司马之职。即使君主脸色已变仍极力劝谏，我不如东郭牙，请求安排他任谏臣之职。治理好齐国，这五个人就够了；如果想要成为霸王，我管仲在这里。"

经五

臣以卑俭为行，则爵不足以观赏；宠光无节，则臣下侵逼。说在苗贲皇非献伯，孔子议晏婴①。故仲尼论管仲与孙叔敖。而出入之容变，阳虎之言见其臣也。而简主之应人臣也失主术。朋党相和，臣下得欲，则人主孤；群臣公举，下不相和，则人主明。阳虎将为赵武之贤、解狐之公，而简主以为枳棘，非所以教国也。

【注释】

①孔子议晏婴：孔子议论晏婴的事，"说文"中并未提

到，说明原文有脱简。

【译文】

经五

臣下的行为如果谦恭节俭，那么爵位就不足以鼓励他们；君主的尊宠和表扬如果没有节制，那么臣下就会侵害、威胁君主。这种论点的解说在苗贲皇非难孟献伯，孔子议论晏婴这两则故事中。所以孔子要议论管仲和孙叔敖的行为。而在职和出逃的时候态度完全改变，阳虎的这番话说的是他举荐的那些臣子。而赵简子答复阳虎的谈话就失去了君主应该掌握的权术。结成朋党而互相唱和，臣下得以实现他们的私欲，君主就会孤立；群臣出以公心而推荐人才，下面不互相拉拢，君主就能明察。阳虎将要做到赵武那样贤良、解狐那样公正，而赵简子却以为是栽了多刺的枳棘，这不是用来教化国人的道理。

说五

孟献伯相晋①，堂下生藿藜②，门外长荆棘，食不二味，坐不重席，晋无衣帛之妾③，居不粟马，出不从车。叔向闻之④，以告苗贲皇⑤。贲皇非之曰："是出主之爵禄以附下也。"

一曰：孟献伯拜上卿⑥，叔向往贺，门有御，马不食禾。向曰："子无二马二舆，何也？"献伯曰："吾观国人尚有饥色，是以不秣马；班白者多以徒行⑦，故不二舆。"向曰："吾始贺子之拜卿，今贺子之俭也。"向出，语苗贲皇曰："助吾贺献伯之俭也。"苗子曰:"何贺焉?夫爵禄旗章⑧,所以异功伐别贤不肖也。故晋国之法,上大夫二舆二乘,中大夫二舆一乘,下大夫专乘,此明等级也。且夫卿必有军事,是故修车马,比卒乘⑨,以备戎事。有难则以备不虞,平夷则以给朝事。今乱晋国之政,乏不虞之备,以成节,以絜私名⑩,献伯之俭也可与?又何贺?"

管仲相齐,曰:"臣贵矣,然而臣贫。"桓公曰:"使子有三归之家⑪。"曰:"臣富矣,然而臣卑。"桓公使立于高、国之上⑫。曰:"臣尊矣,然而臣疏。"乃立为仲父。孔子闻而非之曰:"泰侈逼上。"

一曰:管仲父出,朱盖青衣,置鼓而归,庭有陈鼎,家有三归。孔子曰:"良大夫也,其侈逼上。"

孙叔敖相楚⑬,栈车牝马⑭,粝饼菜羹⑮,枯鱼之膳,冬羔裘⑯,夏葛衣⑰,面有饥色,则良大夫也。其俭逼下。

【注释】

① 孟献伯:春秋时晋国的卿,以孟为封邑。孟,晋国地名,位于今山西阳曲东北。

② 藿藜:藿香和蒺藜,泛指野草。

③ 晋:通"进",引申为内。帛:丝织品的总称。

④ 叔向:即羊舌肸(xī),春秋时晋国大夫。

⑤ 苗贲皇:春秋时楚国令尹斗椒之子,父亲被杀后逃到晋国,被封于苗,便改姓苗,为晋国大夫。

⑥上卿：最高一级的卿。

⑦班：通"斑"。

⑧旗章：旗帜，古代用来标识职位和身份。

⑨卒乘：指步兵和战车。

⑩絜：通"洁"，清白，光耀。

⑪三归：指将齐国市税（商税）的十分之三归于个人。

⑫高、国：指高傒、国懿仲。高氏和国氏世为齐国上卿，春秋时在齐国贵族中两家地位最高。

⑬孙叔敖：春秋时楚国人，任楚平王的令尹（相当于其他诸侯国的相）。

⑭栈车：竹木做棚的车子，不漆，不张皮革，是士乘的车子。牝马：母马，拉车以公马为贵。

⑮粝：粗糙的米，指次等的粮食。

⑯羔裘：羊皮衣。当时在贵族的穿着中，羊皮袄为次等衣料。

⑰葛衣：葛布衣。当时贵族夏天穿丝绸衣，葛布为低级衣料。

【译文】

说五

孟献伯任晋国的相，院子里长出了藿香和蒺藜，门外生出了荆棘，吃饭时没有两样菜，坐下时不垫双层席，室内没有穿丝织品的妾，在家不用谷子喂马，出门没有副车随从。叔向听说这件事，把它告诉了苗贲皇。苗贲皇非难孟献伯说："这是抛弃君主的爵禄而讨好下人。"

另一种说法：孟献伯被授予了晋国的上卿，叔向前往祝贺，孟献伯的门前停着车马，马吃的是带秸杆的谷物。叔向说："你只有一辆车子一匹马，这是为什么？"孟献伯说："我看国人还有饥饿的气色，所以不用粮食喂马；头发斑白的老人大多数还步行，所以不用两辆车子。"叔向说："我开始的时候是祝贺你封为上卿，现在要祝贺你的节俭了。"叔向出来，对苗贲皇说："你帮我去贺孟献伯的节俭。"苗贲皇说："这有什么可贺的？爵禄和旗帜，是用来标明功劳的大小和区别贤与不贤的。所以晋国的法制规定，上大夫两辆车两辆副车，中大夫两辆车一辆副车，下大夫只有一套车马，这是用来标明等级的。况且卿一定掌管军事，因而要修整车马，训练步兵和战车，以防备战事发生。国家有难的时候就可以防备发生意外，太平时候可以供应上朝议事。现在孟献伯扰乱晋国的政事，缺乏防备意外的手段，而来成就他的节俭，以便光耀他私人的名声，孟献伯的节俭可以吗？又有什么值得庆贺的？"

管仲任齐国的相，说："我尊贵了，但是我还贫穷。"齐桓公说："我让你家里拥有齐国十分之三的市租。"管仲说："我富了，但是我地位还卑下。"齐桓公让管仲的位子放在高氏和国氏之上。管仲说："我地位尊贵了，但是我和您还不够亲近。"齐桓公便立他为"仲父"。孔子听说后反对说："太过分了会威胁到君主。"

另一种说法：管仲出行，坐的车是朱红的车盖青色的车衣，回来时敲锣打鼓，院子里陈列大鼎，家里拥有国家十分之三的市租收入。孔子说："他是个良大夫，但他过分的奢侈威胁到君主。"

孙叔敖在楚国任令尹，乘的是母马拉的简陋的车子，吃的是粗粮米饼野菜汤汁，干鱼膳食，冬天穿羊皮袄子，夏天穿粗布衣裳，脸上有饥色，他的确是一位好大夫。但他的节俭威胁到居下位的人。

阳虎去齐走赵，简主问曰："吾闻子善树人。"虎曰："臣居鲁，树三人，皆为令尹①；及虎抵罪于鲁，皆搜索于虎也。臣居齐，荐三人，一人得近王，一人为县令，一人为候吏②；及臣得罪，近王者不见臣，县令者迎臣执缚，候吏者追臣至境上，不及而止。虎不善树人。"主俯而笑曰："树橘柚者，食之则甘，嗅之则香；树枳棘者，成而刺人。故君子慎所树。"

中牟无令。晋平公问赵武曰③："中牟，吾国之股肱④，邯郸之肩髀⑤。寡人欲得其良令也，谁使而可？"武曰："邢伯子可⑥。"公曰："非子之仇也？"曰："私仇不入公门。"公又问曰："中府之令⑦，谁使而可？"曰："臣子可。"故曰："外举不避仇，内举不避子。"赵武所荐四十六人，及武死，各就宾位，其无私德若此也。

平公问叔向曰："群臣孰贤？"曰："赵武。"公曰："子党于师人⑧。"向曰："武立如不胜衣，言如不出口，然所举士也数十人，皆得其意，而公家甚赖之。及武子之生也不利于家，死不托于孤，臣敢以为贤也。"

解狐荐其仇于简主以为相⑨。其仇以为且幸释己也，乃因往拜谢。狐乃引弓迎而射之，曰："夫荐汝，公也，以汝能当之也。夫仇汝，吾私怨也，不以私怨汝之故拥汝于吾君⑩。"故私怨不入公门。

一曰：解狐举邢伯柳为上党守⑪，柳往谢之，曰："子释罪，敢不再拜？"曰："举子，公也；怨子，私也。子往矣，怨子如初也。"

郑县人卖豚⑫，人问其价。曰："道远日暮，安暇语汝。"

【注释】

① 令尹：指官吏之长。楚国人称县的行政长官为"县尹"，战国时其他国家称"县令"，鲁国为楚国所灭，故有"令尹"连称的记载。
② 候吏：防守边疆的官吏。
③ 晋平公：春秋时晋国的君主。赵武：又称赵孟，即赵文子，晋平公时晋国执政的卿。
④ 股：大腿。肱（gōng）：胳膊。
⑤ 邯郸：春秋时晋国地名，位于今河北邯郸西南。髀（bì）：大腿的上部。
⑥ 邢伯子：人名，疑即邢伯柳，曾任晋国的上党守。
⑦ 中府：即内库。
⑧ 师人：老师，这里指老上级。
⑨ 解狐：人名，晋国大夫。
⑩ 拥：通"壅"，壅塞，蒙蔽。

⑪上党:晋国地名,位于今山西东南部。守:行政长官。
⑫郑县:韩国地名,位于今河南郑州。此段文字,前面没有相应的"经文",可能属错简所致。

【译文】

阳虎离开齐国逃到赵国,赵简子问他说:"我听说你善于培植人。"阳虎说:"我住在鲁国的时候,栽培了三个人,都做了县令;等到我在鲁国获罪,他们都到处寻找抓我。我住在齐国的时候,推荐了三个人,一个人得以亲近齐王,一个人做了县令,一个人任防守边疆的官员;等到我在齐国获罪,亲近齐王的人不肯见我,做县令的捉拿捆绑我,防守边疆的一直把我追到边境上,没有追上才作罢。我不会栽培人。"赵简子低下头笑着说:"栽柑桔树的人,吃起来甜,闻起来香;栽枳棘树的人,等树长大了反而刺人。所以君子栽培人要慎重。"

中牟县还没有县令。晋平公问赵武说:"中牟,是我国的大腿和胳膊,邯郸的肩膀和髀骨。我希望中牟得到一个好县令,谁可以去担任此职?"赵武说:"邢伯子可以。"晋平公说:"他不是你的仇人吗?"赵武说:"私家的仇怨不带到公事中来。"晋平公又问:"中府令这个职位,谁可以来担任?"赵武说:"我的儿子可以。"所以说:"对外举荐不避开仇人,对内举荐不避开儿子。"赵武所推荐的四十六个人,到他死后,都坐在吊唁的客位上,他就是这样不培植私人的恩德。

晋平公问叔向说:"群臣中哪个最贤德?"叔向说:"赵武。"晋平公说:"赵武是你的老上级,你和他结党了。"叔向说:"赵武站着好像连衣服都负担不了,讲话时木讷得好像说不出话来,但他所推荐的士人有好几十个,都合乎他的本意,而国家很信赖这些人。当赵武活着的时候不利用他们为赵家谋利,死去的时候不将孤儿委托他们照顾,我敢认为他贤德。"

解狐向赵简子推荐他的仇人去做相室。他的仇人认为这可能是他幸好消除了对自己的仇怨,便趁机前去拜谢解狐。解狐于是拉开弓迎头向仇人射去,说:"我推荐你,是为了公事,因为你能担当这个职务。我对你有仇,这是我的私怨,不因为与你有私怨的原因而堵塞君主任用你的道路。"所以说私怨不带到公事中来。

另一种说法:解狐推荐邢伯柳担任上党守,邢伯柳前去感谢,说:"你消解了我的罪,敢不对你拜了又拜?"解狐说:"推荐你,是为了公;仇恨你,是为了私。你走吧,我和原先一样怨恨你。"

郑县人卖猪,有人问他价钱。这个人说:"路远而天又晚了,我哪有空闲告诉你。"

经六

公室卑则忌直言,私行胜则少公功。说在文子之直言,武子之用杖;子产忠谏,子国谯怒①;梁车用法而成侯收玺;管仲以公而国人谤怨。

【注释】

①谯:同"诮",责骂。

【译文】

经六

公室衰弱就忌讳直言,谋私的行为盛行就没有人为国立功。这种论点的解说在范文子直言,范武子用手杖打他;子产忠心进谏,他的父亲子国怒责他;梁车依法处罚了自己的姐姐而赵成侯收走了他的官印;管仲以公心坦率答言而守边的官吏却因此怨恨,这几则故事之中。

说六

范文子喜直言①,武子击之以杖:"夫直议者不为人所容,无所容则危身。非徒危身,又将危父。"

子产者②,子国之子也③。子产忠于郑君,子国谯怒之曰:"夫介异于人臣,而独忠于主。主贤明,能听汝;不明,将不汝听。听与不听,未可必知,而汝已离于群臣。离于群臣,则必危汝身矣。非徒危己也,又且危父也。"

梁车新为邺令④,其姊往看之,暮而后,门闭,因逾郭而入。车遂刖其足。赵成侯以为不慈⑤,夺之玺而免之令。

管仲束缚,自鲁之齐,道而饥渴,过绮乌封人而乞食⑥。乌封人跪而食之,甚敬。封人因窃谓仲曰:"适幸,及齐不死而用齐,将何报我?"曰:"如子之言,我且贤之用,能之使,劳之论。我何以报子?"封人怨之。

【注释】

① 范文子：即范燮，一作"士燮"，晋国的卿；其父范武子，一作"士会"，也是晋国的卿。
② 子产：即公孙侨，曾任郑国的相。
③ 子国：春秋时郑国执政的卿，子产的父亲。
④ 梁车：人名，生平不详。
⑤ 赵成侯：战国初期赵国的君主。
⑥ 绮乌：春秋时鲁国地名，所在不详。封人：守卫边界的官吏。

【译文】

说六

范文子喜欢直言，范武子用手杖打他："说直话的人不被别人所容纳，没有人容纳就会危及你自身。不只是危及你自身，还将危及你的父亲。"

子产是子国的儿子。子产忠于郑国的君主，子国怒责他说："你独特地不同于一般的臣子，而唯独忠于君主。君主贤明，还能听从你的劝谏；如果不贤明，将不会听从你的劝谏。听不听从你的劝谏，还不一定能知道，而你已经远离了群臣。远离了群臣，一定会危及你自身。不只是危及你自己，而且会危及你的父亲。"

梁车刚刚担任邺县县令，他的姐姐来看望他，天黑来迟，城门关上了，她便翻过外城进入城中。梁车于是处罚她砍掉了她的脚。赵成侯认为梁车太不仁慈，夺了梁车的官印免除了他的职务。

管仲被捆绑起来，从鲁国送到齐国，路上又饥又渴，经过绮乌守卫边界的官吏那里向他讨饭吃。绮乌守卫边界的官吏跪着给管仲饭吃,很恭敬。守卫边界的官吏私下对管仲说:"如果偶尔幸运,你到齐国不死而掌了权,你将用什么来报答我?"管仲说:"如果能像你所说的那样,我将任用贤德的人,使用有才能的人,评定有功劳的人。我用什么来报答你呢?"守卫边界的官吏因而怨恨管仲。

外储说右上

本文包括三部分，分别阐述君主运用势、术、法控制臣下的道理。"经一"、"说一"集中宣扬势治思想，认为君主必须牢牢掌握权势，对臣下"势不足以化则除之"，即对赏、罚、誉、毁都不起作用的官吏要坚决铲除，从而"蚤绝奸之萌"，把危险消灭在萌芽状态，使臣下不得不"利君之禄、服上之名"，置于君主的绝对控制之下。"经二"、"说二"继承并发展了申不害的术治理思想，说明君主治国必须掌握术，做到申不害所说的"六慎"和"独断"，为防止奸臣钻空子，君主应好恶不现，使臣下窥测不到真实意图，最后归结到：能独断者，故可以为天下主。"经三"、"说三"主要阐述了"法行所爱，不避亲贵"的法治学说，并且进一步明确要"信赏必罚"，主张一切按法办事，对"猛狗"、"社鼠"一样的奸臣要彻底铲除。

本文先总挈大纲，再分叙条目，在"经"中陈述观点，然后在"说"中举历史故事来加以证明。全文观点鲜明，层次分明，说理形象，文风冷峻。

君所以治臣者有三①：

经一

势不足以化则除之。师旷之对②，晏子之说③，皆舍势之易也而道行之难，是与兽逐走也，未知除患。患之可除，在子夏之说《春秋》也④："善持势者，蚤绝其奸萌⑤。"故季孙让仲尼以遇势⑥，而况错之于君乎⑦？是以太公望杀狂矞⑧，而臧获不乘骥⑨。嗣公知之⑩，故不驾鹿；薛公知之⑪，故与二栾博⑫。此皆知同异之反也。故明主之牧臣也，说在畜乌。

【注释】

①三：指势、术、法。
②师旷：人名，春秋时晋国著名的乐师。
③晏子：即晏婴，字平仲，齐景公的相。
④子夏：即卜商，春秋时卫国人，孔子的学生。
⑤蚤：通"早"，及早，趁早。下文凡"蚤"皆同此。
⑥季孙：季康子，名肥，春秋时鲁国执政大臣。仲尼：孔子的字。
⑦错：通"措"，安置。
⑧太公望：即吕尚，又称姜尚、姜子牙，周初贤臣。狂矞（yù）：人名，生平不详。
⑨臧获：奴婢。臧为奴，获为婢。
⑩嗣公：即卫嗣公，一作"卫嗣君"，战国时卫国的君主。
⑪薛公：指孟尝君田文。田文封于薛（位于今山东滕

县南），薛公是他的封号。

⑫栾：通"孪"。

【译文】

君主用来控制臣下的办法有三种：

经一

权势不能使其驯化的臣下就要除掉他。师旷的回答、晏婴的议论，都舍弃了利用权势这种易行的办法，而控制臣下的办法实行起来很难，这如同和野兽赛跑一样，不知道除掉祸患。祸患可以除掉，子夏在解说《春秋》时就说过："善于掌握权势的君主，及早杜绝臣下作奸的苗头。"所以，季康子因孔子的门徒滥用了和他对等的权势而指责孔子，何况把这样的事移用于君主呢？因此，吕尚杀掉不为君主所用的狂矞，就像奴婢不乘不听使唤的良马一样。卫嗣公懂得除掉祸患这个道理，所以用鹿不能驾车来说明不能任如耳为相；孟尝君懂得这个道理，所以在和一对双胞胎兄弟赌博时用权势来收服他们。这些都是懂得君臣之间利害相反的表现。所以英明的君主懂得控制臣下，这一论点的说明在驯养乌鸦的故事中。

说一

赏之誉之不劝，罚之毁之不畏，四者加焉不变，则其除之。

齐景公之晋①，从平公饮②，师旷侍坐。景公问政于师旷曰："太师将奚以教寡人③？"师旷曰："君必惠民而已。"中坐，酒酣，将出，又复问政于师旷曰:"太师奚以教寡人?"曰:"君必惠民而已矣。"景公出之舍,师旷送之,又问政于师旷。师旷曰:"君必惠民而已矣。"景公归,思,未醒,而得师旷之所谓——公子尾、公子夏者④,景公之二弟也,甚得齐民,家富贵而民说之⑤,拟于公室,此危吾位者也。今谓我惠民者,使我与二弟争民耶?——于是反国⑥,发廪粟以赋众贫,散府余财以赐孤寡⑦,仓无陈粟,府无余财,宫妇不御者出嫁之,七十受禄米⑧。鬻德惠施于民也,已与二弟争⑨。居二年,二弟出走,公子夏逃楚⑩,公子尾走晋。

　　景公与晏子游于少海,登柏寝之台而还望其国⑪,曰:"美哉!泱泱乎,堂堂乎!后世将孰有此?"晏子对曰:"其田成氏乎⑫!"景公曰:"寡人有此国也,而曰田成氏有之,何也?"晏子对曰:"夫田成氏甚得齐民。其于民也,上之请爵禄行诸大臣,下之私大斗斛区釜以出贷⑬,小斗斛区釜以收之。杀一牛,取一豆肉⑭,余以食士⑮。终岁,布帛取二制焉⑯,余以衣士。故市木之价,不加贵于山;泽之鱼盐龟鳖蠃蚌⑰,不贵于海。君重敛,而田成氏厚施。齐尝大饥,道旁饿死者不可胜数也,父子相牵而趋田成氏者不闻不生。故秦周之民相与歌之曰⑱:'讴乎,其已乎!苞乎,其往归田成子乎!'《诗》曰:'虽无德与女⑲,式歌且舞。'今田成氏之德而民之歌舞,民德归之矣。故曰：'其田成氏乎！'"公泫然出涕曰："不亦悲乎！寡人有国而田成氏有之。今为之奈何？"晏子对曰："君何患焉？若君欲夺之，则近贤而远不肖，治其烦乱，缓其刑罚，振贫穷而恤孤寡，行恩惠而给不足，民将归君，则虽有十田成氏，其如君何？"

或曰：景公不知用势，而师旷、晏子不知除患。夫猎者，托车舆之安，用六马之足，使王良佐辔⑳，则身不劳而易及轻兽矣。今释车舆之利，捐六马之足与王良之御，而下走逐兽，则虽楼季之足无时及兽矣㉑。托良马固车，则臧获有余。国者，君之车也；势者，君之马也。夫不处势以禁诛擅爱之臣，而必德厚以与天下齐行以争民，是皆不乘君之车，不因马之利，舍车而下走者也。故曰：景公不知用势之主也，而师旷、晏子不知除患之臣也。

子夏曰："《春秋》之记臣杀君、子杀父者㉒，以十数矣。皆非一日之积也，有渐而以至矣。"凡奸者，行久而成积，积成而力多，力多而能杀，故明主蚤绝之。今田常之为乱，有渐见矣㉓，而君不诛。晏子不使其君禁侵陵之臣，而使其主行惠，故简公受其祸㉔。故子夏曰："善持势者，蚤绝奸之萌。"

【注释】

①齐景公：名杵臼，春秋时齐国的君主。晋：诸侯国

名,范围包括今山西大部和河南、河北、陕西的部分地区。
②平公:指晋平公,名彪,春秋时晋国的君主。
③太师:古代对乐官的称呼,这里指师旷。
④公子尾、公子夏:两人都是齐惠公的后代,齐景公的同族兄弟。
⑤说:同"悦",喜欢。下文"卫嗣公说而叹息"之"说"同此。
⑥反:同"返",返回。
⑦孤:指幼年丧父的人。寡:指丈夫已死的妇女。
⑧受:通"授",给予。
⑨已:通"以",用来。
⑩楚:诸侯国名,范围包括今湖北全部和湖南、江西、安徽、河南等的部分地区。
⑪柏寝:齐国地名,位于今山东博兴西北。
⑫田成氏:即田成子,名田常,春秋末期齐国执政大臣。
⑬斗斛(hú)区(ōu)釜(fǔ):都是齐国量器的名称,十升为一斗,十斗为一斛,一斗六升为一区,六斗四升为一釜。
⑭豆:古代盛肉的器皿,形似后代的高脚盘。
⑮食:通"饲",供养。
⑯制:古代布帛长度单位,一制分两端,一端为一丈八尺,共三丈六尺。
⑰蠃:通"螺"。

⑱秦周：齐国城门名，这里用来指齐国首都。
⑲女：通"汝"，你。
⑳王良：春秋末期晋国人，以善于驾车出名。
㉑楼季：战国时魏文侯的弟弟，善于奔跑和跳跃。
㉒《春秋》：鲁国官方的编年史，后经孔子修改，成为儒家的经典。
㉓见：同"现"，现出，显露。
㉔简公：指齐简公，名任，春秋末期齐国君主。

【译文】

说一

奖赏、称赞不能使他受到鼓励，惩罚、谴责不能使他感到畏惧，赏、誉、罚、毁加到身上他都无动于衷，这样的臣子就应当除掉。

齐景公到晋国去，同晋平公一起宴饮，师旷陪坐一旁。齐景公向师旷请教如何治理国事，说："太师要用什么来教导我呢？"师旷说："君主一定要给民众施恩惠罢了。"饮酒中途，酒兴已浓，将要离开之际，景公又再次向师旷请教如何治理国事，说："您用什么来训导我呢？"师旷说："君主一定要给民众施恩惠罢了。"景公离开宴席到馆舍去，师旷送他，他又向师旷请教如何治理国事。师旷说："君主一定要给民众施恩惠罢了。"景公回到馆舍，思考着这个问题，酒还没醒，就懂得了师旷所说的意思——公子尾、公子夏是景公的两个弟弟，很得齐国民众的心，他们的私家富贵民众很喜欢，可以和公室相比，这是危害我的君位的事情。现在要我向民众施恩惠，是不是让我和两个弟弟争夺民众呢？——于是返回齐国，发放粮仓中的粮食给那些贫困的民众，将贮藏的财物赐给那些无依无靠的人，粮仓中没有陈年的粮食，府库中没有多余的财物，君主没有亲幸过的宫女就嫁出去，七十岁以上的人，分给他粮食。给民众布施仁德恩惠，用来和公子尾、公子夏这两个弟弟争夺民众。过了两年，两个弟弟从国内逃跑，公子夏逃到了楚国，公子尾逃到了晋国。

齐景公同晏婴出游到了渤海，景公登上柏寝台向四面眺望自己的国家，说："美啊！恢弘盛大啊！雄伟壮观啊！后世谁会拥有这个国家呢？"晏婴回答说："恐怕是田成子吧！"景公说："我拥有这个国家，而你却说田成子将拥有它，为什么？"晏婴回答说："田成子很得齐国民众的心。他对待民众，对上向君主请求爵禄赐给大臣，对下私自扩大量器借出，而缩小量器收回。杀一头牛，自己只取一豆肉，剩下的都给士人吃。一年的布帛，自己只取二制，剩下的都给士人穿。所以集市上木头的价格不比山上的更贵，湖泊里的鱼、盐、龟、鳖、螺、蚌的价格不比海边的贵。君主重视征集财物，田成子却看重布施恩惠。齐国曾经出现严重饥荒，饿死在路边的人不计其数，父子拉扯着投奔田成子的，没有听说不能活下去的。所以齐国都城的民众都在为他歌唱：'呜乎，算了吧！盛大啊，归向田成子吧！'《诗经》上说：'虽然没有恩德施给你们，你们却为我载歌载舞。'现在田成子向民众布施恩惠而民众为他又歌又舞，民众因恩德而归向他了，所以说：'恐怕是田成子吧！'"齐景公眼泪夺眶而出，哭着说："这不是叫人太悲痛了吗！我享有的这个国家将被田成子占有。现在该怎么办呢?"晏婴回答说:"您何必担忧呢?如果您想夺回它,就亲近有德才的人而疏远德才不好的人,整顿混乱的局面,放宽刑罚,救济贫穷,抚恤孤寡,施行恩惠,资助不富足的人,民众就会归心于您,那么即使有十个田成子,又能把您怎么样呢?"

有人说:齐景公不懂得利用权势,而师旷、晏婴不懂得除掉祸患。打猎的人凭借车子的安稳,依靠六匹马的脚力,让王良帮忙驾车,那么自身毫不费力就可轻易地追上动作敏捷的野兽了。现在放弃车子的便利,舍弃六匹马的足力和王良的驾驭,却下车跑步追逐野兽,那么即使有楼季的足力也不会有追赶上野兽的时候。依靠好马和稳固的车子,就是奴婢驾车追赶野兽,力量也会有余。国家好比君主的车,权势好比君主的马。不运用权势来限制和处罚那些擅自施行私恩的臣子,而一定要用深厚的恩惠来和一般人用同样的做法去争取民众,这样的做法都像是不利用君主的车子,不依仗马的便利,丢掉车子而下车跑路一样。所以说:齐景公是不懂得运用权势的君主,而师旷、晏婴是不懂得除掉祸患的臣子。

子夏说:"《春秋》记载的臣下杀君主、儿子杀父亲的事,数以十计。这都不是一天的积累,而是逐渐积累达到这样结果的。"凡是奸人,阴谋活动的时间长了,他们的势力就有所积累;积累多了,力量就大;力量大了,就能够谋杀君主,所以英明的君主应该及早消灭他们。现在田成子作乱,已有苗头逐渐显露,君主却不诛杀他。晏婴不让他的君主除掉有越轨犯上行为的臣下,却让他们的君主施行恩惠,所以致使齐简公遭受祸害。所以子夏说:"善于掌握权势的人,要及早杜绝奸邪的苗头。"

季孙相鲁,子路为郈令①。鲁以五月起众为长沟,当此之为,子路以其私秩粟为浆饭,要作沟者于五父之衢而餐之②。孔子闻之,使子贡往覆其饭③,击毁其器,曰:"鲁君有民,子奚为乃餐之?"子路怫然怒,攘肱而入,请曰:"夫子疾由之为仁义乎④?所学于夫子者,仁义也;仁义者,与天下共其所有而同其利者也。今以由之秩粟而餐民,不可何也?"孔子曰:"由之野也!吾以女知之⑤,女徒未及也。女故如是之不知礼也⑥!女之餐之,为爱之也。夫礼,天子爱天下,诸侯爱境内,大夫爱官职,士爱其家,过其所爱曰侵。今鲁君有民而子擅爱之,是子侵也,不亦诬乎!"言未卒,而季孙使者至,让曰:"肥也起民而使之⑦,先生使弟子令徒役而餐之,将夺肥之民耶?"孔子驾而去鲁。以孔子之贤,而季孙非鲁君也,以人臣之资,假人主之术,蚤禁于未形,而子路不得行其私惠,而害不得生,况人主乎!以景公之势而禁田常之侵也,则必无劫弑之患矣。

【注释】

①子路:又称季路,即仲由,春秋时鲁国人,孔子的

学生。郈（hòu）：鲁国地名，叔孙的封邑，位于今山东东平东南。

②五父之衢：一条交通大道，在鲁国都城曲阜东南。

③子贡：即端木赐，春秋时卫国人，孔子的学生。

④夫子：对孔子的尊称。由：子路自称。

⑤女：通"汝"，你。下同。

⑥故：通"固"，原来。

⑦肥：季孙自称。

【译文】

季康子为鲁国的相，子路为郈县令。鲁国用五个月时间发动民众开挖长沟，在工役进行的过程中，子路用他自己的俸禄所得的粮食做成稀饭，邀请开挖长沟的人到五父之衢来吃。孔子听说了这件事，让子贡去倒掉他的饭，砸烂盛饭的器皿，说："这些民众是属于鲁国君主的，你为什么给他们饭吃？"子路勃然大怒，卷起衣衫露出胳膊闯入孔子居住的地方，问道："您憎恨我施行仁义么？我从您那里学到的就是仁义；所谓仁义，就是与天下的人共同享有自己所有的东西，共同享受自己的利益。现在拿我俸禄所得的粮食给民众吃，您却不允许，为什么？"孔子说："仲由这样粗野啊！我以为你已懂得这个道理了，你却不懂得。你原来是这样不懂礼！你给他们饭吃，是爱他们。所谓礼，是指天子爱全天下的人，诸侯爱国境内的人，大夫爱官职所辖范围内的人，士爱他的家人，逾越了界限去爱就是侵犯。现在是鲁国君主统治下的民众，而你擅自去爱他们，这样你就冒犯了君主，不也是胆大妄为吗！"话没说完,季康子派来的人就到了,责备孔子说:"我发动民众驱使他们,先生让弟子给徒役饭吃,是想夺取我的民众吗?"孔子驾车离开了鲁国。以孔子的贤明,而季康子又不是鲁国的君主,以臣子的身份,凭借君主的权术,在危害还没有形成之前及早杜绝,于是子路不能施行个人的恩惠,而危害也不致发生,何况君主呢!用齐景公的权势去禁止田成子争取民众的越轨行为,就一定不会出现被劫杀的祸患了。

太公望东封于齐,齐东海上有居士曰狂矞、华士昆弟二人者立议曰^①:"吾不臣天子,不友诸侯,耕作而食之,掘井而饮之,吾无求于人也。无上之名,无君之禄,不事仕而事力。"太公望至于营丘^②,使吏执杀之以为首诛。周公旦从鲁闻之^③,发急传而问之曰:"夫二子,贤者也。今日飨国而杀贤者^④,何也?"太公望曰:"是昆弟二人立议曰:'吾不臣天子,不友诸侯,耕作而食之,掘井而饮之,吾无求于人也。无上之名,无君之禄,不事仕而事力。'彼不臣天子者,是望不得而臣也;不友诸侯者,是望不得而使也;耕作而食之,掘井而饮之,无求于人者,是望不得以赏罚劝禁也。且无上名,虽知^⑤,不为望用;不仰君禄,虽贤,不为望功。不仕,则不治;不任,则不忠。且先王之所以使其臣民者,非爵禄则刑罚也。今四者不足以使之,则望当谁为君乎?不服兵革而显,不亲耕耨而名,又非所以教于国也。今有马于此，如骥之状者，天下之至良也。然而驱之不前，却之不止，左之不左，右之不右，则臧获虽贱，不托其足。臧获之所愿托其足于骥者，以骥之可以追利辟害也⑥。今不为人用，臧获虽贱，不托其足焉。已自谓以为世之贤士而不为主用，行极贤而不用于君，此非明主之所臣也，亦骥之不可左右矣，是以诛之。"

一曰：太公望东封于齐。海上有贤者狂矞，太公望闻之往请焉，三却马于门而狂矞不报见也，太公望诛之。当是时也，周公旦在鲁，驰往止之，比至，已诛之矣。周公旦曰："狂矞，天下贤者也，夫子何为诛之？"太公望曰："狂矞也议不臣天子，不友诸侯，吾恐其乱法易教也，故以为首诛。今有马于此，形容似骥也，然驱之不往，引之不前，虽臧获不托足于其轸也。"

【注释】
①华士：人名，生平不详。
②营丘：古代地名，位于今山东淄博东北。周初封姜尚于齐，定营丘为国都。
③周公旦：即姬旦，周武王的弟弟，被封于周（位于今陕西岐山东北），所以称为周公。
④飨：通"享"，享有。
⑤知：同"智"。
⑥辟：通"避"，避免。

【译文】

　　吕尚受封于东边的齐国,齐国东部的渤海边有隐居的士人,名叫狂矞、华士的兄弟二人确定宗旨,声称:"我们不臣服于天子,不结交诸侯,吃自己耕种出来的粮食,喝自己挖出的井水,我们没有什么要求助于他人的。不要君主给的名位,不要君主给的俸禄,不做官而从事体力劳动。"吕尚到了营丘,就把他们当成首先惩办的对象派官吏捉拿并杀掉了。周公从鲁国听说了这件事,派出传递紧急公文的信使去询问说:"狂矞、华士二人,是有德才的人,现在您享有封国杀掉他们,为什么?"吕尚说:"这兄弟二人确定宗旨声称:'我们不臣服于天子,不结交诸侯,吃自己耕种出来的粮食,喝自己挖出的井水,我们没有什么要有求于人。不要君主给的名位,不要君主给的俸禄,不做官而从事体力劳动。'他们不臣服于天子,这样我就不可能让他们臣服;不结交诸侯,这样我就不能驱使他们;吃自己耕种出来的粮食,喝自己挖出的井水,没有什么有求于人,这样我就不能用奖赏、惩罚来勉励和约束他们。而且他们不要君主给的名位,即使聪慧,也不能为我所用;不仰仗君主授予的俸禄,即使贤明,也不能为我立功。不愿意做官,就无法管教;不接受任用,就对上不忠。况且古代君王用来驱使臣民的,不是爵禄就是刑罚。现在爵、禄、刑、罚都不能用来驱使他们,那么我将做谁的主子呢?不打仗立功而显贵,不耕田种地而出名,也不是用来教化国人的办法。现在这里有一匹马,样子像匹好马,像天下最好的马。然而赶它不前进,拉它又不停止,让它向左它不往左，让它向右它不往右，那么奴婢虽然卑贱，也不会依托它的足力。奴婢希望把足力寄托于良马的原因在于借助良马可以趋利避害。现在它不听人使唤，奴婢虽然卑贱，也不会依托它的足力。这样，狂矞、华士自以为是世上的贤人却不愿为君主所用，自以为行为好到了极点，却不肯为君主效劳，这不是英明的君主可以用来作臣子的人，也就如同良马不听使唤一样，因此要杀掉他们。"

又一种说法：吕尚受封于东边的齐国。渤海边上有位贤人名叫狂矞，吕尚听说了他就登门求见，多次上门拜访但狂矞都不答应见面，吕尚就把他杀掉。此时，周公在鲁国，一路奔驰前来阻止这件事，周公刚到，吕尚已把狂矞杀掉了。周公说："狂矞是天下知名的贤人，您为什么把他杀掉？"吕尚说："狂矞主张不臣服于天子，不结交诸侯，我担心他会扰乱法令，改易教令，所以把他作为首先要诛杀的人。现在有马在这里，样子很像良马，然而赶它不走动，拉它不前进，即使是奴婢也不会把脚力寄托于它拉的车子。"

如耳说卫嗣公①，卫嗣公说而太息。左右曰："公何为不相也？"公曰："夫马似鹿者而题之千金，然而有千金之马而无千金之鹿者，马为人用而鹿不为人用也。今如耳，万乘之相也②，外有大国之意，其心不在卫，虽辨智③，亦不为寡人用，吾是以不相也。"

薛公之相魏昭侯也④，左右有栾子者曰阳胡、潘其⑤，于王甚重，而不为薛公。薛公患之，于是乃召与之博，予之人百金，令之昆弟博；俄又益之人二百金。方博有间，谒者言客张季之子在门⑥，公怫然怒，抚兵而授谒者曰："杀之！吾闻季之不为文也。"立有间，时季羽在侧，曰："不然。窃闻季为公甚，顾其人阴未闻耳。"乃辍不杀客，大礼之，曰："曩者闻季之不为文也，故欲杀之；今诚为文也，岂忘季哉！"告廪献千石之粟，告府献五百金，告驺私厩献良马固车二乘，因令奄将宫人之美妾二十人并遗季也⑦。栾子因相谓曰："为公者必利，不为公者必害，吾曹何爱不为公？"因私竞劝而遂为之。薛公以人臣之势，假人主之术也，而害不得生，况错之人主乎⑧！

夫驯乌者断其下翎焉。断其下翎，则必恃人而食，焉得不驯乎？夫明主畜臣亦然，令臣不得不利君之禄，不得无服上之名。夫利君之禄，服上之名，焉得不服？

【注释】

①如耳：人名，魏国大夫，后到卫国做官。
②万乘：万辆兵车，泛指大国。乘，兵车，包括一车四马。
③辨：通"辩"，有口才。
④魏昭侯：即魏昭王，名遫（sù），战国时魏国君主。
⑤阳胡、潘其：都是人名，生平不详。

⑥谒者：主管通报、接待工作的小官。张季：人名，生平不详。
⑦奄：通"阉"，宦官。
⑧错：通"措"，安置。

【译文】

如耳游说卫嗣公，卫嗣公感到高兴但深为叹息。嗣公身边的侍从说："您为什么不任用如耳为相呢？"嗣公说："一匹像鹿一样的马可以标价千金，然而有价值千金的马却没有价值千金的鹿，因为马能为人所用而鹿却不能为人所用。现在如耳是做大国之相的人才，有到外面大国谋职的心意，他的心不在卫国，即使有辩才和智谋，也不能为我所用，我因此不任他为相。"

孟尝君做魏昭王的相时，昭王身边的侍从中有一对双胞胎兄弟叫阳胡、潘其，很受魏王的爱重，但不肯替孟尝君效力。孟尝君对此感到忧虑，于是就召他们来赌博，给他们每人一百金，让他们兄弟二人赌；一会儿又给每人增加二百金。刚赌一会儿，负责通报工作的人说门客张季的儿子在门口，孟尝君勃然大怒，拿出兵器给报信的人说："杀掉他！我听说张季不肯为我效力。"过了一会儿，当时身边的人中有张季的党羽，说："不是这样的。我听说张季为您很出力，只是他暗中出力您没有听说过罢了。"孟尝君于是不杀来客，并给予他非常隆重的礼遇，说："以前听说张季不肯为我效力，所以打算杀掉他；现在得知他确实在替我效力，我哪能忘记他！"并吩咐管理粮仓的人送给他千石粮食，吩咐管理财物仓库的人送给他五百金，吩咐养马的人从自己的马棚里献出好马和坚固的车子共二乘，还命令宦官把宫中的美女二十人一并送给张季。阳胡、潘其兄弟于是彼此说："肯为薛公效力的人必定获利，而不肯为薛公效力的必将有祸害，我们顾惜什么而不为薛公效力呢？"因此私下争相劝勉而终于肯替孟尝君效力了。孟尝君凭着人臣的势位，假借君主的权术，使祸害不能发生，何况移用于君主呢？

驯养乌鸦的人剪断它的翅膀和尾巴下边的羽毛。剪断了它翅膀和尾巴下边的羽毛，乌鸦就必须靠人给它东西吃，怎能不驯服呢？英明的君主蓄养臣子也是这样的，使臣子不得不贪图君主给他的俸禄，不能不服役于君主给他的名位。贪图君主所给的俸禄，服役于君主所给的名位，怎么能不驯服呢？

经二

人主者，利害之辔毂也，射者众，故人主共矣。是以好恶见则下有因①，而人主惑矣；辞言通则臣难言，而主不神矣。说在申子之言"六慎"②，与唐易之言弋也③。患在国羊之请变④，与宣王之太息也⑤。明之以靖郭氏之献十珥也⑥，与犀首甘茂之道穴闻也⑦。堂谿公知术⑧，故问玉卮；昭侯能术⑨，故以听独寝。明主之道，在申子之劝"独断"也。

【注释】

① 见：同"现"，表现出。下文"明见"、"知见"之

"见"同此。

②申子：指申不害（约前385—前337年），法家代表人物，曾任韩昭侯的相，主张用术驾驭臣下。

③唐易：即唐易鞠，人名，生平不详。

④国羊：人名，生平不详。

⑤宣王：指韩宣王，即韩宣惠王，战国时韩国君主。

⑥靖郭氏：指靖郭君，即田婴，孟尝君田文的父亲。田婴后封于薛，所以又称薛公。

⑦犀首：官名，这里指公孙衍，战国时魏国人，纵横家中合纵派的著名人物。甘茂：战国时楚国下蔡人，曾与樗里疾分别担任秦武王的左右相。

⑧堂谿公：春秋末期楚国所封的一个吴国逃亡贵族。这里所记的堂谿公，当是这个贵族的后代。

⑨昭侯：指韩昭侯，战国中期韩国君主。

【译文】

经二

君主，就像是利害积聚的车毂，众人追求利益的欲望都像辐条射向车毂一样投向他，所以君主成了群臣共同对准的目标。因此，君主如果表现出爱憎，就会被臣下利用而投其所好，这样君主就受迷惑了；君主如果把听到的话泄露出去，臣下就难以向君主进言，君主就不会神明了。上述论点的说明表现在申不害讲君主应该在六个方面谨慎小心，以及唐易鞠谈论射飞禽必须谨慎两则故事中。祸患体现于国羊用表示悔改来试探君主对他的态度，以及韩宣王的侍者从宣王的叹息中窥探到他的态度两则故事中。靖郭君用献十个玉珥的办法测试齐威王爱哪个妾，甘茂派人从小洞偷听到秦惠王的话因而陷害公孙衍，通过这两个事例就表明了这种观点。堂谿公懂得术，所以通过问韩昭侯没有底的玉杯是否可用来说明君主不能把臣下的话泄露出去；韩昭侯能用术，所以才听取堂谿公的话而单独睡觉。英明君主的治国原则，表现在申不害劝说君主遇事要能独断的议论中。

说二

申子曰："上明见，人备之；其不明见，人惑之。其知见，人饰之；不知见，人匿之。其无欲见，人司之①；其有欲见，人饵之。故曰：吾无从知之，惟无为可以规之②。"

一曰：申子曰："慎而言也，人且知女③；慎而行也，人且随女。而有知见也④，人且匿女；而无知见也，人且意女。女有知也，人且臧女⑤；女无知也，人且行女。故曰：惟无为可以规之。"

【注释】
① 司：通"伺"，侦察，探测。
② 规：通"窥"，窥测。
③ 女：通"汝"，你。下文凡言"女"皆同此。
④ 知：同"智"。下文"有知"、"无知"之"知"皆同此。
⑤ 臧：通"藏"，躲避。

【译文】

说二

申不害说:"君主的明察显露出来,人们就会防备他;君主的糊涂显露出来,人们就会迷惑他。君主的智慧显露出来,人们就会美化他;君主的愚蠢显露出来,人们就会隐瞒他。君主没有什么欲望显露出来,人们就会窥探他;君主有欲望显露出来,人们就要引诱他。所以说:我没有办法知道它,只有无为可以窥测它。"

又一种说法:申不害说:"你的言论谨慎,人们将会探测你;你的行为谨慎,人们将会跟从你。你的智慧显露出来,人们将躲开你;你的愚蠢显露出来,人们将算计你。你有智慧,人们将躲避你;你没有智慧,人们将对你采取行动。所以说:只有无为可以窥测它。"

田子方问唐易鞠曰①:"弋者何慎?"对曰:"鸟以数百目视子,子以二目御之,子谨周子廪。"田子方曰:"善。子加之弋,我加之国。"郑长者闻之曰②:"田子方知欲为廪,而未得所以为廪。夫虚无无见者,廪也。"

一曰:齐宣王问弋于唐易子曰③:"弋者奚贵?"唐易子曰:"在于谨廪。"王曰:"何谓谨廪?"对曰:"鸟以数十目视人,人以二目视鸟,奈何不谨廪也?故曰'在于谨廪'也。"王曰:"然则为天下何以为此廪?今人主以二目视一国,一国以万目视人主,将何以自为廪乎?"对曰:"郑长者有言曰:'夫虚静无为而无见也。'其可以为此廪乎！"

【注释】
①田子方：名无择，战国时魏文侯之师。
②郑长者：人名，战国初期的道家人物。
③齐宣王：名辟疆，战国时齐国君主。

【译文】
田子方问唐易鞠说："射鸟的人要谨慎对待的是什么？"唐易鞠回答说："鸟用几百只眼睛看着你，你用两只眼睛防备它们，你要谨慎地严密封闭你的谷仓。"田子方说："好。你把这个道理用在射鸟上，我把它用在治理国家上。"郑长者听说了这件事后说："田子方知道要守护谷仓，却不知道守护谷仓的办法。虚静无为不显露自己的欲望，才能守护谷仓。"

又一种说法：齐宣王向唐易鞠询问射鸟的事说："对射鸟的人来说什么最重要？"唐易鞠说："重要的是谨慎地守护粮仓。"齐宣王问："什么叫谨慎地守护粮仓？"唐易鞠回答说："鸟用几十只眼睛看人，人用两只眼睛看鸟，怎么能不谨慎地守护粮仓呢？所以说：'重要的是守护粮仓。'"齐宣王说："那么用什么方法像守护粮仓那样来守护国家呢？现在君主用两只眼睛看全国，而全国的人用上万只眼睛看着君主，将用什么方法像守护粮仓那样自去守护国家呢？"唐易鞠回答说："郑长者有句话是：'虚静无为不显露自己的欲望。'这就差不多可以防卫国家这一粮仓了吧！"

国羊重于郑君①,闻君之恶己也,侍饮,因先谓君曰:"臣适不幸而有过,愿君幸而告之。臣请变更,则臣免死罪矣。"

客有说韩宣王,宣王说而太息②。左右引王之说之以先告客以为德。

【注释】

①郑君:即韩王。前375年韩灭郑,自阳翟(今河南禹县)迁都到新郑(今河南新郑),所以韩王也称郑君。
②说:同"悦",满意。

【译文】

国羊被郑君所重用,听说郑君讨厌自己,于是陪郑君饮酒,主动对郑君说:"我如果不幸有了过错,希望您能告诉我错在哪里。让我改过,那么我就可以免除死罪了。"

有说客游说韩宣王,韩宣王很满意却深深地叹气。韩宣王身边的近侍将王对说客表示满意的态度争先告诉说客以做人情。

靖郭君之相齐也,王后死,未知所置,乃献玉珥以知之。

一曰:薛公相齐,齐威王夫人死①,中有十孺子皆贵于王,薛公欲知王所欲立而请置一人以为夫人。王听之,则是说行于王,而重于置夫人也;王不听,是说不行,而轻于置夫人也。欲先知王之所欲置以劝王置之,于是为十玉珥而美其一而献之。

王以赋十孺子。明日坐，视美珥之所在而劝王以为夫人。

【注释】

①齐威王：名田齐，战国中期齐国国君。

【译文】

靖郭君任齐国的相，王后死了，他不知道国君想立谁为王后，于是就用献玉珥的办法来了解内情。

另一种说法：薛公任齐国的相，齐威王的夫人死了，宫内有十个姬妾都被齐威王宠爱，薛公想知道齐威王想立哪一位为夫人以便请求立此人为夫人。齐威王听从了，那就是建议取得成功，而在立夫人这件事上会被齐威王看重；齐威王不听，那就是建议失败，而在立夫人这件事上会被齐威王看轻。薛公想先知道齐威王所想立的人再去劝王立她，于是制作了十个玉珥并把其中一个制作得特别精美献给威王。齐威王把十个玉珥授给十个姬妾。第二天侍坐时，看那只精美的玉珥由谁佩带，就劝齐威王立谁为夫人。

甘茂相秦惠王①，惠王爱公孙衍，与之间有所言，曰："寡人将相子。"甘茂之吏道穴闻之，以告甘茂。甘茂入见王，曰："王得贤相，臣敢再拜贺。"王曰："寡人托国于子，安更得贤相？"对曰："将相犀首。"王曰："子安闻之？"对曰："犀首告臣。"王怒犀首之泄，乃逐之。

一曰：犀首，天下之善将也，梁王之臣也②。

秦王欲得之与治天下，犀首曰："衍其人臣者也，不敢离主之国。"居期年，犀首抵罪于梁王，逃而入秦，秦王甚善之。樗里疾③，秦之将也，恐犀首之代之将也，凿穴于王之所常隐语者。俄而王果与犀首计，曰："吾欲攻韩，奚如？"犀首曰："秋可矣。"王曰："吾欲以国累子，子必勿泄也。"犀首反走再拜曰："受命。"于是樗里疾也道穴听之矣。郎中皆曰："兵秋起攻韩，犀首为将。"于是日也，郎中尽知之；于是月也，境内尽知之。王召樗里疾曰："是何匈匈也，何道出？"樗里疾曰："似犀首也。"王曰："吾无与犀首言也，其犀首何哉？"樗里疾曰："犀首也羁旅，新抵罪，其心孤，是言自嫁于众。"王曰："然。"使人召犀首，已逃诸侯矣。

【注释】

① 秦惠王：即秦惠文王，名驷，战国中期秦国君主。
② 梁王：指魏惠王。魏受秦的威胁，于前361年自安邑（今山西夏县西北）迁都大梁（今河南开封），所以魏王又称梁王。
③ 樗里疾：秦惠文王的异母兄弟，受重用，后任秦武王的相。

【译文】

甘茂做秦惠王的相，秦惠王喜爱公孙衍，和公孙衍私下里谈话，说："我想立你为相。"甘茂手下的小官吏从孔洞里偷听到这句话，就把这件事告诉了甘茂。甘茂进宫拜见惠王,说:"您得了贤相,我冒昧地拜两拜向您表示祝贺。"秦惠王说:"我把国家交托给你,怎么会另得贤相呢?"甘茂说:"您将任公孙衍为相。"秦惠王问:"你是怎么知道此事的?"甘茂说:"公孙衍告诉我的。"秦惠王对公孙衍的泄密很生气,于是把他赶跑了。

又一种说法:犀首是天下知名的良将,梁王的臣子。秦惠王想得到他和他一起治理国家,犀首说:"我这做人臣子的,不敢离开魏国。"过了一年,犀首因犯罪受到梁王的处罚,逃到秦国,秦惠王对他很好。樗里疾,秦国的大将,担心犀首将会取代自己成为秦国的将,于是在秦惠王经常说秘密话的地方凿了一个小洞。不久,秦惠王果然同犀首商议,说:"我想要攻打韩国,你看怎么样?"犀首说:"秋天可以。"秦惠王说:"我想用国家大事劳累你,你一定不要泄露。"犀首倒退几步拜了两拜说:"遵命。"樗里疾也从小洞中听到了此事。秦惠王的掌管通报和警卫工作的侍从官员们都说:"军队秋天一到就攻打韩国,犀首为大将。"在这一天,那些侍从官员们都知道了这件事;在这一月,国境内的人都知道了这件事。秦惠王召见樗里疾问:"为什么议论纷纷,是从哪里传出来的?"樗里疾说:"好像是从犀首那里。"秦惠王说:"我没有同犀首讲过,为什么说是犀首讲的呢?"樗里疾说:"犀首寄居在秦国,又刚受过处罚,心里感到孤单,说这些话是想取悦于众人。"秦惠王说:"对。"于是派人召见犀首,犀首已逃往其他诸侯国了。

堂谿公谓昭侯曰:"今有千金之玉卮,通而无

当，可以盛水乎？"昭侯曰："不可。""有瓦器而不漏，可以盛酒乎？"昭侯曰："可。"对曰："夫瓦器，至贱也，不漏，可以盛酒。虽有乎千金之玉卮，至贵而无当，漏，不可盛水，则人孰注浆哉？今为人之主而漏其群臣之语，是犹无当之玉卮也。虽有圣智，莫尽其术，为其漏也。"昭侯曰："然。"昭侯闻堂谿公之言，自此之后，欲发天下之大事，未尝不独寝，恐梦言而使人知其谋也。

一曰：堂谿公见昭侯曰："今有白玉之卮而无当，有瓦卮而有当。君渴，将何以饮？"君曰："以瓦卮。"堂谿公曰："白玉之卮美而君不以饮者，以其无当耶？"君曰："然。"堂谿公曰："为人主而漏泄其群臣之语，譬犹玉卮之无当。"堂谿公每见而出，昭侯必独卧，惟恐梦言泄于妻妾。

申子曰："独视者谓明，独听者谓聪。能独断者，故可以为天下主。"

【译文】

堂谿公对韩昭侯说："现在有价值千金的玉杯，贯通却没有底，可以用它来装水吗？"昭侯说："不可以。""有瓦器却不漏，可以用它装酒吗？"韩昭侯说："可以。"堂谿公说："瓦器，最不值钱，因为它不漏，就可以用它装酒。即使玉杯价值千金，最贵重却没有底，因为漏，不能用来装水，那么还有什么人往里面倒饮料呢？现在作为人们的君主却泄露群臣的言论，这就好比没有底的玉杯一样。臣下虽有极高的智慧，也不肯充分献出自己的谋略，因为担心它会被泄露出去。"韩昭侯说："对。"韩昭侯听了堂谿公的话，从这以后，想对天下采取大的行动，没有不是单独睡觉的，唯恐讲梦话而让别人知道了他的计谋。

又一种说法：堂谿公参见韩昭侯说："现在有白玉做的酒杯却没有底，有瓦做的酒杯而有底。您渴了，将用哪一个来喝酒？"韩昭侯说："用瓦杯。"堂谿公说："白玉杯很美但你不用它喝酒，是因为它没有底吗？"韩昭侯说："是的。"堂谿公说："作为人们的君主而泄露群臣的言论，就好比玉杯没有底一样。"堂谿公每次参见韩昭侯出来，韩昭侯必定要单独睡觉，唯恐讲梦话把他们的谋略泄露给妻妾。

申不害说："能独自观察问题叫明，能独自听取意见叫聪。能独自决断的，就可以做天下的君主。"

经三

术之不行，有故。不杀其狗，则酒酸。夫国亦有狗，且左右皆社鼠也①。人主无尧之再诛②，与庄王之应太子③，而皆有薄媪之决蔡妪也。知贵、不能，以教歌之法先揆之。吴起之出爱妻④，文公之斩颠颉⑤，皆违其情者也。故能使人弹疽者，必其忍痛者也。

【注释】
①社鼠：藏身于土地神坛的老鼠。社，祭土地神的坛。
②尧：我国原始社会末期部落联盟首领，传说中的贤君。

③庄王：即楚庄王，名侣，"春秋五霸"之一，又称荆庄王，因楚开始建国于荆山一带，楚又称荆。

④吴起：战国初期卫国人，法家代表人物，杰出的军事家。

⑤文公：指晋文公，名重耳，晋国国君，"春秋五霸"之一。颠颉（xié）：晋国大臣，曾随晋文公在外流亡十九年。

【译文】

经三

术的不能推行，总是有缘故的。卖酒人不杀掉他的恶狗，人家就不敢进门买酒，酒就卖不出去而变酸。国家也有恶狗，况且君主左右的侍从都像是躲在社坛里的老鼠。一般的君主都不能像尧那样，因决定传位给舜而一再杀掉反对这决定的人；不能像楚庄王答复太子时那样，把坚决执法的臣子看作是最好的臣子；而都像薄媪那样，自家的决定却要取决于蔡巫婆。要区分贤能的人和无能的人，就要用教歌那样的方法先对他们进行测试。吴起因为妻子织的带子不合规定而把她休掉，晋文公因爱臣颠颉不遵守法令而把他杀掉，都是违反他们的感情的。所以能让人给自己治疗毒疮的人，一定是能忍痛的人。

说三

宋人有酤酒者①，升概甚平②，遇客甚谨，为酒甚美，县帜甚高著③，然不售，酒酸。怪其故，问其所知。问长者杨倩④，倩曰："汝狗猛耶？"曰：

"狗猛则酒何故而不售?"曰:"人畏焉。或令孺子怀钱挈壶瓮而往酤⑤,而狗迓而龁之,此酒所以酸而不售也。"夫国亦有狗,有道之士怀其术而欲以明万乘之主,大臣为猛狗迎而龁人,此人主之所以蔽胁,而有道之士所以不用也。故桓公问管仲⑥:"治国最奚患?"对曰:"最患社鼠矣。"公曰:"何患社鼠哉?"对曰:"君亦见夫为社者乎?树木而涂之,鼠穿其间,掘穴托其中。熏之,则恐焚木;灌之,则恐涂阤⑦:此社鼠之所以不得也。今人君之左右,出则为势重而收利于民,入则比周而蔽恶于君。内间主之情以告外,外内为重,诸臣百吏以为富。吏不诛则乱法,诛之则君不安,据而有之,此亦国之社鼠也。"故人臣执柄而擅禁,明为己者必利,而不为己者必害,此亦猛狗也。夫大臣为猛狗而龁有道之士矣,左右又为社鼠而间主之情,人主不觉。如此,主焉得无壅,国焉得无亡乎?

一曰:宋之酤酒者有庄氏者,其酒常美。或使仆往酤庄氏之酒,其狗龁人,使者不敢往,乃酤佗家之酒⑧。问曰:"何为不酤庄氏之酒?"对曰:"今日庄氏之酒酸。"故曰:不杀其狗则酒酸。桓公问管仲曰:"治国何患?"对曰:"最苦社鼠。夫社,木而涂之,鼠因自托也。熏之则木焚,灌之则涂阤,此所以苦于社鼠也。今人君左右,出则为势重以收利于民,入则比周谩侮蔽恶以欺于君,不诛则乱法,诛之则人主危,据而有之,此亦社鼠也。"

故人臣执柄擅禁，明为己者必利，不为己者必害，亦猛狗也。故左右为社鼠，用事者为猛狗，则术不行矣。

【注释】

①宋：诸侯国名，范围包括今河南东部和山东、江苏等的部分地区。
②升：量具，这里指量酒的器具。概：刮平升斗的小木棍。
③县：同"悬"，悬挂。
④杨倩：人名，生平不详。
⑤甕（wèng）：盛酒的瓦器。
⑥桓公：指齐桓公，名小白，"春秋五霸"之一。管仲：名夷吾，齐桓公的相。
⑦阤（zhì）：毁坏，败坏。
⑧佗（tuō）：同"他"，其他。

【译文】

说三

宋国有个卖酒的人，量酒很公平，对待顾客很殷勤，酒酿得也很好，酒旗悬挂得又高又显眼，但是酒却卖不出去，变酸了。卖酒的人感到奇怪，想知道原因，于是就问他熟悉的人。问到长者杨倩，杨倩说："你的狗凶猛吗？"卖酒的人问："狗凶猛为什么酒就卖不出去呢？"杨倩说："人们害怕它。有人让小孩揣着钱拿着壶去买酒，猛狗却迎上去咬他，这就是酒酸卖不出去的原因。"国家也有猛狗，法术之士怀有治国的策略而想使大国的君主明察起来，大臣却像猛狗那样迎上去咬他们，这就是君主被蒙蔽和挟持而法术之士不受重用的原因。所以齐桓公问管仲："治理国家最忧患什么？"管仲回答说："最忧患社坛上的老鼠。"齐桓公问："为什么忧患社坛上的老鼠呢？"管仲回答说："您也看见过建社坛吧？把木头树起来并涂上泥土，老鼠咬穿木头，在里面挖洞藏身。用烟火熏它，就会担心烧毁木头；用水灌它，又担心涂上的泥会剥落：这就是社鼠捉不到的原因。现在君主身边的近侍，在朝廷外依仗权势从民众那里榨取利益，在朝廷内紧密勾结在君主面前隐瞒罪恶。在宫内刺探君主的情况告诉朝外的同党，内外勾结相互助长权势，群臣百官以此获得富贵。官吏不诛杀他们，国法就要受到扰乱；诛杀他们，君主就不得安宁，他们控制着君主，这也就是国家的社鼠。"所以臣子掌握权势、操纵法令，向人表明：为他卖力的人必有好处，不为他卖力的人必有祸患，这也就是猛狗。大臣像猛狗咬人一样迫害法术之士，身边近侍又像社鼠一样刺探君主内情，而君主却没有察觉。这样，君主怎么能不受蒙骗，国家怎么能不衰亡呢？

又一种说法：宋国有个卖酒的叫庄氏，他的酒一直很好。有人让仆人去买庄氏的酒，庄氏的狗咬人，仆人不敢前往，于是买了别人家的酒。主人问："为什么不买庄氏的酒？"仆人回答说："今天庄氏的酒是酸的。"所以说：不杀掉他的狗酒就会变酸。齐桓公问管仲说："治理国家忧患什么？"管仲回答说："最令人苦恼的是社鼠。社坛，树起木头涂上泥，老鼠依靠它而藏身。用烟火熏它木头就会烧毁，用水灌它泥巴就会剥落，这就是社鼠最让人苦恼的原因。现在君主身边的近侍，在朝廷外依仗权势从民众那里榨取利益，而在朝廷内就紧密勾结隐瞒罪恶来欺瞒君主，不诛杀他们，国法就会受到扰乱，诛杀他们君主就有危险，他们控制着君主，这也是国家的社鼠。"所以臣子掌握权势、操纵法令，向人表明：为他卖力的人一定会得到好处，不为他卖力的人必定有祸患，这也就是猛狗。所以左右近侍像社鼠，掌权的大臣像猛狗，治国的法术就必然行不通了。

尧欲传天下于舜①。鲧谏曰②："不祥哉！孰以天下而传之于匹夫乎？"尧不听，举兵而诛杀鲧于羽山之郊③。共工又谏曰④："孰以天下而传之于匹夫乎？"尧不听，又举兵而诛共工于幽州之都⑤。于是天下莫敢言无传天下于舜。仲尼闻之曰："尧之知舜之贤，非其难者也。夫至乎诛谏者必传之舜，乃其难也。"一曰："不以其所疑败其所察则难也。"

荆庄王有茅门之法曰⑥："群臣大夫诸公子入朝，马蹄践霤者⑦，廷理斩其辀⑧，戮其御。"于是太子入朝，马蹄践霤，廷理斩其辀，戮其御。太子怒，入为王泣曰："为我诛戮廷理。"王曰："法者，所以敬宗庙⑨，尊社稷。故能立法从令尊敬社稷者，社稷之臣也，焉可诛也？夫犯法废令不尊敬社稷者，是臣乘君而下尚校也⑩。臣乘君，则主失威；下尚校，则上位危。威失位危，社稷不守，吾将何以遗子孙？"于是太子乃还走，避舍露宿三日，北面再拜请死罪。

一曰：楚王急召太子。楚国之法，车不得至于茆门⑪。天雨，廷中有潦，太子遂驱车至于茆门。廷理曰："车不得至茆门。至茆门，非法也。"太子曰："王召急，不得须无潦。"遂驱之。廷理举殳而击其马⑫，败其驾。太子入为王泣曰："廷中多潦，驱车至茆门，廷理曰'非法也'，举殳击臣马，败臣驾。王必诛之。"王曰："前有老主而不逾，后有储主而不属，矜矣⑬！是真吾守法之臣也。"乃益爵二级，而开后门出太子。"勿复过。"

【注释】

① 舜：我国原始社会部落联盟首领，尧的继承人。
② 鲧：夏后氏部落的首领，禹的父亲。
③ 羽山：古代山名，位于今江苏连云港西。
④ 共工：我国古代神话中的人物。
⑤ 幽州：古代九州之一，位于今河北北部、东部和辽宁部分地区。
⑥ 茅门：即雉门。古代诸侯宫室有三道大门，即库门、雉门、路门。茅门是第二道门，门前为外朝的地方。
⑦ 霤（liù）：屋檐下滴水的地方。
⑧ 辀（zhōu）：车辕。
⑨ 宗庙：祖宗的神庙，安置祖宗神主和祭祀的地方。

⑩尚:通"上"。

⑪茢门:即茅门。下文凡言"茢"皆同此。茢,同"茅"。

⑫殳(shū):竹柄上装有八角圆球的长兵器。

⑬矜:通"贤",贤能。

【译文】

尧想把天下传给舜。鲧进谏说:"不吉利呀!谁把天下传给一个普通民众呢?"尧不听,发动军队攻打鲧并在羽山野外诛杀了鲧。共工又进谏说:"谁把天下传给一个普通民众呢?"尧不听,发动军队攻打共工并在幽州都城诛杀了共工。于是天下没有人敢说不要把天下传给舜了。孔子听说这件事后说:"尧知道舜的贤明,这不难。至于诛杀进谏的人而一定要传位给舜,才是困难的。"另一种说法:"不因为进谏的人提出疑问而败坏自己明察的事情才是困难的。"

楚庄王关于外朝的规定是:"群臣大夫及公子们进入朝廷,马蹄踏到屋檐下滴水地方的人,执法官要砍断他的车辕,杀死车夫。"在这时太子进入朝廷,马蹄踏到了屋檐下滴水的地方,执法官砍断了他的车辕,杀死了他的车夫。太子很生气,进去向荆庄王哭诉说:"请替我杀了执法官。"楚庄王说:"法令,是用来敬守宗庙、尊敬国家的。所以能够制定法令、遵守法令、尊敬国家的人,是国家的重臣,怎么能杀掉呢?违犯法令、废弃法令、不尊敬国家,这些都是臣下对君主的侵犯。臣下侵犯君主,君主就会失去威严;臣下侵犯君主,君位就受到危及。威严丧失君位受到危及,国家就守不住,我将拿什么留给子孙?"于是太子回头就跑,离开居住的房屋露宿了三天,面向北方拜了两拜请求给予死罪。

另一种说法:楚庄王紧急召见太子。楚国的法令规定,车子不能到达茅门。那天下雨,庭院中有积水,太子于是驾车到了茅门。执法官说:"车子不能到茅门。到达茅门,是违犯法令的。"太子说:"父王召见很急,不能等到没有积水的时候。"于是驱赶车马向前。执法官拿起殳击打太子的马,摧毁了他的车。太子进去对楚庄王哭诉说:"庭院中有很多积水,我驾车到了茅门,执法官说'是违法的',还拿起殳击打我的马,摧毁了我的车。您一定要杀掉他。"楚庄王说:"前面有年老的君主,他不肯越轨办事,后面有接位的太子,他也不去依附,贤明啊!这真是我守法的臣子。"于是给执法官升官两级,并打开后门让太子出去。(楚庄王告诫太子说)"不要再犯违反茅门之法的错误"。

卫嗣君谓薄疑曰①:"子小寡人之国以为不足仕,则寡人力能仕子,请进爵以子为上卿②。"乃进田万顷③。薄子曰:"疑之母亲疑,以疑为能相万乘所不窕也。然疑家巫有蔡妪者,疑母甚爱信之,属之家事焉。疑智足以信言家事,疑母尽以听疑也,然已与疑言者,亦必复决之于蔡妪也。故论疑之智能,以疑为能相万乘而不窕也;论其亲,则子母之间也;然犹不免议之于蔡妪也。今疑之于人主也,非子母之亲也,而人主皆有蔡妪。人主之蔡妪,必其重人也。重人者,能行私者也。夫行私者,绳之外也；而疑之所言，法之内也。绳之外与法之内，仇也，不相受也。”

一曰：卫君之晋[④]，谓薄疑曰：“吾欲与子皆行[⑤]。”薄疑曰：“媪也在中，请归与媪计之。”卫君自请薄媪。薄媪曰：“疑，君之臣也，君有意从之，甚善。”卫君曰：“吾以请之媪[⑥]，媪许我矣。”薄疑归，言之媪也，曰：“卫君之爱疑奚与媪？”媪曰：“不如吾爱子也。”“卫君之贤疑奚与媪也？”曰：“不如吾贤子也。”“媪与疑计家事，已决矣，乃请决之于卜者蔡妪。今卫君从疑而行，虽与疑决计，必与他蔡妪败之。如是，则疑不得长为臣矣。”

【注释】

①薄疑：人名，曾在赵国和卫国做官。

②上卿：最高一级的卿。

③顷：土地计量单位，百亩为一顷。

④晋：魏的别名。魏是取代晋的三个国家之一，故又称晋。

⑤皆：通“偕”，一同，一起。

⑥以：通“已”，已经。

【译文】

卫嗣君对薄疑说：“你瞧不起我的国家，认为不值得做官，但我有能力满足你做官的要求，让你晋升爵位，任命你为上卿。”于是赐给他良田万顷。薄疑说：“我的母亲爱我，认为我是有能力的人，做大国的相仍有余力。但是我家巫师中有一个姓蔡的老妇人,我的母亲非常爱重信任她,把家事交托给她。我的智慧足以使人相信我会办好家事,我的母亲也完全听信我,但是已经和我商量过的事,也一定会再次和蔡巫婆商量决定。所以论我的智慧能力,认为我能胜任大国的相还有余力;论我们之间的亲密关系,则是母子关系;可是还不能避免和蔡巫婆再次商量。现在我和君主,没有母子之间的亲密关系,但君主身边都有类似蔡巫婆的人。君主的蔡巫婆,一定是那些握有权势的人。握有权势的人,是能行私的人。那些行私的人做的是非法的事;而我讲的,是依法办事。非法与合法是敌对的,不能相容。"

另一种说法:卫君到魏国去,对薄疑说:"我想让你同我一起走。"薄疑说:"我母亲在家中,请允许我回去同母亲商量一下。"卫君亲自请问老太太。薄老太太说:"薄疑是您的臣子,您有意让他随从您,很好。"卫君说:"我已经就此事请问过老太太,老太太答应我了。"薄疑回家,同母亲谈论这件事,说:"卫君对我的爱同您对我的爱相比怎么样?"老太太说:"不及我爱你。""卫君赏识我同您赏识我相比怎么样?"老太太说:"不及我赏识你。""您同我商计家事,已经决定了,还要请蔡巫婆最终决定。现在卫君让我跟他一起走,虽然和我决定计策,必定会有和蔡巫婆一样的人去败坏它。这样,我就不能长久做臣子了。"

夫教歌者,使先呼而诎之,其声反清徵者乃教之^①。

一曰：教歌者，先揆以法，疾呼中宫，徐呼中徵。疾不中宫，徐不中徵，不可谓教。

吴起，卫左氏中人也②，使其妻织组而幅狭于度③。吴子使更之，其妻曰："诺。"及成，复度之，果不中度，吴子大怒。其妻对曰："吾始经之而不可更也。"吴子出之。其妻请其兄而索入。其兄曰："吴子，为法者也。其为法也，且欲以与万乘致功，必先践之妻妾然后行之，子毋几索入矣。"其妻之弟又重于卫君④，乃因以卫君之重请吴子。吴子不听，遂去卫而入荆也。

一曰：吴起示其妻以组曰："子为我织组，令之如是。"组已就而效之，其组异善。起曰："使子为组，令之如是，而今也异善，何也？"其妻曰："用财若一也⑤，加务善之。"吴起曰："非语也。"使之衣归。其父往请之，吴起曰："起家无虚言。"

【注释】

① 徵（zhǐ）：古代五音（宫、商、角、徵、羽）中的一种音调。
② 左氏：卫国的邑名，位于今山东曹县西北。
③ 组：丝织的带。
④ 又：通"有"。
⑤ 财：通"材"，材料。

【译文】

教歌的人先让学唱的人放声呼唱，然后转变音调，能在转音之后回复到清越的徵音,这才教他。

另一种说法:教歌的人,先用方法测试,要求学唱的人急呼合于宫调,慢呼合乎徵调。急呼不合宫调,慢呼不合徵调,就不能受教。

吴起是卫国的左氏乡中的人,让他的妻子织丝带,可织出来的丝带比他要求的宽度窄。吴起让她更改,他的妻子说:"好。"等到织成了,再量丝带,结果还是不符合要求的尺度,吴起很生气。他的妻子回答说:"我开头就把经线确定好了,不可以更改了。"吴起休掉了他的妻子。他的妻子请自己的哥哥出面要求同吴起复婚。她的哥哥说:"吴起,是制定法令的人。他制定法令,是想用来为大国建立功业,必须首先实行于自己的妻妾,这之后才能推行,你不要希望回去了。"吴起妻子的弟弟被卫君重用,于是凭着被卫君重用的身份去请求吴起。吴起不听从,就离开卫国到楚国去了。

另一种说法:吴起拿一条丝带给他的妻子看,说:"你给我织条丝带,让它和这条一样。"丝带织成后献给吴起,这条丝带织得特别美。吴起说:"要你织丝带,让它和这条一样,现在却特别美,为什么?"他的妻子说:"用的材料和原来的一样,只是特别用了功夫使它更美。"吴起说:"这不是我的吩咐。"让她穿戴好把她休了。她妻子的父亲前来请求让他女儿复婚,吴起说:"我家没有空话。"

晋文公问于狐偃曰[①]:"寡人甘肥周于堂,卮酒豆肉集于宫[②],壶酒不清,生肉不布,杀一牛遍于国中,一岁之功尽以衣士卒,其足以战民乎?"狐子曰:"不足。"文公曰:"吾弛关市之征而缓刑罚,其足以战民乎?"狐子曰:"不足。"文公曰:"吾民之有丧资者,寡人亲使郎中视事③,有罪者赦之,贫穷不足者与之,其足以战民乎?"狐子对曰:"不足。此皆所以慎产也④;而战之者,杀之也。民之从公也,为慎产也,公因而迎杀之,失所以为从公矣。"曰:"然则何如足以战民乎?"狐子对曰:"令无得不战。"公曰:"无得不战奈何?"狐子对曰:"信赏必罚,其足以战。"公曰:"刑罚之极安至?"对曰:"不辟亲贵⑤,法行所爱。"文公曰:"善。"明日令田于圃陆⑥,期以日中为期,后期者行军法焉。于是公有所爱者曰颠颉后期,吏请其罪,文公陨涕而忧。吏曰:"请用事焉。"遂斩颠颉之脊,以徇百姓,以明法之信也。而后百姓皆惧曰:"君于颠颉之贵重如彼甚也,而君犹行法焉,况于我则何有矣。"文公见民之可战也,于是遂兴兵伐原⑦,克之。伐卫⑧,东其亩,取五鹿⑨。攻阳⑩。胜虢⑪。伐曹⑫。南围郑⑬,反之陴。罢宋围。还与荆人战城濮⑭,大败荆人,返为践土之盟⑮,遂成衡雍之义⑯。一举而八有功。所以然者,无他故异物,从狐偃之谋,假颠颉之脊也。

夫痤疽之痛也,非刺骨髓,则烦心不可支也;非如是,不能使人以半寸砥石弹之。今人主之于治亦然:非不知有苦则安;欲治其国,非如是不能听圣知而诛乱臣⑰。乱臣者，必重人；重人者，必人主所甚亲爱也。人主所甚亲爱也者，是同坚白也⑱。夫以布衣之资，欲以离人主之坚白、所爱，是以解左髀说右髀者⑲，是身必死而说不行者也。

【注释】

① 狐偃：字子犯，晋文公的舅父，又叫舅犯。
② 卮（zhī）酒豆肉：形容酒肉不多。卮，酒杯。豆，盛肉的器具。
③ 郎中：君主的侍从官员，负责通报和警卫。
④ 慎：通"顺"。
⑤ 辟：通"避"。
⑥ 圉陆：即被庐，晋国地名。
⑦ 原：诸侯国名，位于今河南济源西北。
⑧ 卫：诸侯国名，位于今河南东北部和河北、山东部分地区。
⑨ 五鹿：卫国地名，位于今河南清丰西北。
⑩ 阳：指阳樊，地名，位于今河南济源东南。
⑪ 虢：诸侯国名，位于今河南郑州西北。
⑫ 曹：诸侯国名，位于今山东定陶西。
⑬ 郑：诸侯国名，位于今河南中部，黄河以南地区。
⑭ 城濮：卫国地名，位于今山东濮县南。
⑮ 践土：郑国地名，位于今河南武陟东南。
⑯ 衡雍：一作"河雍"，郑国地名，位于今河南原阳西南。
⑰ 知：同"智"，智慧。

⑱坚白：指石头的"坚"和"白"两种属性。关于这二者的关系问题，曾在战国时引起广泛的学术争论。

⑲髀：大腿。

【译文】

晋文公向狐偃问政，说道："我把美味的东西遍赐给朝廷里的人，只有少量的酒肉放在宫内，酒酿成后不等澄清就给大家饮，鲜肉不存放就煮给大家吃，杀一头牛也遍分给国人，一年织成的布都给士兵做衣服穿，这样做能够使民众为我打仗了吧？"狐偃说："不能。"晋文公说："我放松城关和集市的税收并且放宽刑罚，这样做能够使民众为我打仗了吧？"狐偃说："不能。"晋文公说："我的民众有丧失财产的，我亲自派郎中去察看处理，对有罪的人免除刑罚，对贫穷不富足的人布施恩惠，这样做能使民众为我打仗了吧？"狐偃回答说："不能。这些都是适合民众生存要求的做法；而使他们打仗，等于是要杀死他们。民众追随您，是为了顺顺当当地活着，您却违反他们的要求杀掉他们，这样就失去了民众跟从您的理由。"晋文公问："既然这样，那么怎么做才能让民众为我打仗呢？"狐偃回答说："使他们不得不去打仗。"晋文公问："怎样做才能让他们不得不去打仗？"狐偃回答说："有功必加奖赏，有罪必加惩罚，这样就能使他们为您打仗了。"晋文公问："刑罚的最高原则怎样实现呢？"狐偃回答说："刑罚不避开亲近和显贵的人，法治实施到您所宠幸的人。"晋文公说："好。"第二天下令在圃陆围猎，约定以中午为期限，迟到的人按军法处置。当时晋文公所爱重的一个叫颠颉的人迟到了，官吏请君主定他的罪，晋文公伤心得落下眼泪。官吏说："请用刑吧。"于是砍断颠颉的脊梁，以此来昭示民众，来表明实行法令的信用。这之后民众都害怕地说："君主对颠颉的爱重是那么深切，还对他施加了刑罚，何况对于我们，又有什么值得留情的呢？"晋文公见民众肯为他打仗了，于是就发动军队攻打原国，原国被攻破。攻打卫国，将卫国原来的田亩阡陌方向改为东西向，又攻取了五鹿。攻取阳樊。战胜虢国。进攻曹国。往南围攻郑国，破坏了郑国的城垛。解除了宋国的围兵。回头和楚军在城濮交战，大败楚军，回国时订立了践土之盟，于是又结成了衡雍之盟。一下子就建立了八项功业。之所以能够这样，没有其他原因，是由于听从了狐偃的主张，利用砍断颠颉脊梁的事彰明了法令。

痈疽的疼痛，不用针刺入骨髓，心里的烦苦就支持不了；如果不是这样，也就不会让人用半寸长的石针去刺它。现在君主治理国家也是这样：不是不知道经过痛苦才能平安；要想治理好国家，不是这样就不会听信智慧极高的人而镇压作乱的奸臣。作乱的奸臣，一定是握有重权的人；握有重权的人，一定是君主非常爱重的人。君主和他非常爱重的人，就像石头的"坚"和"白"两属性一样密不可分。凭普通人的条件，想要君主和他亲近爱重的人分开，这等于是劝说右腿同意割掉左腿一样，这样自己一定会被杀害，意见却是不会被采纳的。

外储说右下

　　本文共有五段"经文"和相应的"说文",阐述了五个问题。"经一"和"说一"说明君主和臣下不能共同掌握赏罚大权,君主的威德不能分于臣下,否则就有身死国亡的危险。"经二"和"说二"说明君主对臣下要严明赏罚,实行法治而不讲私爱;臣下则要效死立功而不必对君主讲私忠。"经三"和"说三"阐明君主不能把权势借给臣下,不可随便暴露自己的爱憎,以妨奸臣阴谋篡权。"经四"和"说四"强调君主应用法术治国,要"治吏不治民","不亲细民","不躬小事",达到纲举目张的效果。"经五"和"说五"说明"因事之理,则不劳而成",否则就会使民众不知所措。

　　本文篇幅较长,但作者将其分为五个部分,各部分论述一个问题,使全文波澜壮阔而又层次分明。全文观点鲜明,逻辑严密,说理透彻。

经一

赏罚共则禁令不行。何以明之？明之以造父、于期①。子罕为出彘②，田恒为囿池③，故宋君、简公弑④。患在王良、造父之共车⑤，田连、成窍之共琴也⑥。

【注释】

①造父：人名，春秋末期晋国人，以善于驾车著名。一说为西周时人，周穆王西巡，曾命造父驾车。于期：即王子于期，也称王于期，王良的别名，春秋末期晋国人，以善于驾车著名。
②子罕：即皇喜，姓戴，战国时宋国的司城。
③田恒：指田恒成，即田成子，又称陈恒或田成常，"成"是田恒的谥号。春秋末期齐国执政大臣。
④宋君：指宋桓侯，名璧，一作"璧兵"，战国时宋国君主。简公：指齐简公，名任，春秋末期齐国君主。
⑤王良：人名，古代善于驾车的人。
⑥田连、成窍：两个人名，生平不详。

【译文】

经一

君主和大臣共同掌握赏罚大权，法令就不能推行。用什么来说明这个道理呢？用造父驾车的马被突然窜出的猪所惊吓而失去控制的故事来说明，用王良驾车的马被囿池中的水草所吸引而失去控制的故事来说明。子罕就像突然窜出的猪，田恒就像囿池中的水草，宋君和齐简公的权势被他们所分，因此不免被他们杀害。祸患表现在王良、造父共驾一辆车而无法指挥马，田连、成窍共弹一张琴而不能成曲调。

说一

造父御四马，驰骤周旋而恣欲于马。恣欲于马者，擅辔策之制也。然马惊于出彘而造父不能禁制者，非辔策之严不足也，威分于出彘也。王子于期为驸驾，辔策不用而择欲于马，擅刍水之利也。然马过于圃池而驸驾败者，非刍水之利不足也，德分于圃池也。故王良、造父，天下之善御者也，然而使王良操左革而叱咤之①，使造父操右革而鞭笞之，马不能行十里，共故也。田连、成窍，天下善鼓琴者也，然而田连鼓上、成窍擽下而不能成曲②，亦共故也。夫以王良、造父之巧，共辔而御，不能使马，人主安能与其臣共权以为治？以田连、成窍之巧，共琴而不能成曲，人主又安能与其臣共势以成功乎？

一曰：造父为齐王驸驾，渴马服成，效驾圃中。渴马见圃池，去车走池，驾败。王子于期为赵简主取道争千里之表③，其始发也，彘伏沟中，王子于期齐辔策而进之，彘突出于沟中，马惊驾败。

【注释】

①革：通"勒"，带嚼口的马笼头。

②揿（jiē）：用手指按。

③赵简主：即赵简子，名鞅，春秋末期晋国执政的卿。当时家臣称卿大夫为主，所以又称赵简主。

【译文】

说一

造父驾驭拉车的四匹马，时而向前奔驰，时而绕圈打转，得心应手地驾驭着马。能得心应手地驾驭马的原因，在于他有独掌马缰绳和马鞭的权力。然而，马突然被窜出来的猪所惊吓使造父不能控制的原因，并不是马缰绳和马鞭的威力不足，而是被窜出来的猪分散了这种威力。王良驾驭副车，不用马缰绳和马鞭而是根据马的喜好，专门用草料和水去控制它。可是马经过草圃和水池时驾车却失败了，不是草料和水的好处不够，而是因为这种好处被草圃和池水分散了。所以王良、造父都是天下善于驾驭车马的人，可是让王良掌握着马笼头的左边大声吆喝，让造父掌握着马笼头的右边用鞭子抽打，马连十里也走不到，因为二人共驾一车的缘故。田连、成窍都是天下善于弹琴的人，然而让田连在琴首弹拨，让成窍在琴尾按捺，却不能构成曲调，也是由于两人共弹一张琴的缘故。凭着王良、造父高超的驾车技能，共同掌握马缰绳来驾驭，却驱使不了马，君主怎么能把与他的臣子共掌权柄作为治国之道呢？凭着田连、成窍巧妙的弹琴技法，共弹一张琴却弹不成曲调，君主又怎么能同他的臣子共掌权势来成就功业呢？

另一种说法：造父是齐王副车的御者，他用控制饮水的方法把马训练成功。在园囿中试车，口渴的马看见园囿中的水池，就离开车子跑向水池，试车因此失败。王良驾车替赵简主争夺长途赛程的锦标，车子刚出发时，有头猪伏在沟里，当王良快马加鞭前进时，猪突然从沟里窜出来，马受到惊吓，驾车失败。

司城子罕谓宋君曰①："庆赏赐与，民之所喜也，君自行之；杀戮诛罚，民之所恶也，臣请当之。"宋君曰："诺。"于是出威令，诛大臣，君曰"问子罕"也。于是大臣畏之，细民归之。处期年，子罕杀宋君而夺政。故子罕为出彘以夺其君国②。

简公在上位，罚重而诛严，厚赋敛而杀戮民。田成恒设慈爱，明宽厚。简公以齐民为渴马，不以恩加民，而田成恒以仁厚为圃池也。

一曰：造父为齐王驸驾，以渴服马，百日而服成。服成，请效驾齐王，王曰："效驾于圃中。"造父驱车入圃，马见圃池而走，造父不能禁。造父以渴服马久矣，今马见池，駻而走，虽造父不能治。今简公之以法禁其众久矣，而田成恒利之③，是田成恒倾圃池而示渴民也。

一曰：王子于期为宋君为千里之逐。已驾，察手吻文④。且发矣，驱而前之，轮中绳；引而却之，马掩迹。拊而发之。彘逸出于窦中。马退而却，策不能进前也；马駻而走，辔不能正也。

一曰：司城子罕谓宋君曰："庆赏赐予者，民之所好也，君自行之；诛罚杀戮者，民之所恶也，臣请当之。"于是戮细民而诛大臣,君曰:"与子罕议之。"居期年,民知杀生之命制于子罕也,故一国归焉。故子罕劫宋君而夺其政,法不能禁也。故曰:"子罕为出彘,而田成常为囿池也。"令王良、造父共车,人操一边辔而出门闾,驾必败而道不至也。令田连、成窍共琴,人抚一弦而挥,则音必败、曲不遂矣。

【注释】

① 司城:宋国掌管土木建筑的官,即司空,因避宋武公讳而改。
② 彘(zhì):猪。
③ 田成恒:即田成子,叫田恒,又称田常,春秋末期齐国的执政大臣。
④ 察:通"擦"。文:同"纹"。

【译文】

司城子罕对宋君说:"奖赏恩赐,是百姓所喜爱的,您自己执行;杀戮惩罚,是民众所厌恶的,请让我来担当。"宋君说:"好。"于是发布威慑民众的命令、诛杀大臣之类的事,宋君都说"问子罕"。这样,大臣们畏惧子罕,小民们归附子罕。过了一年,子罕杀死宋君夺取了政权。所以说,子罕就像突然窜出的猪一样夺取了他的君主的国家。

齐简公处在国君的位置上,刑罚很重诛杀严酷,赋税繁重且常常杀戮百姓。田恒对民众布施慈爱,显示宽厚。齐简公把齐国的民众当作渴马,不对他们施加恩惠,田恒就用仁厚作为圃池来争取他们。

另一种说法：造父是齐王副车的御者，用控制饮水的办法训练马，一百天后训练成功。训练成功后，他请求为齐王试车，齐王说："在园圃中试车。"造父驾车进入园圃，马看见园圃中的水池就跑过去，造父没法制止。造父用控制饮水的办法训练马已经很久了，现在马看见水池就凶悍地跑去，即使是造父也没法制止。现在齐简公用法令禁锢百姓很久了，而田恒却给予他们好处，这样做就好比田恒倾倒出圃池中的水而给饥渴的百姓看。

另一种说法：王良替宋君进行长途赛车的角逐。车子已经套好，他摩拳擦掌（准备开始）。比赛将要开始了，王良赶车向前，轮子完全符合车辙；拉着马让它后退，马的前蹄正好掩盖后蹄的足迹。策马出发，却从洞中跑出一头猪。马受惊后退停下来，鞭打也不能使它前进；马凶悍地奔跑，拉紧缰绳也不能矫正它。

另一种说法：司城子罕对宋君说："奖赏恩赐是民众所喜好的，请您自己执行；惩罚杀戮是民众所厌恶的，请让我来担当。"于是杀戮小民、诛杀大臣一类的事，宋君都说："和子罕商议去。"过了一年，民众知道发布让人死或让人活这一命令的大权掌握在子罕手中，所以全国的民众都归附于他。所以子罕挟持宋君并夺取了他的政权，法令也不能阻止此事。所以说："子罕就像突然窜出的猪，田恒就像圃池中的水草。"让王良、造父共同驾驭一辆车，每人各握一边的马缰绳从里巷的门出去，驾车必定失败而不能回到正道上。让田连、成窍共弹一张琴，每人各按一根弦来弹奏，那么弹奏必定失败而弹不成曲调。

经二

治强生于法，弱乱生于阿，君明于此，则正赏罚而非仁下也。爵禄生于功，诛罚生于罪，臣明于此，则尽死力而非忠君也。君通于不仁，臣通于不忠，则可以王矣。昭襄知主情而不发五苑①，田鲔知臣情故教田章②，而公仪辞鱼③。

【注释】

①昭襄：指秦昭襄王，又称秦昭王或襄王，名则，战国时秦国的国君。苑：古代养禽兽植林木以供帝王游猎的场所。
②田鲔（wěi）：人名，生平不详。田章：人名，生平不详。
③公仪：指公仪休，战国时鲁国的博士，曾任鲁穆公的相。

【译文】

经二

国家的安定和强大来自依法办事，国家的衰弱和动乱来自不按法办事，君主明白这个道理，就要公正地实行赏罚而不对臣民讲仁爱。爵位和俸禄来自所立的功劳，杀戮和惩罚来自所犯的罪行，臣民明白这个道理，就会卖命出力而不讲对君主个人效忠。君主明白不讲仁爱的道理，臣下明白不讲私忠的道理，就可以统治天下了。秦昭襄王懂得做君主的道理,所以不散发五苑的瓜果蔬菜去救济民众;田鲔懂得做臣民的道理,所以教育儿子田章一切要从利害出发;公仪休虽爱吃鱼却不接受别人送的鱼。

说二

秦昭王有病,百姓里买牛而家为王祷。公孙述出见之①,入贺王曰:"百姓乃皆里买牛为王祷。"王使人问之,果有之。王曰:"訾之人二甲②。夫非令而擅祷,是爱寡人也。夫爱寡人,寡人亦且改法而心与之相循者,是法不立;法不立,乱亡之道也。不如人罚二甲而复与为治。"

一曰:秦襄王病,百姓为之祷;病愈,杀牛塞祷。郎中阎遏、公孙衍出见之③,曰:"非社腊之时也④,奚自杀牛而祠社?"怪而问之。百姓曰:"人主病,为之祷;今病愈,杀牛塞祷。"阎遏、公孙衍说⑤,见王,拜贺曰:"过尧、舜矣。"王惊曰:"何谓也?"对曰:"尧、舜⑥,其民未至为之祷也。今王病而民以牛祷,病愈,杀牛塞祷,故臣窃以王为过尧、舜也。"王因使人问之,何里为之,訾其里正与伍老屯二甲⑦。阎遏、公孙衍愧不敢言。居数月,王饮酒酣乐,阎遏、公孙衍谓王曰:"前时臣窃以王为过尧、舜,非直敢谀也。尧、舜病,且其民未至为之祷也;今王病,而民以牛祷,病愈,杀牛塞祷。今乃訾其里正与伍老屯二甲,臣窃怪之。"王曰:"子何故不知于此?彼民之所以为我用者,非以吾爱之为我用者也，以吾势之为我用者也。吾释势与民相收，若是，吾适不爱而民因不为我用也，故遂绝爱道也。"

【注释】

①公孙述：秦昭襄王的侍从官。

②訾：通"赀"，小罚，用财物赎罪。甲：古代军人穿的金属或皮革做的护身衣服。

③郎中：君主的侍从官，主管通报和警卫。阎遏、公孙衍：秦昭襄王的两个侍从官，生平不详。

④社：土地神，这里指祭祀土地神。腊：指腊祭，古代周历十二月（夏历十月）举行，祭祀百神。

⑤说：同"悦"，高兴。

⑥尧、舜：都是我国原始社会末期的部落联盟首领，传说中的贤君。

⑦里正：里长，古代的乡官。伍老：伍长。伍，古代的居民单位，五家为一伍。

【译文】

说二

秦昭襄王生病，每个里的民众都买牛祭神，家家为他祈祷。公孙述从王宫出来看见了，回宫祝贺秦昭襄王说："竟然整个国家的民众都买牛祭神为您祈祷。"秦昭襄王派人查问此事，果然确有其事。秦昭襄王说："罚他们每人出两副甲。没有命令却擅自祈祷，这是爱我。他们爱我，我也将改变法令而以同样的心去爱他们，这样法制就不能建立；法制不建立，则是乱国亡身的途径。不如每人罚两副甲来重新和他们搞好国家的治理。"

另一种说法：秦昭襄王生病，民众为他祈祷；秦昭襄王病好了，民众又杀牛向神还愿。郎中阎遏、公孙衍出宫看见了，说："现在不是祭土地神和腊祭的时候，为什么要杀牛祭祀呢？"两人感到奇怪而询问此事。民众说："君主生病时，我们为他祈祷；现在病好了，我们杀牛还愿谢神。"阎遏、公孙衍很高兴，去拜见秦昭襄王，祝贺说："您胜过了尧、舜。"秦昭襄王吃惊地问："为什么这样说？"二人回答说："尧、舜，他们的臣民还没有达到为他们祈祷的地步。现在您生病民众却用牛来祈祷，病好后，民众杀牛向神还愿，所以我们私下以为您胜过了尧、舜。"秦昭襄王于是派人查问此事，哪个居民区这样做的，罚它的乡官和伍长都出两副甲。阎遏、公孙衍惭愧得不敢再说话。过了几个月，秦昭襄王喝酒喝得很痛快情绪很好，阎遏、公孙衍趁此时机对秦昭襄王说："先前我们私下以为您胜过尧、舜，不是故意要奉承您。尧、舜生病，他们的臣民还没有达到为他们祈祷的地步；现在您生病了，民众却用牛来祈祷，您病好了，他们就杀牛向神还愿。现在您却罚他们的乡官和伍长都出两副甲，我们私下感到不解。"秦昭襄王说："你们为什么不懂这一点？那些民众为我所用的原因，并不在于我爱他们就为我所用，而在于我有权势就为我所用。如果我放弃了权势而同他们彼此结交，像这样，我偶然不爱他们，他们就不为我所用了，所以最终要摒弃仁爱的做法。"

秦大饥，应侯请曰[①]："五苑之草著：蔬菜、橡果、枣栗，足以活民，请发之。"昭襄王曰："吾秦法，使民有功而受赏，有罪而受诛。今发五苑之蔬草者，使民有功与无功俱赏也。夫使民有功与无功俱赏者，此乱之道也。夫发五苑而乱，不如弃枣蔬而治。"一曰："令发五苑之蓏、蔬、枣、栗[②]，足以活民，是用民有功与无功争取也。夫生而乱，不如死而治，大夫其释之[③]。"

【注释】

[①]应侯：范雎的封号。范雎是战国时魏国人，任秦昭襄王相，以功封于应（位于今河南鲁山东北）。

[②]蓏（luǒ）：瓜类植物的果实。

[③]大夫：指范雎，这里用官位名号作为尊称。

【译文】

秦国发生了严重饥荒，应侯范雎请求说："五苑中著地而生的草木：蔬菜、橡果、枣栗，足够用来养活百姓，请您把它们发放给百姓。"秦昭襄王说："我们秦国的法律，让有功的民众接受赏赐，让有罪的民众受到诛杀。现在发放五苑的蔬果草木的做法，是让有功的民众和无功的民众都接受赏赐。让有功的民众和无功的民众都接受赏赐的做法，这是使国家混乱的做法。发放五苑中的东西使国家混乱，不如不给枣蔬而让国家安定。"另一种说法：秦昭襄王说："命令发放五苑中的瓜果蔬菜，能够用来养活民众，这是让有功的百姓和无功的百姓去争夺。与其让他们活着使国家混乱，不如让他们死掉而使国家安定，应侯您放弃您的主张吧。"

田鲔教其子田章曰："欲利而身，先利而君；欲富而家，先富而国。"

一曰：田鲔教其子田章曰："主卖官爵，臣卖智力，故自恃无恃人。"

公仪休相鲁而嗜鱼，一国尽争买鱼而献之，公仪子不受。其弟谏曰："夫子嗜鱼而不受者，何也？"对曰："夫唯嗜鱼，故不受也。夫即受鱼，必有下人之色；有下人之色，将枉于法；枉于法，则免于相。虽嗜鱼，此不必致我鱼，我又不能自给鱼。即无受鱼而不免于相，虽嗜鱼，我能长自给鱼。"此明夫恃人不如自恃也，明于人之为己者不如己之自为也。

【译文】

田鲔教导他的儿子田章说："你要想自己得到利益，先要让你的君主得到利益；你要想家庭富有，先要让你的国家富有。"

另一种说法：田鲔教导他的儿子田章说："君主出售爵位给臣子，臣子出售智力给君主，所以只能依靠自己不能依靠别人。"

公仪休任鲁国的相，他喜欢吃鱼，全国的人都争着买鱼来献给他，他不接受。他的弟弟劝他说："您爱吃鱼却不接受别人送的鱼,为什么呢?"公仪休回答说:"正因为爱吃鱼,所以才不接受别人送来的鱼。假如接受了鱼,一定会有迁就送鱼者的表现;有迁就他们的表现,就将违背法令;违背法令,就会被罢免相位。即使我爱吃鱼,这样也就不一定会再给我鱼,我也不能自己弄到鱼。如果我不接受鱼,那就不会被罢免相位,尽管爱吃鱼,我能够经常自己弄到鱼。"这是懂得那种依靠别人不如依靠自己的道理,懂得别人为自己不如自己为自己的道理。

经三

明主者,鉴于外也,而外事不得不成,故苏代非齐王①。人主鉴于上也,而居者不适不显,故潘寿言禹情②。人主无所觉悟,方吾知之③,故恐同衣同族,而况借于权乎!吴章知之④,故说以佯,而况借于诚乎!赵王恶虎目而壅⑤。明主之道,如周行人之却卫侯也⑥。

【注释】
① 苏代:战国时东周洛阳人,纵横家苏秦的弟弟,合纵的鼓吹者。
② 潘寿:人名,生平不详。禹:夏朝的开国君主。
③ 方吾:人名,生平不详。
④ 吴章:人名,生平不详。
⑤ 赵王:指赵孝成王,名丹,战国时赵国国君。
⑥ 行人:掌管国家对外事物的官。卫侯:指卫文公,

原名辟疆,后改名为燬(huǐ),春秋时卫国国君。

【译文】

经三

明智的君主,借鉴国外的经验,然而对国外的事情借鉴不当还是不能成功,因此苏代批评齐王不信任大臣,燕王以此为鉴而让权落到子之手里。君主借鉴上古的事情,然而听隐士的话借鉴不当还是不能显耀自己,因此潘寿谈夏禹传位给伯益的事,燕王以此为借鉴把国位让给了子之。君主对这些还无所觉悟,方吾却懂得这个道理,所以他提到古礼上说不和穿同一服装的人共坐一辆车,不和同一家族的人住在一起,何况把君主的大权转让给别人呢!吴章懂得这个道理,所以劝说君主连假的爱憎都不要表露,何况把真情流露给别人呢!赵王厌恶老虎的眼睛,身边近侍说权臣的眼睛比老虎的眼睛更可怕,赵王却不觉悟而受到蒙蔽。明智的君主的治国方法,就像周王朝主管接待的官员阻挡卫侯那样维护君主的尊严。

说三

子之相燕①,贵而主断。苏代为齐使燕②,王问之曰:"齐王亦何如主也?"对曰:"必不霸矣。"燕王曰:"何也?"对曰:"昔桓公之霸也③,内事属鲍叔④,外事属管仲⑤,桓公被发而御妇人,日游于市。今齐王不信其大臣。"于是燕王因益大信子之。子之闻之,使人遗苏代金百镒⑥,而听其所使。

一曰:苏代为齐使燕,见无益子之,则必不得事而还，贡赐又不出，于是见燕王，乃誉齐王。燕王曰："齐王何若是之贤也？则将必王乎？"苏代曰："救亡不暇，安得王哉？"燕王曰："何也？"曰："其任所爱不均。"燕王曰："其亡何也？"曰："昔者齐桓公爱管仲，置以为仲父⑦，内事理焉，外事断焉，举国而归之，故一匡天下，九合诸侯。今齐任所爱不均，是以知其亡也。"燕王曰："今吾任子之，天下未之闻也⑧？"于是明日张朝而听子之。

【注释】

① 子之：人名，战国时燕王哙（kuài）的相。燕：诸侯国名，范围包括今河北大部和山西、辽宁等的部分地区。

② 齐：诸侯国名，范围包括今山东大部和河北东南部。

③ 桓公：指齐桓公，名小白，"春秋五霸"之一。

④ 鲍叔：指鲍叔牙，齐桓公的亲信大臣。

⑤ 管仲：名夷吾，齐桓公的相。

⑥ 镒（yì）：古代重量单位，二十两（或二十四两）为一镒。

⑦ 仲父：长辈的意思，这是齐桓公对管仲的尊称。

⑧ 也：通"耶"，吗。

【译文】

说三

　　子之任燕国的相，地位尊贵并且专权。苏代为齐国出使燕国，燕王问他说："齐王是怎样的一个君主？"苏代回答说："一定不会称霸了。"燕王说："为什么呢？"苏代回答说："从前齐桓公称霸，朝廷内的事托付给鲍叔牙，外交活动托付给管仲，齐桓公自己披头散发玩弄女人，每天在宫内的市场上游玩。而现在齐王不信任他的大臣。"从此燕王更加信任子之。子之听说了此事，派人送给苏代百镒黄金，并听从苏代的使唤。

另一种说法：苏代为齐国出使燕国，看到不使子之获得好处，就一定会办不成事而回，燕国给齐国的贡物和燕王给他的赏赐也拿不到手，于是见到燕王，就称赞齐王。燕王说："齐王怎么会如此贤明？那不是一定要统治天下了吗？"苏代说："挽救危亡都来不及，怎么能称王呢？"燕王说："为什么呢？"苏代说："他对亲信的人任用不当。"燕王说："那怎么会危亡呢？"苏代说："从前齐桓公敬爱管仲，立他为仲父，内政由他处理，外交由他决断，全国的事都由他掌握，所以能够一举匡正天下，多次会合诸侯。现在的齐王对他亲信的人任用不当，因此知道齐国要灭亡了。"燕王说："现在我任用子之，难道天下的人没有听说吗？"于是第二天盛设朝会一切听凭子之处理。

潘寿谓燕王曰："王不如以国让子之。人所以谓尧贤者，以其让天下于许由①，许由必不受也，则是尧有让许由之名而实不失天下也。今王以国让子之，子之必不受也，则是王有让子之之名而与尧同行也。"于是燕王因举国而属之，子之大重。

一曰：潘寿，隐者。燕使人聘之。潘寿见燕王曰:"臣恐子之之如益也②。"王曰:"何益哉?"对曰:"古者禹死,将传天下于益,启之人因相与攻益而立启③。今王信爱子之,将传国子之,太子之人尽怀印,为子之之人无一人在朝廷者。王不幸弃群臣,则子之亦益也。"王因收吏玺④,自三百石以上皆效之子之⑤,子之大重。夫人主之所以镜照者,诸侯之士徒也,今诸侯之士徒皆私门之党也。人主之所以自浅娟者⑥,岩穴之士徒也,今岩穴之士徒皆私门之舍人也。是何也?夺褫之资在子之也。故吴章曰:"人主不佯憎爱人。佯爱人,不得复憎也;佯憎人,不得复爱也。"

一曰:燕王欲传国于子之也,问之潘寿,对曰:"禹爱益而任天下于益,已而以启人为吏。及老,而以启为不足任天下,故传天下于益,而势重尽在启也。已而启与友党攻益而夺之天下,是禹名传天下于益,而实令启自取之也。此禹之不及尧、舜明矣。今王欲传之子之,而吏无非太子之人者也,是名传之而实令太子自取之也。"燕王乃收玺,自三百石以上皆效之子之,子之遂重。

【注释】

①许由:古代隐士。相传尧要把天下让给他,他不愿接受,隐居到箕山下。

②益:指伯益,夏禹的大臣。

③启:禹的儿子,后继位为王,杀掉伯益。

④玺（xǐ）：印章。秦汉以后专指皇帝的印，以前也可指官印。

⑤石：容量单位，十斗为一石。

⑥浅媇（shāo）：防御侵犯，奋起自卫。一说"浅媇"通"谗陭"（zhǎnqiào），本义为高峻，引申为尊严。浅（jiǎn），通"戬"，猛鸟攫物的情态，引申为勇猛。媇，被侮，被侵犯。

【译文】

潘寿对燕王说："您不如把国家让给子之。人们之所以说尧贤明，是因为他把天下让给了许由，许由又必定不接受，那么这就使尧有了让天下的名声而实际上又没有失去天下。现在您把国家让给子之，子之一定不接受，那么这就使您有了让国给子之的名声而与尧有了同样的高行。"于是燕王就把整个国家交托给子之，子之的地位大大尊贵了。

另一种说法：潘寿，是隐士。燕国派人聘请他。潘寿见到燕王说："我担心子之会像伯益一样。"燕王说："怎么会像伯益一样呢？"潘寿回答说："古代禹死的时候，要把天下传给伯益，启的亲信就相互勾结攻打伯益并立启为王。现在您信任宠爱子之，准备把君位传给他，可是太子的党徒全部控制着大权，支持子之的人没有一个在朝廷内。如果您不幸去世，子之就会像伯益一样了。"燕王就把官吏的印都收上来，凡是领取三百石以上俸禄的官印都交给子之处理，子之的地位大大尊贵了。君主用来作为借鉴的人，是诸侯手下的士人们，而现在诸侯手下的士人们都是一些私人的党羽。君主用来作为自卫的人，是隐居山林的士人们,而现在隐居山林的士人们都是一些私人的门客。这是什么原因呢?因为剥夺的权力掌握在子之手里。所以吴章说:"君主不要假装恨人,也不要假装爱人。假装爱人,就不能再恨他;假装恨人,就不能再爱他。"

另一种说法:燕王想把君位传给子之,就此事询问潘寿,潘寿回答说:"禹爱重伯益而把天下托付给伯益,不久又让启手下的人做官吏。等到年老的时候,禹认为不能把天下托付给启,所以把天下传给了伯益,但权势都掌握在启的手中。过后不久,启同他的朋友、同党就攻打伯益并把天下从伯益手中夺了过来,这样禹虽然名义上把天下传给了伯益,实际上却是让启自己夺取天下。这表明禹不如尧、舜贤明。现在您想把君位传给子之,可是官吏们无不是太子手下的人,这是名义上传位给子之实际上却是让太子自己夺取君位。"燕王于是收回官印,凡是领取三百石以上俸禄的官印都交给子之处理,子之的地位于是尊贵了。

方吾子曰:"吾闻之古礼:行不与同服者同车,不与同族者共家,而况君人者乃借其权而外其势乎!"

吴章谓韩宣王曰[①]:"人主不可佯爱人,一日不可复憎;不可以佯憎人,一日不可复爱也。故佯憎佯爱之征见[②],则谀者因资而毁誉之。虽有明主,不能复收,而况于以诚借人也!"

赵王游于圃中,左右以兔与虎而辍,盻然环其眼[③]。王曰:"可恶哉,虎目也!"左右曰:"平阳君之目可恶过此[④]。见此未有害也,见平阳君之目如此者，则必死矣。"其明日，平阳君闻之，使人杀言者，而王不诛也。

卫君入朝于周，周行人问其号，对曰："诸侯辟疆。"周行人却之曰："诸侯不得与天子同号。"卫君乃自更曰："诸侯燬。"而后内之⑤。仲尼闻之曰："远哉禁逼！虚名不以借人，况实事乎？"

【注释】

①韩宣王：即韩宣惠王，战国时韩国国君。

②见：同"现"。

③盻（xì）：怒视。环：通"圜"，圆瞪。

④平阳君：赵孝成王叔父赵豹的封号。赵豹曾任赵国的相。

⑤内：同"纳"，接纳。

【译文】

方吾子说："我听说古礼上讲：出外不和穿同样服装的人同坐一辆车，住家不和同一家族的人聚居在一起，何况做君主的还把自己的权势外借呢！"

吴章对韩宣王说："君主不能假装爱人，一旦假装爱了某人，他日就不能再恨他了；君主不能假装恨人，一旦假装恨某人，他日就不能再爱他了。所以假装爱、假装憎的感情稍有表现，阿谀奉承的人就会根据这个去诋毁或称赞他人。即使是英明的君主，也不能再把它收回来，更何况把真实的情感表露给别人呢？"

赵王到花园中游玩，身边的侍从拿一只兔子逗老虎，给它吃又收回来,老虎发怒地圆瞪着双眼。赵王说:"老虎的眼睛真让人厌恶!"侍从说:"平阳君的眼睛比这老虎的眼睛更可恶。看到老虎的眼睛这样还没有危险,见到平阳君的眼睛像这样子就一定要死了。"第二天,平阳君听说了这件事,派人杀了说这话的人,赵王却不责备平阳君。

卫侯去朝见周天子,周王朝主管接待的官员问卫侯的名字,卫侯回答说:"诸侯辟疆。"这官员拒绝让他进去并说:"诸侯不能和天子用相同的名号。"卫侯于是自己改名说:"诸侯燬。"然后主管接待的官员才让他进去。孔子听说这件事后说:"禁止冒犯君主,意义是多么深远啊!虚名都不能拿来假借于人,何况是实际的权力呢?"

经四

人主者,守法责成以立功者也。闻有吏虽乱而有独善之民,不闻有乱民而有独治之吏,故明主治吏不治民。说在摇木之本与引网之纲。故失火之啬夫①,不可不论也。救火者,吏操壶走火,则一人之用也;操鞭使人,则役万夫。故所遇术者,如造父之遇惊马,牵马推车则不能进,代御执辔持策则马咸骛矣。是以说在椎锻平夷,榜檠矫直②。不然,败在淖齿用齐戮闵王③,李兑用赵饿主父也④。

【注释】

①啬夫:主管帛皮币圭等礼品的官。

②榜檠(bēngqíng):古代矫正弓弩的工具。

③淖齿：战国时楚国的将，后奉命救齐，齐湣王任他为相。闵王：指齐湣王。
④李兑：战国时赵惠文王的相。主父：指赵武灵王。前299年，他让位给小儿子何，自称主父。

【译文】

经四

君主是依靠严守法治原则、责令臣下完成任务来建立功业的人。只听说官吏虽然胡作非为而仍有自行守法的民众，没听说过在民众作乱时仍有自行按法办事的官吏，所以明智的君主致力于管理好官吏而不去管理民众。这种说法表现在摇树要摇干、拉网要拉纲的故事里。所以失火时负责救火的啬夫的行为，不能不加以讨论。救火时，啬夫自己提水跑去灭火，只能起到一个人的作用；如果拿着鞭子派人灭火，就能差遣上万的人。所以对待术，就像造父遇到惊马一样，别人牵着马推着车还是不能前进，而他夺过缰绳和马鞭代为驾驭，就能使几匹马一齐奔驰向前。所以这种说法表现在椎锻是用来敲打不平使之平，榜檠是用来矫正不直使之直的故事里。反之，它的失败则表现在淖齿在齐国掌权杀死了齐湣王，李兑在赵国掌权饿死了赵武灵王的故事里。

说四

摇木者一一摄其叶，则劳而不遍；左右拊其本，而叶遍摇矣。临渊而摇木，鸟惊而高，鱼恐而下。善张网者引其纲，若一一摄万目而后得，则是劳而难；引其纲，而鱼已囊矣。故吏者，民之本、纲者也，故圣人治吏不治民。

救火者，令吏挈壶瓮而走火，则一人之用也；操鞭箠指麾而趣使人①，则制万夫。是以圣人不亲细民，明主不躬小事。

造父方耨，时有子父乘车过者，马惊而不行，其子下车牵马，父子推车，请造父助我推车。造父因收器，辍而寄载之，援其子之乘，乃始检辔持策，未之用也，而马咸骛矣。使造父而不能御，虽尽力劳身助之推车，马犹不肯行也。今身使佚②，且寄载，有德于人者，有术而御之也。故国者，君之车也；势者，君之马也。无术以御之，身虽劳，犹不免乱；有术以御之，身处佚乐之地，又致帝王之功也。

【注释】

①趣：通"促"，驱使，督促。
②佚：通"逸"，安逸。

【译文】

说四

摇树的人一一掀动每片树叶，虽很劳累也不能把叶子掀遍；如果左右敲打树干，那么所有的树叶都会晃动了。在深潭边摇树，鸟会受惊而高飞，鱼会被吓而深游。善于张网捕鱼的人牵引鱼网的纲绳，如果一个一个地拨弄网眼而后取得，那就不但劳苦而且也难捕到鱼；牵引网上的纲绳，鱼就自然被网住了。所以官吏是民众的本和纲，因此圣明的君主管理官吏而不去管理民众。

救火时，让啬夫提着壶和瓮跑去救火，就只能起到一个人的作用；让啬夫拿着鞭子、短棍督促人们去救火，就能役使万人。所以圣人不亲自治理民众，明君不亲自处理小事。

造父正在锄草，这时有父子乘车经过，马受了惊不肯向前走，一个儿子下车去牵马，父子几人推车，又请造父帮忙推车。造父于是收拾好农具，停止锄草而把农具寄放到车上，拽住那个儿子牵着的马，然后才拿起缰绳和鞭子，还没有用上它们，马已一齐向前奔跑了。假使造父不会驾驭，即使用尽力气辛辛苦苦帮他们推车，马还是不会往前走。现在自身操作轻松，而且把农具寄放在车上，又有恩德施于人家，是因为有技术能驾驭惊马的缘故。所以国家好比是君主的车子，权势是君主的马。君主没有术来驾驭它，自己即使很劳苦，国家还是不免于乱；有术来驾驭它，自己不但能处在安逸快乐的地位，还能取得帝王的功业。

椎锻者，所以平不夷也；榜檠者，所以矫不直也。圣人之为法也，所以平不夷、矫不直也。

淖齿之用齐也，擢闵王之筋①；李兑之用赵也，饿杀主父。此二君者，皆不能用其椎锻榜檠，故身死为戮而为天下笑。

一曰：入齐，则独闻淖齿而不闻齐王；入赵，则独闻李兑而不闻赵王。故曰：人主者不操术，则威势轻而臣擅名。

一曰：武灵王使惠文王莅政②，李兑为相，武灵王不以身躬亲杀生之柄，故劫于李兑。

一曰③：田婴相齐④，人有说王者曰⑤："终岁之计，王不一以数日之间自听之，则无以知吏之奸邪得失也。"王曰："善。"田婴闻之，即遽请于王而听其计。王将听之矣，田婴令官具押券斗石参升之计⑥。王自听计，计不胜听，罢食后，复坐，不复暮食矣。田婴复谓曰："群臣所终岁日夜不敢偷怠之事也，王以一夕听之，则群臣有为劝勉矣。"王曰："诺。"俄而王已睡矣，吏尽揄刀削其押券升石之计。王自听之，乱乃始生。

【注释】

①擢闵王之筋：指前284年，燕兵破齐，闵王逃奔到莒，被淖齿所杀，悬尸于东庙的屋梁上。

②惠文王：名何，赵武灵王之子。

③一曰：这段文字与经文不相应，原夹在"淖齿用齐戮闵王，李兑用赵饿主父"的两种异说中间，与《储说》的体例也不合，可能是他篇的文字错入本文，现移至"说四"之末。

④田婴：号靖郭君，曾任齐相，后封于薛。

⑤王：指齐宣王。

⑥押券斗石参升之计：指全年的财政收入的账目和凭据。押券，已经签署好的呈报凭证。参，"叄"（累

的古字）的误写。"累"是很小的容量计算单位。

【译文】

椎锻，是用来使不平变得平整的；榜檠，是用来矫正不直的。圣人制定法律，是用来平整不平、矫正不直的。

淖齿在齐国掌权，抽掉了齐湣王的筋；李兑在赵国掌权，饿死了赵武灵王。这两个君主，都不能运用他的椎锻和榜檠，所以自己被杀死并被天下人耻笑。

另一种说法：到了齐国，只听说淖齿而没听说齐湣王；到了赵国，只听说李兑而没听说赵武灵王。所以说：君主不掌握权术，威势就会减弱而使大臣垄断名望。

另一种说法：赵武灵王让赵惠文王临朝亲政，李兑为相，赵武灵王因为不亲自掌握生杀大权，所以被李兑劫杀。

另一种说法：田婴任齐国的相，有人游说齐宣王说："一年的财政结算，您如果不用几天时间逐一亲自听取报告，就无法知道官吏的营私舞弊和政事得失。"齐宣王说："对。"田婴听说了此事，立即请宣王听取财政结算报告。宣王将要听取报告了，田婴让官吏准备好全年财政收入的账目和凭据。齐宣王亲自过问财政结算，但听不胜听，吃完饭，又坐下来，累得不能再吃晚饭了。田婴又对齐宣王说："群臣一年到头日日夜夜不敢马虎和懈怠的事情，您再用一个晚上亲自听取报告，那么群臣就由此得到鼓励了。"齐宣王说："好吧。"不一会儿齐宣王睡着了，官吏们抽刀削掉凭证上的结算。君主亲自听取财政结算，于是国家的混乱由此开始出现。

经五

因事之理,则不劳而成。故兹郑之踞辕而歌以上高梁也①。其患在赵简主税吏请轻重;薄疑之言"国中饱"②,简主喜而府库虚,百姓饿而奸吏富也。故桓公巡民而管仲省腐财怨女。不然,则在延陵乘马不得进③,造父过之而为之泣也。

【注释】

① 兹郑:人名,生平不详。辕:与车轴相连伸向前和衡木相连的两根直木。梁:桥。
② 薄疑:人名,战国时赵国人,曾在赵国和卫国做官。
③ 延陵:即延陵卓子,人名,生平不详。

【译文】

经五

遵循事物的法则办事,不费劳苦就会成功。所以兹郑用坐在车辕上唱歌的方法吸引行人帮助他把车子推上高桥。祸患表现在赵简主派遣官吏收税,而不定出明确的标准,致使官吏从中作弊;薄疑说"国中饱",赵简主误以为是国家富强而高兴,实际上却是府库空虚,百姓挨饿而奸吏富足。所以齐桓公视察民情发现有家贫无妻的,就同意管仲削减积财和怨女。不遵循事物的法则,就如延陵卓子用自相矛盾的方法驾车,马无法前进,使造父见了为之哭泣一样。

说五

兹郑子引辇上高梁而不能支。兹郑踞辕而歌,前者止，后者趋，辇乃上。使兹郑无术以致人，则身虽绝力至死，辇犹不上也。今身不至劳苦而辇以上者，有术以致人之故也。

赵简主出税者，吏请轻重。简主曰："勿轻勿重。重，则利入于上；若轻，则利归于民。吏无私利而正矣。"

薄疑谓赵简主曰："君之国中饱。"简主欣然而喜曰："何如焉？"对曰："府库空虚于上，百姓贫饿于下，然而奸吏富矣。"

【译文】

说五

兹郑拉着车上高桥但拉不上去。他就坐在车辕上唱歌，前面的行人止步，后面的行人赶上来，于是就帮兹郑推车上了桥。假如兹郑没有办法招人来，那么即使他用尽力气以至于累死，车子还是上不了桥。现在兹郑没有经过劳苦车子却上了桥，是因为他有办法招来人的缘故。

赵简主派出收税的官吏，官吏请示收税标准的高低。赵简主说："不要轻了也不要重了。重了，利就归于君主和国家了；轻了，那么利就归于民众了。官吏从中捞不到私利，轻重就恰到好处了。"

薄疑对赵简主说："您的国中饱。"赵简主高兴地说："怎样了呢？"薄疑回答说："上面国家府库空虚，下面民众贫穷挨饿，可是上下之间的奸吏却很富足。"

齐桓公微服以巡民家，人有年老而自养者，桓公问其故。对曰："臣有子三人，家贫无以妻之，佣未反①。"桓公归，以告管仲。管仲曰："畜积有腐弃之财，则人饥饿；宫中有怨女，则民无妻。"桓公曰："善。"乃论宫中有妇人而嫁之。下令于民曰："丈夫二十而室，妇人十五而嫁。"

一曰：桓公微服而行于民间，有鹿门稷者②，行年七十而无妻。桓公问管仲曰："有民老而无妻者乎？"管仲曰："有鹿门稷者，行年七十矣而无妻。"桓公曰："何以令之有妻？"管仲曰："臣闻之：上有积财，则民臣必匮乏于下；宫中有怨女，则有老而无妻者。"桓公曰："善。"令于宫中"女子未尝御出嫁之"。乃令男子年二十而室，女年十五而嫁。则内无怨女，外无旷夫。

【注释】
①反：同"返"。
②鹿门稷：姓鹿门，名稷，生平不详。

【译文】
齐桓公穿着普通民众的服装去视察民情，有一人年纪很大却自己料理生活，齐桓公问他原因。老人回答说："我有三个儿子，家里穷，无法为他们娶妻，他们出去当雇工还没有回来。"齐桓公回宫，把这件事告诉了管仲。管仲说："朝廷的积蓄中有腐败的财物，民众就得挨饿；宫中有年长而不能及时出嫁的女子，民众就娶不到妻子。"齐桓公说:"对。"就考查宫中年长的未婚女子把她们嫁出去。向民众下令说:"男子二十岁要娶妻,女子十五岁应出嫁。"

另一种说法:齐桓公穿着普通民众的服装在民间视察,有个叫鹿门稷的人,已有七十岁了却没有娶妻。齐桓公问管仲说:"有百姓年老却没有娶妻的吗?"管仲说:"有个叫鹿门稷的,已经七十岁了却还没有娶妻。"齐桓公说:"怎样才能让他娶上妻子?"管仲说:"我听说:君主和官府有积蓄的财富,那么下面的百姓一定会穷尽困绝;宫中有年长而未出嫁的女子,民间就会有年老而没有娶妻的人。"齐桓公说:"说得对。"在宫中发布命令:"把君主没有亲幸过的女子嫁出去。"于是让男子二十岁娶妻,女子十五岁就出嫁。于是宫中没有年长而未及时出嫁的女子,民间没有无妻的成年男子。

延陵卓子乘苍龙挑文之乘①,钩饰在前,错錣在后②。马欲进则钩饰禁之,欲退则错錣贯之,马因旁出。造父过而为之泣涕,曰:"古人治人亦然矣。夫赏所以劝之,而毁存焉;罚所以禁之,而誉加焉。民中立不知所由,此亦圣人之所为泣也。"

一曰:延陵卓子乘苍龙与翟文之乘,前则有错饰,后则有利錣,进则引之,退则策之。马前不得进,后不得退,遂避而逸,因下抽刀而刎其脚。造父见之,泣,终日不食,因仰天而叹曰:"策,所以进之也,错饰在前;引,所以退之也,利錣在后。今人主以其清洁也进之,以其不适左右也退之;以其公正也誉之，以其不听从也废之。民惧，中立而不知所由，此圣人之所为泣也。"

【注释】

① 苍龙：青色的马。古代称高八尺的马为龙。翟（dí）：通"翟"，长尾的野鸡。
② 錣（zhuì）：马鞭前端交错的针。

【译文】

延陵卓子乘坐高大且毛色鲜艳的青马拉的车，钩、勒等用具在马前面，马鞭在马后面。马要往前走，钩、勒就会阻止它，想后退马鞭子又会抽打它，马于是往斜里跑。造父路过而为马哭泣，说："古代管理民众也是这样的。奖赏是用来勉励立功的，但毁谤也夹杂在里面；刑罚是用来禁止犯罪的，但又给予它赞美。人们彷徨不知所措，这也是圣人为之哭泣的原因。"

另一种说法：延陵卓子乘坐由高大青马所拉的色彩鲜艳的车子，马前面有交错的钩、勒等物，马后面有锋利的马鞭上的针，马向前走钩、勒等物就扯住它，向后退就会遭到鞭打。马向前不能前进，向后不能后退，于是避开前后而乱跑，延陵卓子于是下车抽出刀割断了马脚。造父看见后哭了，整天吃不下饭。于是仰天叹息说："鞭打，是让马前进的，但却用钩、勒等物在前面阻止它；拉扯，是让马后退的，却用有锋利尖针的鞭子在后面抽打它。现在君主因为他廉洁而加以任用，又因为他不去迎合身边的亲信而予以辞退；因为他公正而加以赞赏，又因为他不盲从旨意而予以废黜。人们因此感到害怕，彷徨不知所措，这是圣人为之哭泣的原因。"

难 一

难(nàn)即辩难,有诘问、辩驳的意思。韩非所诘问、辩驳的是一些有影响的历史传说故事和一些思想家的言论,共有二十八则,组成《难一》至《难四》四篇文章。

《难一》共九则故事。韩非援引这些故事或前人评说,通过辩难,得出了与前人不一致的结论。第一则从分析晋文公赏赐臣下入手,指出兵不厌诈,欺骗敌人是符合国家利益的。第二则通过分析尧舜传说的矛盾,说明君主不必施德化,而是要善赏罚。第三则以齐桓公晚年的遭遇说明杜绝奸臣的最好办法就是赏功罚罪。第四则以赵襄子为例,批判以礼为标准的赏罚原则,提出"明主赏不加于无功,罚不加于无罪"的主张。第五则通过批判师旷的行为,主张维护君道和臣礼,防止奸臣借极谏之名弑君篡权。第六则通过分析齐桓公礼遇小臣稷,说明臣下不能不为君主效力,君主不必慕仁义而礼贤下士。第七则批判却克的行为,阐明不赦罪人、不杀无辜的原则。第八则以管仲为例,说明臣子取得威信的关键在于尊主明法,而不是增加君主的宠信和爵禄。第九则阐明君主的用人原则在于掌握法术,而不在于同时任用几个大臣还是专用一个大臣。这些辩难,多能言之成理,有较强的逻辑性。后人模仿韩非的这种辩难方法写作,形成一种独特的文体。

一

晋文公将与楚人战①,召舅犯问之②,曰:"吾将与楚人战,彼众我寡,为之奈何?"舅犯曰:"臣闻之:繁礼君子,不厌忠信③;战阵之间,不厌诈伪。君其诈之而已矣。"文公辞舅犯,因召雍季而问之④,曰:"我将与楚人战,彼众我寡,为之奈何?"雍季对曰:"焚林而田⑤,偷取多兽,后必无兽;以诈遇民,偷取一时,后必无复⑥。"文公曰:"善。"辞雍季,以舅犯之谋与楚人战以败之。归而行爵,先雍季而后舅犯。群臣曰:"城濮之事,舅犯谋也。夫用其言而后其身,可乎?"文公曰:"此非若所知也。夫舅犯言,一时之权也;雍季言,万世之利也。"仲尼闻之⑦,曰:"文公之霸也,宜哉!既知一时之权,又知万世之利。"

或曰:雍季之对,不当文公之问。凡对问者,有因问小大缓急而对也。所问高大,而对以卑狭,则明主弗受也。今文公问"以少遇众",而对曰"后必无复",此非所以应也。且文公不知一时之权,又不知万世之利。战而胜,则国安而身定,兵强而威立,虽有后复,莫大于此,万世之利奚患不至?战而不胜,则国亡兵弱,身死名息,拔拂今日之死不及,安暇待万世之利?待万世之利,在今日之胜;今日之胜,在诈于敌;诈敌,万世之利而已。故曰:雍季之对,不当文公之问。且文公又不知舅犯之言。舅犯所谓"不厌诈伪"者,不谓诈其民,谓诈其敌也。敌者,所伐之国也,后虽无复,何伤哉?文公之所以先雍季者,以其功耶?则所以胜楚破军者,舅犯之谋也;以其善言耶?则雍季乃道其"后之无复"也,此未有善言也。舅犯则以兼之矣⑧。舅犯曰"繁礼君子,不厌忠信"者:忠,所以爱其下也;信,所以不欺其民也。夫既以爱而不欺矣,言孰善于此?然必曰"出于诈伪"者,军旅之计也。舅犯前有善言,后有战胜,故舅犯有二功而后论,雍季无一焉而先赏。"文公之霸,不亦宜乎?"仲尼不知善赏也。

【注释】

①晋文公:晋国国君,名重耳,"春秋五霸"之一。与楚人战:指前632年晋楚城濮(今山东濮县南)之战,此战楚军大败,晋文公由此建立了霸业。
②舅犯:晋文公的舅父狐偃,字子犯,一作"咎犯"。
③不厌:不满足,不嫌多。厌,通"餍"。
④雍季:晋文公小儿子公子雍。一说为另一人,生平不详。
⑤田:通"畋",打猎。
⑥无复:没有第二次。复,重复,第二次。
⑦仲尼:孔子字仲尼。
⑧以:通"已"。

【译文】

晋文公将要与楚人作战,召来舅犯询问道:"我军将要与楚人作战，楚军力量比我军强大，应该如何对付？"舅犯说："我听说过，讲究礼仪的君子，不嫌多施忠诚和信用；两军对阵的中间，不嫌多用欺诈和伪装。您用欺诈敌人的办法就可以了。"晋文公辞退舅犯，于是召来雍季询问道："我军将要与楚人作战，楚军力量比我军强大，应该如何对付？"雍季回答说："焚烧树林来打猎，暂时能够多捕获野兽，而以后却肯定不再有野兽；用欺诈的办法对待民众，暂时能够得到一时的利益，而以后民众肯定不会第二次上当。"晋文公说："你说得好。"于是辞退雍季，用舅犯的计谋与楚人作战，最后打败了楚人。凯旋而归后晋文公施行赏赐，先奖赏了雍季而后才奖赏舅犯。群臣都说："城濮之战，是采用了舅犯先主动退却然后选择合适时机猛攻楚军力量薄弱的两翼而取胜的。采用了他的计谋却在后面赏赐他，合适吗？"晋文公说："这不是你们所能懂得的。舅犯的话，是一时的权宜之计；雍季的话，则是符合国家长远利益的。"孔子听到这件事后说："晋文公能成为霸主，是完全合适的啊！他既懂得权宜之计，又懂得长远利益。"

有人说，雍季的回答，不切合晋文公的提问。凡是回答问题，要根据所问问题的大小缓急相应地给予回答。所问问题高深远大，而回答却低下狭隘，那英明的君主是不会接受的。现在晋文公问的是"以少数如何战胜多数"，雍季却回答"以后肯定不会有第二次"，这不是应该用来回答的话。况且晋文公既不懂得一时的权宜之计，又不懂得长远的利益。战争并取得胜利，那就会使国家安定君主地位稳固，兵力强盛而威望树立，即使以后出现同样的情况，也不会比这次胜利获益更大了,怕什么长远的利益不能来呢?战而不胜,那就令国家危亡兵力削弱,君主身死名灭,想免除今日的灾难都来不及,哪有闲暇时间去等待长远利益呢?等待长远利益,就在于今天的胜利;今天的胜利,就在于欺骗敌人;欺骗敌人,就是为了长远利益。因此说:雍季的回答,不切合晋文公的问题。况且晋文公又不懂得舅犯的话。舅犯所谓"不嫌多用欺诈伪装",不是指欺诈他的民众,而是指欺诈他的敌人。而敌人,是他所讨伐的国家,以后即使没有第二次,那又有什么损害呢?晋文公之所以先奖赏雍季,是因为他的功劳吗?而所以战胜楚国攻破楚军的,是舅犯的计谋;是因为雍季说的话正确吗?那他说的只是"以后没有第二次",这不能叫正确的话。舅犯则既有功劳,说的话也正确。舅犯说"讲究礼仪的君子,是不嫌多施忠诚和信用的":忠诚,是用来关爱他的下属;信用,是用来不欺骗他的民众。既然谈到关爱下属不欺骗民众,哪还有比这更正确的话?然而一定要说"出于诈伪",这是军事斗争的计谋。舅犯在前面说了正确的话,在后面又取得了战争的胜利,所以舅犯有二项功劳而在后面赏赐,雍季没有一项功劳却在前面赏赐。孔子说:"晋文公能成为霸主,是完全合适的",其实是不懂得赏赐的道理。

二

历山之农者侵畔①,舜往耕焉②,期年③,甽亩正④。河滨之渔者争坻⑤,舜往渔焉,期年而让长⑥。东夷之陶者器苦窳⑦,舜往陶焉,期年而器牢。仲尼叹曰："耕、渔与陶，非舜官也，而舜往为之者，所以救败也。舜其信仁乎！乃躬藉处苦而民从之。故曰：圣人之德化乎！"

或问儒者曰："方此时也，尧安在⑧？"其人曰："尧为天子。""然则仲尼之圣尧奈何？圣人明察在上位，将使天下无奸也。今耕渔不争，陶器不窳，舜又何德而化？舜之救败也，则是尧有失也。贤舜，则去尧之明察；圣尧，则去舜之德化：不可两得也。楚人有鬻盾与矛者⑨，誉之曰：'吾盾之坚，物莫能陷也。'又誉其矛曰：'吾矛之利，于物无不陷也。'或曰：'以子之矛陷子之盾，何如？'其人弗能应也。夫不可陷之盾与无不陷之矛，不可同世而立。今尧、舜之不可两誉，矛盾之说也。且舜救败，期年已一过，三年已三过。舜有尽，寿有尽，天下过无已者；以有尽逐无已，所止者寡矣。赏罚使天下必行之，令曰：'中程者赏⑩，弗中程者诛。'令朝至暮变，暮至朝变，十日而海内毕矣，奚待期年？舜犹不以此说尧令从己，乃躬亲，不亦无术乎？且夫以身为苦而后化民者，尧、舜之所难也；处势而矫下者，庸主之所易也。将治天下，释庸主之所易，道尧、舜之所难，未可与为政也。"

【注释】

①历山：古代山名，所在不详。畔：田界。

②舜：我国原始社会末期的部落首领，传说中的古代

贤君。

③期（jī）年：一周年。

④畎（quǎn）：同"甽"，田边水沟。

⑤河：黄河。坻（chí）：水中高地。

⑥让长（zhǎng）：谦让年纪大的人。

⑦东夷：指古代东方的各部族，带有轻侮的意思。陶者：制造陶器的人。苦窳（yǔ）：粗劣，不坚固。

⑧尧：我国原始社会末期的部落首领，传说中的贤君。

⑨楚：诸侯国名，范围包括今湖北全部、湖南大部和河南、安徽、江西、浙江、江苏的部分地区。矛：古代的兵器，在长杆一头装有铁或青铜的矛头。盾：古代用来防护身体、遮挡刀箭的武器。

⑩中（zhòng）程者赏：符合法令规定的给予赏赐。中，符合，合适。程，准则，法令。

【译文】

历山的农民相互侵占田界，舜到那里去耕作，过了一年，各自的田界都恢复了正常。在黄河边打鱼的争抢水中的高地，舜到那里去打鱼，过了一年，大家都把水中的高地让给年长的人。东方部落中制陶器的制出的陶器粗劣，舜到那里去制陶器，过了一年，大家制造的陶器都很坚固。孔子感叹道："耕田、打鱼和制陶，并不是舜的职责，而舜到那里做这些事，是为了纠正败坏的风气。舜确实是真正的仁厚啊！如此亲身操劳吃苦而民众都服从他。所以说：圣人的道德能够感化人啊！"

有人问儒者说："在舜做那些事的时候，尧在哪里呢？"儒者回答说："尧在做天子。""既然这样孔子又为什么说尧是圣人呢？圣人处在君位上明察一切，会使天下没有奸滑之事。如果耕田的打鱼的没有争执，制作的陶器也不粗劣，舜又何必用道德去感化他们呢？舜去纠正败坏的风气，那就是尧有过失。赞扬舜的贤德，就会否定尧的明察；赞扬尧的圣明，就会否定舜的德化：不可能两者都得到肯定。楚国有一个卖盾与矛的人，夸耀自己的盾说：'我卖的盾非常坚固，什么样的东西都刺不穿它。'又夸耀自己的矛说：'我卖的矛特别锋利，无论什么样的东西都能被它刺穿。'有人问这个楚国人：'用你的矛刺你的盾，会怎么样呢？'这个楚国人没有办法回答。不能被刺穿的盾与什么东西都能刺穿的矛，不可能同时存在。现在尧和舜不可以同时被称颂，就像上面说的不能被刺穿的盾与什么东西都能刺穿的矛不能同时存在一样。况且舜去纠正败坏的风气，一年纠正一个过错，三年纠正三个过错，像舜一样的人为数有限，人的寿命也有限，而天下的过错却不断地发生；用少数贤明人的有限生命去对付不断发生的过错，所能纠正的一定很少了。只有实行赏罚才能使天下人非遵行不可，如果发布命令说：'符合法令规定的赏赐，不符合法令规定的杀头。'命令早晨发出，过错到晚上就能纠正；命令晚上发出，过错到第二天早晨就能纠正；十天之内天下的过错就都纠正了，哪里还用等待一年？舜还不能用这些道理劝说尧使天下人顺从自己，却去亲自操劳，不也是没有办法吗？况且那种用自身受苦来感化民众的做法，是尧舜也难以做到的；而踞有地位握有权势的人来纠正下属的做法，平庸的君主也能轻易做到。要想治理天下，放弃平庸的君主都容易成功的办法，而执行连尧舜都难以实行的办法，是不能真正治理好国家的。"

三

管仲有病①，桓公往问之②，曰："仲父病③，不幸卒于大命，将奚以告寡人④？"管仲曰："微君言，臣故将谒之⑤。愿君去竖刁⑥，除易牙⑦，远卫公子开方⑧。易牙为君主味，君惟人肉未尝，易牙烝其子首而进之⑨。夫人情莫不爱其子，今弗爱其子，安能爱君？君妒而好内，竖刁自宫以治内⑩。人情莫不爱其身，身且不爱，安能爱君？开方事君十五年，齐、卫之间不容数日行⑪，弃其母，久宦不归。其母不爱，安能爱君？臣闻之：'矜伪不长，盖虚不久。'愿君去此三子者也。"管仲卒死，桓公弗行。及桓公死，虫出户不葬⑫。

或曰：管仲所以见告桓公者，非有度者之言也。所以去竖刁、易牙者，以不爱其身，适君之欲也。曰"不爱其身，安能爱君？"然则臣有尽死力以为其主者，管仲将弗用也。曰"不爱其死力，安能爱君？"是欲君去忠臣也。且以不爱其身度其不爱其君，是将以管仲之不能死公子纠度其不死桓公也⑬，是管仲亦在所去之域矣。明主之道不然，设民所欲以求其功，故为爵禄以劝之；设民所恶以禁其奸，故为刑罚以威之。庆赏信而刑罚必，故君举功于臣而奸不用于上,虽有竖刁,其奈君何?且臣尽死力以与君市,君垂爵禄以与臣市。君臣之际,非父子之亲也,计数之所出也。君有道,则臣尽力而奸不生;无道,则臣上塞主明而下成私。管仲非明此度数于桓公也,使去竖刁,一竖刁又至,非绝奸之道也。且桓公所以身死虫流出户不葬者,是臣重也。臣重之实,擅主也。有擅主之臣,则君令不下究,臣情不上通。一人之力能隔君臣之间,使善败不闻,祸福不通,故有不葬之患也。明主之道:一人不兼官,一官不兼事;卑贱不待尊贵而进,大臣不因左右而见⑭;百官修通⑮,群臣辐凑⑯;有赏者君见其功,有罚者君知其罪。见知不悖于前,赏罚不弊于后⑰,安有不葬之患?管仲非明此言于桓公也,使去三子,故曰:管仲无度矣。

【注释】

① 管仲:名夷吾,齐桓公时为相,帮桓公改革内政,称霸诸侯。
② 桓公:齐国国君,名小白,"春秋五霸"之一。
③ 仲父:齐桓公对管仲的尊称。
④ 寡人:君主的自称。
⑤ 故:通"固",本来。谒(yè):告。
⑥ 竖刁:人名,桓公侍从,掌管宫内事务。
⑦ 易牙:人名,一作"狄牙",桓公近臣,擅长烹饪。
⑧ 开方:人名,卫国公子,在齐做官。

⑨烝:同"蒸"。子首:孩子的头。

⑩自宫:自己割去睾丸。宫,古时割去睾丸的一种刑法。治内:管理宫内的事。

⑪齐:诸侯国名,所辖今山东北部、东部及河北东南部。卫:诸侯国名,所辖今河南东北部及河北、山东部分地区。

⑫虫出户不葬:前643年,桓公病,易牙、坚刁、开方乘机作乱,宫门被阻,桓公饿死。三个月无人收葬,尸体腐烂,蛆虫爬出门外。

⑬公子纠:人名,齐桓公的哥哥。管仲原本是公子纠的家臣,公子纠与齐桓公争位失败,被迫自杀,管仲由鲍叔牙推荐,做了齐桓公的相。

⑭左右:君主的左右,指君主身边的侍从。

⑮修通:顺序通畅。修,通"循",顺序。

⑯辐(fú)凑:车轮的辐条聚集到车毂。辐,辐条。凑,通"辏",指辐条的汇聚。

⑰弊:通"蔽",掩蔽。

【译文】

管仲有病,齐桓公去看望,问道:"仲父病了,如果不幸不能救活,你打算向我说些什么呢?"管仲说:"就是国君不问我,我本来也打算向国君报告的。希望国君离开竖刁,除去易牙,疏远卫公子开方。易牙负责为国君主管饮食,国君只有人肉没吃过,易牙便把自己儿子的头蒸熟了献给国君。人的自然感情没有不爱自己儿子的,现在易牙不爱自己的儿子,怎么可能真正爱国君?国君忌妒而喜好内宫女色，竖刁自己割了睾丸来管理宫内的事。人的自然情感没有不爱自己身体的，竖刁连自己身体都不爱，怎么可能真正爱国君？卫公子开方侍奉国君十五年，齐国与卫国之间不过几天的路程，开方抛弃了他的母亲，长期在外做官不回家看看，连他的母亲都不爱，怎么可能真正爱国君？我听说：'夸饰伪装不会长久，掩盖虚假不能持续。'希望国君能离开这三个人。"管仲死后，齐桓公没有按管仲的希望去做。等到齐桓公因三人作乱被饿死时，三个月不能入葬，尸体腐烂长出蛆虫爬到了室外。

有人说：管仲用来面告齐桓公的话，并不是懂得法度的人所说的话。所以去除竖刁、易牙的理由，是因为他们不管自己的身体或感情，以迎合和满足君主的欲望。说什么"不爱自身的人怎么可能爱国君？"如果这样，那么臣下有尽死力来为主人效力的，管仲就不会举用了。说什么"不爱惜自己而拼死效力怎么可能爱国君？"是要国君去掉自己的忠臣。况且用不爱惜自身而推断他不爱自己的君主，是想用管仲不能追随公子纠去死推断他不能追随齐桓公去死，这样管仲也在被君主摒弃的范围了。英明君主的治国方略就不是这样，他设置臣民所希望得到的东西来让他们为君主立功，所以用官爵俸禄来鼓励他们；设置臣民所厌恶的东西来禁止奸邪行为，所以定立刑罚来威慑他们。奖励赏赐一定要遵守信用，用刑处罚一定要坚决果断，所以君主在臣子中选拔有功的人而奸佞的人就不会被任用，虽有像竖刁一类的人，又能对君主怎么样呢？何况臣下拼死效力来换取君主的爵禄，君主设置爵禄来换取臣下的拼死效力。君臣之间不是父子之间的亲缘关系，他们的行为都是从计算利害得失出发的。君主有正确的治国方略，那么臣下就会尽力为君主效力而不产生奸邪；君主没有正确的治国方略，那么臣下就会对上闭塞君主的英明而对下谋取自己的私利。管仲没有对齐桓公阐明这种治国方略，却要齐桓公去除竖刁，那另一个竖刁又会来，这不是杜绝奸邪的办法。况且齐桓公之所以死后蛆虫爬出户外尸体得不到安葬，是臣下的权力太大的原因。臣下权力太大的结果，就会挟持君主。有挟持君主的臣下，那么君主的命令就不能下达，臣下的情况也不能上通。一个人的力量能够隔开君主与臣下之间的联系，使君主听不到好和坏，了解不到祸与福，所以就有了像齐桓公这样死而不能安葬的祸患。英明君主的治国方略应该是，一个人不能兼任几种官职，一种官职不兼管几样事务；地位低的不必等待地位高的推荐进用，大臣不必依靠君主身边的亲信而得到信任，百官能够有秩序地沟通，群臣能够像车轮的辐条聚集到中心一样听命于君主，给予赏赐的人君主知道他的功劳，给予处罚的人君主知道他的过错。君主事前对群臣的功罪了解得清清楚楚，然后施行赏罚，怎么可能出现像齐桓公那样死后不能安葬的祸患呢？管仲对桓公不是讲清楚这个道理，只是叫他除掉三个人，所以说，管仲不懂得法度。

四

　　襄子围于晋阳中^①，出围^②，赏有功者五人，高赫为赏首^③。张孟谈曰^④："晋阳之事，赫无大功，今为赏首，何也？"襄子曰："晋阳之事，寡人国家危，社稷殆矣⑤。吾群臣无有不骄侮之意者，惟赫子不失君臣之礼，是以先之。"仲尼闻之曰："善赏哉！襄子赏一人而天下为人臣者莫敢失礼矣。"

或曰：仲尼不知善赏矣。夫善赏罚者，百官不敢侵职⑥，群臣不敢失礼。上设其法，而下无奸诈之心。如此，则可谓善赏罚矣。使襄子于晋阳也⑦，令不行，禁不止，是襄子无国，晋阳无君也，尚谁与守哉？今襄子于晋阳也，知氏灌之⑧，臼灶生龟⑨，而民无反心，是君臣亲也。襄子有君臣亲之泽，操令行禁止之法，而犹有骄侮之臣，是襄子失罚也。为人臣者，乘事而有功则赏。今赫仅不骄侮，而襄子赏之，是失赏也。明主赏不加于无功，罚不加于无罪。今襄子不诛骄侮之臣，而赏无功之赫，安在襄子之善赏也？故曰：仲尼不知善赏。

【注释】

① 襄子：赵襄子，名无恤，春秋末期战国初期晋国的执政大臣。
② 出围：指解围。前455年，晋卿智伯瑶以赵襄子拒绝割地给他，联合韩、魏两家攻赵，围困晋阳城，三年不能攻下，后赵襄子派人出城说服韩、魏反戈，消灭了智伯，使晋阳城解围。
③ 高赫：人名，赵襄子的家臣。赏首：第一个受赏。
④ 张孟谈：人名，赵襄子的家臣。是他出城说服韩、

魏反戈的。

⑤社稷（jì）：指国家。社，土地神。稷，谷神。殆：危险。

⑥侵职：超越自己的职责侵犯他人职守。

⑦使：假使。

⑧知氏：指智伯瑶，春秋末期晋国执政的六卿之一。灌之：智伯瑶攻赵，曾引晋水灌晋阳城。

⑨臼（jiù）：舂米的石臼。

【译文】

赵襄子被围困于晋阳城中，解围后，赏赐有功的五个人，第一个受赏赐的是高赫。张孟谈说："晋阳城解围的事，高赫没有大功，现在第一个赏他，为什么？"赵襄子回答说："晋阳被围的时候，我的国家十分危急。我的群臣们对我都有骄傲轻侮之意，只有高赫没有失去君臣应有的礼节，所以先赏赐他。"孔子听到后说："这是善于赏赐啊！赵襄子奖赏一个人而使天下做臣子的都不敢失礼了。"

有人说：孔子不懂得赏赐。懂得赏赐的，百官不敢超越自己的职权侵犯他人职守，群臣不敢失去君臣的礼节。主上设置了有关法令，而臣下没有奸诈的想法。如果这样，就可以叫做懂得赏罚了。假使赵襄子在晋阳，命令行不通，禁令不起约束作用，那就等于赵襄子失掉了国家，晋阳没有了主子，还有谁替他守城呢？现在赵襄子在晋阳，智伯瑶用晋水灌城，城内石臼和锅灶被水淹没成了乌龟出没的地方，而民众没有反叛之心，这是君臣亲密无间的反映。赵襄子有君臣亲密的恩泽，执行着令行禁止的法令，如果还有骄傲侮慢的臣下,这是赵襄子失去了处罚的原则。做臣下的,参议政事有功就赏。现在高赫仅仅因为不骄傲侮慢,赵襄子就赏赐他,这就赏赐错了。英明君主的赏赐不授给无功的人,处罚不施予无罪的人。现在赵襄子不责罚骄傲侮慢的臣下,而赏赐没有功劳的高赫,赵襄子的善于赏赐又表现在哪里呢?所以说,孔子不懂得善于奖赏的道理。

五

晋平公与群臣饮①,饮酣,乃喟然叹曰②:"莫乐为人君,惟其言而莫之违。"师旷侍坐于前③,援琴撞之。公披衽而避④,琴坏于壁。公曰:"太师谁撞⑤?"师旷曰:"今者有小人言于侧者,故撞之。"公曰:"寡人也。"师旷曰:"哑!是非君人者之言也。"左右请除之,公曰:"释之,以为寡人戒。"

或曰:平公失君道,师旷失臣礼。夫非其行而诛其身,君之于臣也;非其行则陈其言,善谏不听则远其身者,臣之于君也。今师旷非平公之行,不陈人臣之谏,而行人主之诛,举琴而亲其体,是逆上下之位,而失人臣之礼也。夫为人臣者,君有过则谏,谏不听则轻爵禄以待之,此人臣之礼也。今师旷非平公之过,举琴而亲其体,虽严父不加于子,而师旷行之于君,此大逆之术也。臣行大逆,平公喜而听之,是失君道也。故平公之迹不可明也,使人主过于听而不悟其失;师旷之行亦不可明也,使奸臣袭极谏而饰弑君之道。不可谓两明,此为两过。故曰:平公失君道,师旷亦失臣礼矣。

【注释】

①晋平公:春秋时期晋国国君,名彪。
②喟(kuì)然:感慨的样子。
③师旷:晋国乐师,瞽者。
④披衽(rèn):拉开衣襟。衽,衣襟。
⑤太师:指师旷。谁撞:撞谁。

【译文】

晋平公与群臣饮酒,酒喝得很畅快,晋平公感叹地说:"没有比君主更快乐的了,只有他的话是没有人敢违背的。"乐师师旷陪坐在晋平公前面,拿起琴来撞击晋平公。晋平公拉开衣襟起身躲避,琴撞到了墙壁上。晋平公说:"太师撞谁?"师旷说:"今天有小人在我旁边讲话,所以撞他。"晋平公说:"刚才说话的人是我。"师旷说:"哑!这不是当君主的人应该讲的话。"晋平公左右的人请求处罚师旷,晋平公说:"免了吧,把这作为我的鉴戒。"

有人说:晋平公失去了做君主的原则,师旷失去了做臣子的礼节。不赞成他的行为而处罚他,这是君主对于臣子的权力;不赞成他的行为而陈述自己的意见,如果婉言劝告仍然不听就远远离开他,这是臣子对于君主的义务。现在师旷不赞成晋平公的言论,不去陈述臣子的忠告,而用君主才能使用的处罚办法,拿起琴来撞击晋平公,是颠倒了君臣上下的位置,而失去了臣子的礼节。做臣子的,君主有过失就规劝，规劝不听就辞去官职放弃俸禄，等待君主的省悟，这就是臣下应有的礼节。现在师旷否定晋平公的过失，拿琴去撞击他，即使是父亲也不这样对待儿子，而师旷却用这种办法对待君主，这是大逆不道的做法。臣子做了大逆不道的事，晋平公高兴地听任他这样做，这是失去了做君主的原则。所以晋平公的事是不可以宣扬的，因为它使君主在听臣下的话时犯了错误而又不知错在哪儿；师旷的行为也是不可以宣扬的，因为它会使奸臣袭用极谏的美名来掩饰他们谋害君主的行径。这不能说是两方英明，而应该说是两方都有过错。所以说，晋平公失去了做君主的原则，师旷失去了做臣子的礼节。

六

齐桓公时，有处士曰小臣稷①，桓公三往而弗得见。桓公曰："吾闻布衣之士不轻爵禄②，无以易万乘之主③；万乘之主不好仁义，亦无以下布衣之士。"于是五往乃得见之。

或曰：桓公不知仁义。夫仁义者，忧天下之害，趋一国之患，不避卑辱谓之仁义。故伊尹以中国为乱④，道为宰干汤⑤；百里奚以秦为乱⑥，道为虏干穆公⑦。皆忧天下之害，趋一国之患，不辞卑辱故谓之仁义。今桓公以万乘之势，下匹夫之士，将欲忧齐国，而小臣不行⑧，见小臣之忘民也。忘民不可谓仁义。仁义者，不失人臣之礼，不败君臣之位者也。是故四封之内，执禽而朝名曰臣，臣吏分职受事名曰萌。今小臣在民萌之众,而逆君上之欲,故不可谓仁义。仁义不在焉,桓公又从而礼之。使小臣有智能而遁桓公,是隐也,宜刑;若无智能而虚骄矜桓公,是诬也,宜戮。小臣之行,非刑则戮。桓公不能领臣主之理而礼刑戮之人,是桓公以轻上侮君之俗教于齐国也,非所以为治也。故曰:桓公不知仁义。

【注释】

①处士:没有做官的读书人。小臣稷:人名。小臣,复姓。稷,名。
②布衣之士:指上文的"处士"。布衣,穿布衣的人,指平民。
③万乘(shèng)之主:泛指大国君主。乘,兵车。
④伊尹:人名,商汤的相。中国:指河南中西部一带,当时以为居天下之中。
⑤道:通过。宰:厨师。干汤:谋求汤的任用。干,求。汤,商王朝的创立者。
⑥百里奚:春秋时期虞国的大夫,虞灭后入秦,辅佐秦穆公改革内政。
⑦虏:俘虏,奴隶。穆公:秦穆公,春秋时秦国君主。
⑧小臣:指小臣稷。

【译文】

齐桓公的时候,有处士名叫小臣稷,桓公想见他,去了三次没见着。齐桓公说:"我听说布衣之士不看轻爵禄,就不能轻视大国的君主;大国的君主不爱好仁义,也不会谦卑地对待布衣之士。"于是去了五次才见到了小臣稷。

有人说:齐桓公不懂得仁义。所谓仁义,忧虑天下的祸害,奔赴国家的患难,不躲避卑下的地位和屈辱的待遇,这就叫做仁义。所以伊尹因中原出现动乱,通过做厨师向汤王献策求得任用;百里奚因秦国出现动乱,通过做奴隶进入秦国求得秦穆公任用。这都是忧虑天下的祸害,奔赴国家的患难,不躲避卑下的地位和屈辱的待遇,所以叫做仁义。现在齐桓公以大国国君的权势,谦卑地去见一个普通读书人,为的是忧虑齐国的政事,而小臣稷不愿出来做官,可见小臣稷忘记了民众。忘记了民众不能够叫做仁义。仁义的人,不失去做臣子的礼节,不败坏君臣的尊卑秩序。因此在一个国家里,拿着不同的鸟兽作为礼物朝见君主的叫做臣;臣子的下属官吏按不同职掌管理事务的叫做萌。现在小臣稷还只是没有职事的萌众一类,却违抗君主的意志,所以不能叫做仁义。仁义已经不在小臣稷那儿,齐桓公却按照仁义之士礼遇他。如果小臣稷确有智慧才能而躲避齐桓公,是想隐匿起来不为君主办事,应该施以处罚;如果小臣稷没有智慧才能而弄虚作假,骄傲自满,在齐桓公面前妄自尊大,这是故意欺骗,应该杀头。小臣稷的行为,不是该罚就是该杀。齐桓公不能摆正君臣之间的关系去敬重一个该罚该杀的人,这是用轻视侮慢君主的坏风气来教化齐国臣民,并不是可以用来作为治国的道理的。所以说:齐桓公不懂得仁义。

七

靡笄之役①,韩献子将斩人②。郤献子闻之③,驾往救之。比至,则已斩之矣。郤子因曰:"胡不以徇④?"其仆曰:"曩不将救之乎⑤?"郤子曰:"吾敢不分谤乎?"

或曰:郤子言,不可不察也,非分谤也。韩子之所斩也,若罪人,则不可救,救罪人,法之所以败也,法败则国乱;若非罪人,则不可劝之以徇,劝之以徇,是重不辜也,重不辜,民所以起怨者也,民怨则国危。郤子之言,非危则乱,不可不察也。且韩子之所斩若罪人,郤子奚分焉?斩若非罪人,则已斩之矣,而郤子乃至,是韩子之谤已成而郤子且后至也。夫郤子曰"以徇",不足以分斩人之谤,而又生徇之谤。是子言分谤也⑥?昔者纣为炮烙⑦,崇侯、恶来又曰斩涉者之胫也⑧,奚分于纣之谤?且民之望于上也甚矣,韩子弗得,且望郤子之得之也;今郤子俱弗得,则民绝望于上矣。故曰:郤子之言非分谤也,益谤也。且郤子之往救罪也,以韩子为非也;不道其所以为非,而劝之"以徇",是使韩子不知其过也。夫下使民望绝于上,又使韩子不知其失,吾未得郤子之所以分谤者也。

【注释】

① 靡笄(míjī):古代山名,在今山东长清境内。前539年,晋卿郤克伐齐,在靡笄山下大败齐军。

②韩献子：即韩厥，晋国的卿，当时任中军司马，掌管军法。
③郤（xì）献子：即郤克，当时任中军主帅。
④徇（xùn）：将尸体巡行示众。
⑤曩（nǎng）：先前，早前。
⑥子：指郤子，即郤克。也：通"耶"。
⑦纣（zhòu）：商朝的最后一个君主，暴君。炮烙：古代的一种刑罚，把人放在烧红的铜烙上面烤死。
⑧崇侯：崇侯虎，商朝属国崇的首领。恶（wū）来：商纣王的宠臣。斩涉者之胫：传说纣王冬天见人涉水渡河，听信崇侯虎、恶来的挑唆，把涉水的人捉拿砍下小腿，看他为什么不怕寒冷。

【译文】
在靡笄山的战役中，韩厥掌管军法，打算杀一个人。郤克听说后坐了车子去救这个人。等他刚刚赶到，这个人已被斩首。郤克于是说："怎么不把这个人的尸体巡行示众？"郤克的仆从说："早前您不是打算救这个人吗？"郤克说："我怎敢不为韩献子分担非议呢？"

有人说：郤克的话，不可不作分析，它不是分担非议。韩厥所斩首的，如果是罪人，就不应该救他，救助罪人，法令就会因此败坏，法令败坏，国家就乱了；如果不是有罪的人，郤克就不应该劝说韩厥把被斩首者的尸体巡行示众，劝说巡行示众，是双重委屈无辜，双重委屈无辜，民众会因此产生怨恨，民众怨恨，国家就危险了。郤克的话，不是危险就是混乱，不可不作分析。况且韩厥所杀的如果是有罪的人，郤克要分担什么非议呢？所杀的如果不是有罪的人，那么这个人已经被斩首了，而郤克才到，这是韩厥的非议已经形成而郤克来晚了。郤克说"将尸首巡行示众"，并不足以分担韩厥杀人的非议，反而会产生巡行示众的非议。这是郤克所说的分担非议吗？从前商纣王设立炮烙的酷刑，崇侯虎、恶来又唆使纣王砍下冬天涉水渡河的人的小腿，他们二人怎么可能分担人们对纣王的非议？况且民众对上司依法办事的期望很强烈，韩厥不能满足民众的期望，人们希望郤克能满足；现在郤克也不能满足，那么民众对于上司就绝望了。所以说：郤克的话不是分担人们对韩厥的非议，而是增加了非议。况且郤克去救助这个罪人，以为韩厥的决定是错误的；不向韩厥讲清他的决定错误的原因，反而劝他"将尸体巡行示众"，这是让韩厥不明白自己的过错。使下面的民众绝望于上面的统治者，又使韩厥不知道自己的过失，我不明白郤克所说的可以分担非议的原因。

八

桓公解管仲之束缚而相之。管仲曰："臣有宠矣，然而臣卑。"公曰："使子立高、国之上①。"管仲曰："臣贵矣，然而臣贫。"公曰："使子有三归之家②。"管仲曰："臣富矣，然而臣疏。"于是立以为仲父。霄略曰③："管仲以贱为不可以治贵，故请高、国之上；以贫为不可以治富，故请三归；以疏为不可以治亲，故处仲父。管仲非贪，以便治也。"

或曰：今使臧获奉君令诏卿相④，莫敢不听，非卿相卑而臧获尊也，主令所加，莫敢不从也。今使管仲之治不缘桓公，是无君也，国无君不可以为治。若负桓公之威，下桓公之令，是臧获之所以信也，奚待高、国、仲父之尊而后行哉？当世之行事、都丞之下征令者⑤，不辟尊贵⑥，不就卑贱⑦。故行之而法者，虽巷伯信乎卿相⑧；行之而非法者，虽大吏诎乎民萌⑨。今管仲不务尊主明法，而事增宠益爵，是非管仲贪欲富贵，必暗而不知术也。故曰：管仲有失行，霄略有过誉。

【注释】

①高、国：指高傒、国懿仲，齐国当时最大的两个贵族。
②三归：齐国规定市租（商税）的十分之三归国君所有。
③霄略：人名，生平不详。
④臧获：奴婢。奴为臧，婢为获。
⑤行事、都丞：均为当时地位低下的官吏。征令：征兵、征税的命令。
⑥辟：通"避"，回避。
⑦就：通"蹴"，践踏，引申为欺侮。
⑧巷伯：宦官。
⑨诎：同"屈"，屈服。民萌：普通民众。

【译文】

齐桓公亲自替管仲松绑后拜他为相。管仲说："我虽然已经得宠了,但我的地位还很低。"齐桓公说:"把你的地位提到高氏和国氏两个贵族之上。"管仲说:"我虽然已经高贵了,但我还是贫穷。"齐桓公说:"让你得到'三归'的收入。"管仲说:"我虽然富裕了,但我与君主还是疏远。"于是齐桓公立管仲为仲父。霄略说:"管仲以为地位低下的人不可以治理地位高贵的人,所以请求地位在高氏、国氏两大贵族之上;以为贫穷的人不可以治理富裕的人,所以请求拥有'三归'俸禄的家业;以为和君主关系疏远的人不可以治理与君主关系亲密的人,所以要齐桓公立他为仲父。管仲并不是贪婪,而是为了便于治理国家。"

有人说:现在如果让奴仆奉君主之命去告知卿相,没有人敢不听从,这不是卿相卑贱而奴仆尊贵,而是由于君主下达了命令,没有人敢不听从。假如管仲治理国家不遵循齐桓公的旨意,就等于没有君主,国家没有君主就不能进行治理。如果凭借齐桓公的威信,下达齐桓公的命令,就是奴仆也可以取信于人,何必要等待有了高氏、国氏、仲父这样尊贵的地位才能行事呢?当代的行事、都丞之类的小官下达征兵、征税的命令,不回避尊贵的人,也不欺侮卑贱的人,所以办事遵照法令,即使像宦官这样卑贱的人,也可使卿相信从;办事不遵照法令,虽然是大官,在普通民众面前也会理屈。现在管仲不致力于尊敬君主、彰明法度,而去干增加自己的宠信和爵禄之事,如果不是管仲贪心富贵,一定是他糊涂而不懂得治国的法术。所以说:管仲有不得体的行为,霄略有错误的夸奖。

九

韩宣王问于樛留①:"吾欲两用公仲、公叔②,其可乎?"樛留对曰:"昔魏两用楼、翟而亡西河③,楚两用昭、景而亡鄢、郢④。今君两用公仲、公叔,此必将争事而外市,则国必忧矣。"

或曰:昔者齐桓公两用管仲、鲍叔⑤,成汤两用伊尹、仲虺⑥。夫两用臣者国之忧,则是桓公不霸,成汤不王也。湣王一用淖齿⑦,而身死乎东庙⑧;主父一用李兑⑨,减食而死。主有术,两用不为患;无术,两用则争事而外市,一则专制而劫弑。今留无术以规上,使其主去两用一,是不有西河、鄢、郢之忧,则必有身死减食之患,是樛留未有善以知言也。

【注释】

① 韩宣王:即韩宣惠王,战国时韩国君主。樛(jiū)留:人名,生平不详。
② 两用:同时重用。公仲、公叔:韩国贵族,受韩宣惠王宠信。公仲名朋,公叔名伯婴。
③ 楼、翟(zhái):指楼𪈱(bí)、翟强,魏国大臣,二人同时受魏王任用,楼𪈱主张合楚,翟强主张联齐。亡:失陷。西河:指魏国在黄河以西的统治区域,后被秦军占领。
④ 昭、景:楚国王族两大姓氏,世代把持楚国大权。鄢(yān)、郢(yǐng):楚国两大城市,鄢位于今

湖北宜城南，鄢位于今湖北荆州北，二城先后被秦军攻陷。

⑤鲍叔：即鲍叔牙，曾随公子小白（桓公）奔莒（jǔ），桓公即位后任他为相，他推荐管仲代替自己。

⑥成汤：即商汤。仲虺（huǐ）：人名，商汤的左相。

⑦湣王：指齐湣王。淖（nào）齿：人名，楚将。前284年，燕将乐毅破齐，楚使淖齿率兵救齐，齐湣王任淖齿为相。

⑧东庙：齐国君主的宗庙，位于今山东莒县境内。燕军攻入临淄后，齐湣王奔莒，被淖齿杀死在东庙。

⑨主父：即赵武灵王。前299年，他传位给小儿子何（赵惠文王），自称主父。李兑：人名，任赵惠文王司寇，与公子成等操纵朝政。前295年，他帮助围困主父于沙丘宫达三月，主父饿死。

【译文】

韩宣王问樛留说："我想同时任用公仲、公叔，这样做行吗？"樛留回答说："从前魏王同时任用楼𪏽、翟强而失陷了西河地区，楚王同时任用昭、景两姓而失陷了鄢城、郢城。现在国君同时任用公仲、公叔，必将导致内争权势外通敌国，这样国家就一定有忧患了。"

有人说：从前齐桓公同时任用管仲、鲍叔牙，成汤同时任用伊尹、仲虺。如果同时任用两个臣子是国家的忧患，那么齐桓公就不能称霸诸侯，成汤也就不能称王了。齐湣王只用了一个淖齿，却被淖齿杀死在东庙；赵武灵王只用了一个李兑，却被围困活活饿死。君主有法术，同时任用两人不是祸患；君主没有法术，同时任用两人就会导致内争权势外通敌国，用一人就会独断专行挟持国君或杀害国君。现在樛留没有法术来规劝君主，让他的君主不同时任用两人而只任用一人，这不是造成失陷西河、鄢、郢的忧患，就一定有杀身饿死的忧患，这是樛留没有好的见解向君主进言啊。

难　势

　　《难势》是围绕势治理论进行辨难。"难"（nàn）是辨难，"势"指君主的地位和权力，即权势。文章首先引用慎到的观点，以为君主的势是制服众人的根本条件，君主利用好势就能治理好国家。文章接着按照儒家的看法，对慎到的势治学说加以驳斥，提出治理国家靠贤才的主张。韩非则针对儒家的看法进行驳难，认为君主必须"抱法处势"，才能使国家长治久安，不仅否定了儒家"贤治"的主张，而且维护和发展了慎到的"势治"学说。

慎子曰①：飞龙乘云，腾蛇游雾②，云罢雾霁③，而龙蛇与蚓蚁同矣，则失其所乘也。贤人而诎于不肖者④，则权轻位卑也；不肖而能服于贤者，则权重位尊也。尧为匹夫⑤，不能治三人；而桀为天子⑥，能乱天下：吾以此知势位之足恃而贤智之不足慕也。夫弩弱而矢高者⑦，激于风也；身不肖而令行者，得助于众也。尧教于隶属而民不听，至于南面而王天下⑧，令则行，禁则止。由此观之，贤智未足以服众，而势位足以屈贤者也。

【注释】

①慎子：即慎到，战国时赵人，曾在齐国稷下讲学。

②腾蛇：古代传说中的龙类动物。

③云罢雾霁（jì）：云消雾散。霁，雨停止，这里引申为雾消散。

④诎（qū）：屈服。不肖者：无德无才的人。

⑤尧：古代传说中的贤君。匹夫：普通的人。

⑥桀（jié）：夏代最后一个王，传说中的暴君。

⑦弩（nǔ）：一种利用机械力发射箭的弓。矢：箭。

⑧南面：指处在君位。古代帝王临朝时面南而立。王（wàng）：称王。

【译文】

　　慎到说：飞龙、腾蛇在云雾中飞行，云消雾散，它们就同蚯蚓、蚂蚁一样了，这是因为它们失去了飞行的凭借。贤人之所以屈服于不肖的人，是因为贤人权利小地位低；

不肖的人能被贤人制服,是由于贤人权力大地位高。假如尧是一个普通的人,他连三个人也治理不了;而桀做了天子,能搞乱天下:我由此知道权势和地位是足以依靠的,而贤能和智慧是不值得羡慕的。一张不强劲的弩能把箭射得很高,那是风力推动的缘故;自己的品德不好,而命令却能推行,那是得力于众人帮助的缘故。如果尧以普通人身份在奴隶中施教,民众就不会听他的;而当他南面称王时,就能有令则行,有禁则止。由此看来,贤能和才智不足以让众人服从,而权势地位却足以使贤人屈服。

应慎子曰:飞龙乘云,腾蛇游雾,吾不以龙蛇为不托于云雾之势也。虽然,夫释贤而专任势,足以为治乎?则吾未得见也。夫有云雾之势而能乘游之者,龙蛇之材美也;今云盛而蚓弗能乘也,雾酼而蚁不能游也①,夫有盛云酼雾之势而不能乘游者,蚓蚁之材薄也。今桀、纣南面而王天下②,以天子之威为之云雾,而天下不免乎大乱者,桀、纣之材薄也。

且其人以尧之势以治天下也③,其势何以异桀之势也,乱天下者也。夫势者,非能必使贤者用之,而不肖者不用之也。贤者用之则天下治,不肖者用之则天下乱。人之情性,贤者寡而不肖者众,而以威势之利济乱世之不肖人,则是以势乱天下者多矣,以势治天下者寡矣。夫势者,便治而利乱者也。故《周书》曰④:"毋为虎傅翼⑤,将飞入邑,择人而食之。"夫乘不肖人于势，是为虎傅翼也。桀、纣为高台深池以尽民力⑥，为炮烙以伤民性⑦，桀、纣得成肆行者，南面之威为之翼也。使桀、纣为匹夫，未始行一而身在刑戮矣。势者，养虎狼之心而成暴乱之事者也，此天下之大患也。势之于治乱，本未有位也，而语专言势之足以治天下者，则其智之所至者浅矣。

夫良马固车，使臧获御之则为人笑⑧，王良御之而日取千里⑨。车马非异也，或至乎千里，或为人笑，则巧拙相去远矣。今以国位为车，以势为马，以号令为辔⑩，以刑罚为鞭策⑪，使尧、舜御之则天下治⑫，桀、纣御之则天下乱，则贤不肖相去远矣。夫欲追速致远，不知任王良；欲进利除害，不知任贤能；此则不知类之患也。夫尧舜亦治民之王良也。

【注释】

① 酦（nóng）：通"浓"，浓厚。
② 纣：商朝的最后一个君主，著名的暴君。
③ 其人：指慎到。下文称"其人"与此同。
④ 《周书》：记载周代训诰誓命的史书，今本《尚书》中保留有一部分。
⑤ 傅：通"附"，添上。翼：翅膀。
⑥ 高台：传说纣王建有鹿台，用以淫乐。深池：传说纣王作有酒池。

⑦炮烙：本作"炮格"，古代的一种酷刑，把受刑者放在烧红的铜格子上烤死。性：生命。
⑧臧（zāng）获：奴婢，奴仆。奴为臧，获为仆。
⑨王良：人名，春秋末期晋国人，以善于驾驭车马而闻名。
⑩辔（pèi）：马的缰绳。
⑪鞭策：马鞭子。
⑫舜：我国原始社会末期的部落首领，尧的继位人。

【译文】

有人反驳慎到说：飞龙、腾蛇在云雾中飞行，我不认为龙蛇的飞行是不依托云雾这种势的。虽然如此，如果放弃贤能而专门依靠势，难道能足以治理国家吗？这是我没有见到的。有那种云雾之势而能依托它飞行的，这是龙蛇的资质好的缘故。现在云气浩盛而蚯蚓不能乘云，雾气浓烈而蚂蚁不能游雾，这种有盛云浓雾却不能依托它们飞行，是蚯蚓、蚂蚁的资质薄劣的缘故。现在夏桀、商纣南面称王统治天下，把天子的权威当作云雾，而天下还是免不了大乱，这是因为夏桀、商纣的资质薄劣的缘故。

况且这个人以为用尧的势可以治理天下，尧的势与桀的势有什么差别呢，这是扰乱天下的说法。所谓势，并不是一定能够让贤能的人利用，而不肖的人不能利用。贤能的人利用势天下就能治，不肖的人利用势天下就会乱。从人的本性来说，贤能的人少而不肖的人多，而用威势的好处来帮助扰乱天下的不肖之人，那么这是用势来扰乱天下的多，而用势来治理天下的少了。势这个东西，是便于统治却有利于祸乱的。所以《周书》说："不要给老虎添上翅膀，它将飞入城市，逢人便吃。"如果让不肖的人凭借权势，就是给老虎添上翅膀。夏桀、商纣筑高台掘深池耗尽了民力，用炮烙的酷刑伤害民众的生命，桀、纣能够这样放肆地干坏事，是因为有天子的威势作为他们的翅膀。假使桀、纣只是普通的人，不等他们干一件坏事就被处死了。势是滋生虎狼之心、成就暴乱之事的东西，这个东西是天下的大祸害。势对于治和乱，本来没有什么固定的关系，而那种专讲势可以治天下的人，他的智力所达到的程度是多么浅薄啊。

如果有良好的马匹和坚固的车辆，让奴仆来驾驶就会被人笑话，让王良驾驶就会日行千里。车马没有不同，有的人驾驶可以到达千里，有的人驾驶遭人嘲笑，灵巧和笨拙相差太远了。现在把国君的位置当作车，把权势当作马，把发号施令当作马缰绳，把刑罚当作马鞭子，让尧、舜来驾驶就会天下大治，让桀、纣驾驶就会天下大乱，那么贤君和暴君相差就太远了。想赶上快速奔驰的车马到达远方，不晓得任用王良；想增进利益免除祸害，不晓得任用贤能的人：这是不知道类比带来的危害。那个尧、舜也是治理百姓的王良啊。

复应之曰：其人以势为足恃以治官；客曰"必待贤乃治"，则不然矣。夫势者，名一而变无数者也。势必于自然，则无为言于势矣。吾所为言势者，言人之所设也。夫尧、舜生而在上位，虽有十桀、纣不能乱者，则势治也；桀、纣亦生而在上位，虽有十尧、舜而亦不能治者，则势乱也。故曰："势治者则不可乱，而势乱者则不可治也。"此自然之势也，非人之所得设也。若吾所言，谓人之所得设也而已矣，贤何事焉？何以明其然也？客曰："人有鬻矛与盾者①，誉其盾之坚，'物莫能陷也'，俄而又誉其矛曰：'吾矛之利，物无不陷也。'人应之曰：'以子之矛，陷子之盾，何如？'其人弗能应也。"以为不可陷之盾，与无不陷之矛，为名不可两立也②。夫贤之为道不可禁，而势之为道也无不禁，以不可禁之贤与无不禁之势，此矛盾之说也。夫贤势之不相容亦明矣。

且夫尧、舜、桀、纣千世而一出，是比肩随踵而生也③。世之治者不绝于中，吾所以为言势者，中也。中者，上不及尧、舜，而下亦不为桀、纣。抱法处势则治，背法去势则乱。今废势背法而待尧、舜，尧、舜至乃治，是千世乱而一治也。抱法处势而待桀、纣，桀、纣至乃乱，是千世治而一乱也。且夫治千而乱一，与治一而乱千也，是犹乘骥、䭿而分驰也④，相去亦远矣。夫弃隐栝之法⑤，去度量之数，使奚仲为车⑥，不能成一轮。无庆赏之劝，刑罚之威，释势委法，尧、舜户说而人辨之，不能治三家。夫势之足用亦明矣，而曰"必待贤"，则亦不然矣。

且夫百日不食以待粱肉⑦，饿者不活；今待

尧、舜之贤乃治当世之民，是犹待粱肉而救饿之说也。夫曰："良马固车，臧获御之则为人笑，王良御之则日取乎千里"，吾不以为然。夫待越人之善海游者以救中国之溺人⑧，越人善游矣，而溺者不济矣。夫待古之王良以驭今之马，亦犹越人救溺之说也，不可亦明矣。夫良马固车，五十里而一置⑨，使中手御之，追速致远，可以及也，而千里可日致也，何必待古之王良乎？且御，非使王良也，则必使臧获败之；治，非使尧、舜也，则必使桀、纣乱之。此味非饴蜜也⑩，必苦莱、亭历也⑪。此则积辩累辞，离理失术，两末之议也，奚可以难夫道理之言乎哉？客议未及此论也。

【注释】

①鬻（yù）：卖。矛：古代的兵器，在长杆的一端装有青铜或铁制的枪头。盾：古代防身的兵器。

②名：名义，概念，这里指判断。

③比肩随踵：肩膀挨着肩膀，脚跟接着脚跟。比，并。踵，脚后跟。

④骥（jì）：千里马。駬（ěr）：即骡（lù）駬，古代名马。分驰：背道而驰。

⑤隐栝（kuò）：矫正曲木的工具。隐或作"檃"、"櫽"，栝或作"括"、"桰"。

⑥奚仲：人名，善于造车，传说做过夏代掌管车服的车正。

⑦梁肉：精美的食物。梁，质量好的小米。
⑧越人：越国的人。越，诸侯国名，范围包括今浙江大部和江苏、江西的部分地区。溺人：掉进水里的人。中国：指当时的中原地区。
⑨置：驿站，古代传送公文的人歇息或换马的地方。
⑩饴（yí）：糖稀。蜜：蜂蜜。
⑪亭历：一种草，味苦，子可入药。

【译文】

又有人反驳这个反驳的人说：慎到认为完全可以依靠势来处理官职范围内的事；而您说"一定要等待贤人出现才能治理好天下"，这是不对的。势的名称虽然只有一个，但它有无数不同的含义。势如果一定出于自然，那就不必讨论势了。我所要说的势，是人为设立的。尧、舜降生于世而处在君主的位置，即使有十个桀、纣也不能扰乱天下，那是由于势治的缘故；桀、纣也降生于世而处在君主的位置，即使有十个尧、舜也不能治理天下，那是由于势乱的缘故。所以说："势治了的就不可能再乱，势乱了的就不可能再治。"这是自然之势，不是人为设立的势。像我说的势，只是说人所设立的势罢了，贤人能做什么事呢？凭什么知道是这样呢？有人告诉我说："有一个卖矛和盾的人，称赞他的盾十分坚固，'什么东西都刺不穿它'，过了一会儿又称赞它的矛说：'我的矛十分锋利，没有什么东西刺不穿。'有人责难他说：'用你的矛去刺你的盾，结果怎么样呢？'这个人不能回答了。"因为不能被刺穿的盾和什么都能刺穿的矛，按照判断是不能同时成立的。按照贤治的原则，贤人是不受约束的；而按照势治的原则，无论什么人都要受约束，"不要约束"的贤治和"什么都要约束"的势治，就构成了矛盾的说法。这样贤治与势治不能相容也就明明白白了。

况且像尧、舜、桀、纣这样的人一千年出现一个，就算是一个接一个降生了。而世上治理国家的君主不断出现的是中才，我所要讲的势，就是针对这些中才。中才的君主，与上比较不及尧、舜，与下比较也不会做桀、纣。这样的君主守住法度、据有势位就能治理国家，背弃法度、抛弃势位就会扰乱国家。现在废弃势位、背离法度而等待尧、舜，尧、舜来了国家才能治理，这是千世乱而一时治。如果守住法度、握有势位而等待桀、纣，桀、纣来了国家才出现混乱，这是千世治而一时乱。况且治千世而乱一时，与治一时而乱千世，就好比骑着好马分道而驰，二者相距会越来越远。如果放弃了矫正曲木的工具，丢掉了测量长短的尺度，让奚仲来造车，连一个轮子也做不成。没有庆功赏赐的鼓励，刑罚的威慑，放弃势位和法度，即使尧、舜挨家挨户劝说，逢人就宣传辨析，连三家也治理不好。势足以利用来治理国家是明明白白的，却说"一定要等待贤人来治理国家"，这也是不对的。

况且要一百天不吃饭的人等待吃一餐美食，这个饥饿的人是活不了的；现在要等待尧、舜这样的贤君来治理当今世上的民众，这好比要人们等待美食来解救饥饿的说法。反驳慎到的人说"好的马匹和坚固的车，奴仆驾驶就会被人笑话，王良驾驶就可以日行千里"，我认为不是这样。等待越地会在海中游泳的人来救中原落水的人,越地的人虽然会游泳,而中原落水的人已经不行了。等待古代的王良来驾驭今天的马匹,也像等待越地的人来救中原落水的人一样,行不通也是明明白白的。好的马和坚固的车,五十里有一个驿站,让一个中等水平的人来驾驶,用较快的速度驰向远方,是可以达到的,就是一千里也能在一定时间到达,何必要等待古代的王良呢?况且驾车,不是让王良来驾,就一定让奴仆来败坏它;治国,不是让尧、舜来治,就一定让桀、纣来扰乱它。这种味道不是糖蜜一样甘甜,就一定是苦莱、亭历一样苦涩。这都是在制造说辞,背离常理,趋于极端的议论,怎么可以用来责难那些有道理的言论呢?您的贤治的议论赶不上势治的理论啊。

五　蠹

"五蠹",指学者(儒家)、言谈者(纵横家)、带剑者(游侠刺客)、患御者(逃避兵役的人)、商工之民(商人手工业者)。韩非认为,这五种危害国家的人像蛀虫一样,君主应当清除。文章集中反映了韩非的历史进化观及其法治主张。

韩非首先从历史进化观和当今的历史现状出发,论证了法治的必然性和合理性。他指出治国方法应随时代而发生相应的变革,"世异则事异,事异则备变"。要治"急世之民",不能采用过去的"宽缓之政",所以,他反对仁治、礼治,主张施行法治、势治。他认为"赏莫如厚而信,使民利之;罚莫如重而必,使人畏之;法莫如一而固,使民知之"。在实行法治中,韩非特别强调一切依法办事的原则,主张用权势、财富和权术来辅助法的实施。

为了保证其法治主张的实现,韩非针对当时的社会现实,提出了清除五蠹之民的主张,指责君主尊重儒侠贤智、听信纵横家的错误。他认为"儒以文乱法,侠以武犯禁",言谈者,"为设诈称,借于外力,以成其私,遗社稷之利",患御者"事私门"而"远战",商工之民"蓄积待时而侔农夫之利",都是破坏法治,妨碍耕战、对君王有害的人,必须坚决地加以铲除。

上古之世，人民少而禽兽众，人民不胜禽兽虫蛇。有圣人作，构木为巢以避群害，而民悦之，使王天下①，号曰有巢氏②。民食果蓏蚌蛤③，腥臊恶臭而伤害腹胃，民多疾病。有圣人作，钻燧取火以化腥臊④，而民说之⑤，使王天下，号之曰燧人氏⑥。中古之世，天下大水，而鲧、禹决渎⑦。近古之世，桀、纣暴乱⑧，而汤、武征伐⑨。今有构木钻燧于夏后氏之世者⑩，必为鲧、禹笑矣；有决渎于殷、周之世者⑪，必为汤、武笑矣。然则今有美尧、舜、汤、武、禹之道于当今之世者，必为新圣笑矣。是以圣人不期修古，不法常可，论世之事，因为之备。宋人有耕田者⑫，田中有株，兔走触株，折颈而死，因释其耒而守株⑬，冀复得兔。兔不可复得，而身为宋国笑。今欲以先王之政，治当世之民，皆守株之类也。

【注释】

①王（wàng）：称王，即统治。

②有巢氏：传说中发明巢居的人。

③果蓏（luǒ）：瓜果的总称。蓏，瓜类植物的果实。

　蛤（gé）：蛤蜊（lí）。

④燧（suì）：古代取火的器具。

⑤说：同"悦"，喜欢。

⑥燧人氏：传说中发明钻木取火的人。

⑦鲧（gǔn）、禹决渎：传说鲧是禹的父亲，夏后氏

的部落首领。他奉尧的命令治水，采用拦河筑坝的方法，没有成功，被舜杀死；禹接受了他父亲的教训，疏通河道，导流入海，治服了洪水。韩非把鲧列入圣人之列，说他也是治水有功之人。

⑧桀：名履癸，夏朝最后一个王。纣：名受辛，商朝最后一个王。

⑨汤：指商汤，名子履，商朝的开国君主。武：指周武王，名姬发，灭商朝后建立了周朝。

⑩夏后氏之世：指夏朝。

⑪殷：商朝的别称，因为商朝传到盘庚时，迁都于殷（今河南安阳西）。

⑫宋：诸侯国名，范围包括今河南东部和山东、江苏的部分地区。

⑬耒（lěi）：古代翻土的农具。

【译文】

上古时代，人民少而禽兽多，人民经受不住禽兽虫蛇的侵害。有位圣人起来，用树枝搭成像鸟巢一样的住处来避免各种禽兽的侵害，人民就爱戴他，让他统治天下，号称有巢氏。人民吃野生的瓜果和河里的蛤蜊，有腥臊难闻的气味而伤害肠胃，人民有很多疾病。有位圣人起来，钻木取火，烧熟食物以去掉腥臊气味，人民就爱戴他，让他统治天下，号称燧人氏。中古时代，天下出现洪水，鲧和禹疏通河道。近古时代，夏桀和商纣残暴昏乱，商汤和周武王起兵征讨。假如在夏朝时还有构木为巢、钻燧取火的人，一定会被鲧和禹所嘲笑；假如在殷商和周代还有像鲧和禹那样疏通河道的人，一定会被商汤和周武王所嘲笑。然而，假如当今之世有人赞美尧、舜、汤、武、禹那一套办法，也一定会被新时代的圣人所嘲笑。因此，新时代的圣人不羡慕远古时代，不效法永恒不变的常规，而是研究当代的实际情况，从而采取相应的措施。宋国有个农民，他的田地里有一个树桩，有一天一只兔子奔跑时撞到树桩上，碰断脖子死了，这个农民因此就放下农具而守候在树桩旁，希望再次得到死兔。兔子当然不可能再得到了，而他自己却受到宋国人嘲笑。现在还想用先王的政治来治理当代的民众，也就像守株待兔一样可笑。

　　古者丈夫不耕①，草木之实足食也；妇人不织，禽兽之皮足衣也。不事力而养足，人民少而财有余，故民不争。是以厚赏不行，重罚不用，而民自治。今人有五子不为多，子又有五子，大父未死而有二十五孙。是以人民众而货财寡，事力劳而供养薄，故民争，虽倍赏累罚而不免于乱。

　　尧之王天下也，茅茨不翦②，采椽不斫③；粝粢之食④，藜藿之羹⑤；冬日麑裘⑥，夏日葛衣⑦；虽监门之服养，不亏于此矣。禹之王天下也，身执耒臿以为民先⑧，股无胈⑨，胫不生毛⑩，虽臣虏之劳，不苦于此矣。以是言之，夫古之让天子者，是去监门之养，而离臣虏之劳也，古传天下而不足多也。今之县令，一日身死，子孙累世絜驾⑪，故人重之。是以人之于让也，轻辞古之天子，难去今之县令者,薄厚之实异也。夫山居而谷汲者,膢腊而相遗以水⑫;泽居苦水者,买庸而决窦。故饥岁之春,幼弟不饷;穰岁之秋,疏客必食。非疏骨肉爱过客也,多少之实异也。是以古之易财,非仁也,财多也;今之争夺,非鄙也,财寡也。轻辞天子,非高也,势薄也;争士橐⑬,非下也,权重也。故圣人议多少、论薄厚为之政。故罚薄不为慈,诛严不为戾,称俗而行也。故事因于世,而备适于事。

【注释】

①丈夫:泛指成年男子。

②茅茨(cí):茅草盖的屋顶。剪:通"剪",修剪。

③采椽(chuán):栎木做的椽子。

④粝粢(lì zī):泛指粗劣的食物。粝,粗米。粢,谷类。

⑤藜(lí):通"藜",一年生草本植物,嫩叶可吃。藿(huò):豆叶。羹(gēng):浓汤。

⑥麑(ní)裘:泛指质量差的兽皮衣服。麑,小鹿。裘,皮衣。

⑦葛衣:用葛的纤维做的粗布衣。葛,一种多年生蔓草,根可吃,纤维可织布。

⑧臿(chā):锹。

⑨股:大腿。胈(bá):肌肉。

⑩胫(jìng):小腿。

⑪累世:接连几代。絜(xié)驾:系马套车,这里是说有马车坐。

⑫ 膢（lóu）：楚国人二月间祭祀饮食神的节日。腊（là）：祭名，周历十二月（夏历十月）举行，祭祀百神。遗（wèi）：赠送。
⑬ 士：通"仕"，做官。橐：通"托"，依托，指依附贵族。

【译文】

古时候男人不耕地，是因为草木的果实充足够吃；妇女不纺织，是因为禽兽的毛皮充足够穿。不用费力劳动而生活给养就很充足，人民数量少而财物有多余的，所以人民不争夺。因此不必施行厚赏，也不用进行重罚，人民自然安定。现在的人一个人有五个孩子不算多，每个孩子分别又有五个孩子，祖父还没死就有二十五个孙子。因此，人民数量增多而财物缺少，费力劳动而供养微薄，所以人民相互争夺，即使加倍地奖赏和多次地惩罚，也难免祸乱。

尧统治天下时，茅草屋顶不用修剪，栎木椽子不用砍削；吃的是粗粮，喝的是野菜汤；冬天披的是质量很差的兽皮衣，夏天穿的是用葛纤维做的粗布衣；现在即使是看门的人吃穿也不会比这更差了。禹统治天下时，自己拿着农具走在民众的前面，累得大腿肌肉消瘦，小腿上汗毛也磨掉了，现在即使是奴隶的劳动，也不比这更苦。就此而言，古人让出天子王位，不过是去掉看门人那样的供养，离开奴隶般的劳苦而已，所以古代人把天下传给别人也不值得赞扬。当今的县令，一旦死去，他的子孙接连几代都会有马车坐，所以人们看重县令的位置。因此，人们对于让位这件事，很容易辞掉古代的天子，却很难辞去现在的县令，这是因为利益待遇的大小实在很不相同啊。住在山上要到深谷去打水的人，遇到节日，用水作礼物互相赠送；住在洼地苦于水涝的人，却要雇人去挖渠排水。所以荒年的春天，对自己幼小的弟弟也没有食物供给；丰年的秋天，对来往很少的远方客人也一定招待吃喝。这不是疏远自己的亲人偏爱过路的客人，而是因为收成的多少实在很不相同啊。因此，古人轻视财物，并不是讲仁慈，而是财物很多；今人争夺财物，并不是太贪婪，而是财物太少。轻易地辞掉天子职位，不是什么品德高尚，而是因为古代的权势很小；争夺官职和依附权贵，不是什么品德卑下，而是因为今天的权势很大。所以圣人研究社会财富的多少，考虑权势的轻重，然后制定相应的政治措施。所以惩罚轻不是仁慈，诛杀严不是凶暴，是适应社会情况而行事。因此，政事随着时代的变化而变化，措施必须适应已经变化了的政事。

　　古者文王处丰、镐之间①，地方百里，行仁义而怀西戎②，遂王天下。徐偃王处汉东③，地方五百里，行仁义，割地而朝者三十有六国。荆文王恐其害己也④，举兵伐徐，遂灭之。故文王行仁义而王天下，偃王行仁义而丧其国，是仁义用于古不用于今也。故曰：世异则事异。当舜之时，有苗不服⑤，禹将伐之。舜曰："不可。上德不厚而行武，非道也。"乃修教三年，执干戚舞⑥，有苗乃服。共工之战⑦，铁铦短者及乎敌⑧，铠甲不坚者伤乎体。

是干戚用于古不用于今也。故曰：事异则备变。上古竞于道德，中世逐于智谋，当今争于气力。齐将攻鲁⑨，鲁使子贡说之⑩。齐人曰："子言非不辩也，吾所欲者土地也，非斯言所谓也。"遂举兵伐鲁，去门十里以为界。故偃王仁义而徐亡，子贡辩智而鲁削。以是言之，夫仁义辩智，非所以持国也。去偃王之仁，息子贡之智，循徐、鲁之力使敌万乘⑪，则齐、荆之欲不得行于二国矣。

【注释】

① 文王：指周文王，名姬昌，武王姬发的父亲。丰、镐（hào）：古代地名。丰，位于今陕西户县东北，沣水以西。镐，位于今陕西西安西南，沣水以东。
② 西戎：我国周代时西北部的少数民族。
③ 徐偃（yǎn）王：徐国国君。徐，古代国名，位于今安徽泗县一带。汉东：汉水以东。
④ 荆文王：即楚文王，名熊赀（zī），春秋时楚国君主，前689—前677年在位。荆，楚国别名。
⑤ 有苗：我国古代长江流域的少数民族，也称三苗。
⑥ 干：盾，古代打仗时一种挡住敌人刀、箭的防身武器。戚：一种像大斧的兵器。
⑦ 共工：古史传说中的人物，事迹多带有神话色彩。
⑧ 铦（xiān）：铁锸一类的武器。
⑨ 齐：诸侯国名，范围包括今山东北部、东部和河北东南部。鲁：诸侯国名，范围包括今山东西南部和

河南、江苏的部分地区。

⑩子贡：姓端木，名赐，春秋末期卫国人，孔丘的学生，善于辩说。

⑪万乘（shèng）：万辆兵车，指拥有强大军队的国家。乘，战车，每乘包括一车四马，甲士三人，步卒七十二人。

【译文】

古时候周文王处于丰、镐一带，土地不过方圆百里，他推行仁义怀柔西戎，于是就统治了天下。徐偃王居于汉水以东，土地方圆五百里，他推行仁义有三十六个国家向他割地朝贡。楚文王害怕徐国会危害自己，就起兵讨伐徐国，于是把它灭掉了。周文王推行仁义而统治天下，徐偃王推行仁义而丧失国家，这说明仁义可以用于古代而不能用于今天。因此说：时代不同了，事情就会随之变化。当舜统治天下时，苗族人不服，禹准备去讨伐他们。舜说："不行。我们崇尚道德还不够深厚而动用武力，这不是正确的治国原则。"于是连续三年进行德教和精神感化，人们拿着兵器跳舞，苗族人就降服了。到了共工打仗的时候，武器短的被敌人击中，铠甲不坚固的身体受到伤害。说明拿着兵器跳舞来教化的方法，只适用于古代，不适用于现代。所以说：事情变了，措施就要跟着改变。上古时在道德上竞争，中世时在智谋上角逐，当今则在力量上较量。齐国将要攻打鲁国，鲁国派子贡去游说齐人。齐国人说："你的话不是没有道理，但我想要的是土地，不是你说的那一套空话。"于是就发兵攻打鲁国，一直打到离鲁国都城城门十里的地方作为边界。所以徐偃王推行仁义而徐国灭亡,子贡善于辩说而鲁国丧失土地。由此说来,仁义、辩智都是不能用来保全国家的。抛弃徐偃王的仁义,不用子贡的辩智,依靠徐国、鲁国的力量来抵抗拥有强大军队的国家,那么齐国、楚国的野心就不能在徐、鲁两国得逞了。

夫古今异俗,新故异备。如欲以宽缓之政,治急世之民,犹无辔策而御駻马①,此不知之患也②。今儒、墨皆称先王兼爱天下,则视民如父母。何以明其然也?曰:"司寇行刑③,君为之不举乐;闻死刑之报,君为流涕。"此所举先王也。夫以君臣为如父子则必治,推是言之,是无乱父子也。人之情性莫先于父母,皆见爱而未必治也④,虽厚爱矣,奚遽不乱?今先王之爱民,不过父母之爱子,子未必不乱也,则民奚遽治哉?且夫以法行刑,而君为之流涕,此以效仁,非以为治也。夫垂泣不欲刑者,仁也;然而不可不刑者,法也。先王胜其法,不听其泣,则仁之不可以为治亦明矣。

且民者固服于势,寡能怀于义。仲尼⑤,天下圣人也,修行明道以游海内,海内说其仁、美其义而为服役者七十人⑥。盖贵仁者寡,能义者难也。故以天下之大,而为服役者七十人,而仁义者一人。鲁哀公⑦,下主也,南面君国⑧,境内之民莫敢不臣。民者固服于势,势诚易以服人,故仲尼反为臣而哀公顾为君。仲尼非怀其义,服其势也。故以义则仲尼不服于哀公,乘势则哀公臣仲尼。今学者之说人主也,不乘必胜之势,而务行仁义则可以王,是求人主之必及仲尼,而以世之凡民皆如列徒,此必不得之数也⑨。

【注释】

①辔(pèi):缰绳。策:马鞭子。骘(hàn)马:烈马。

②知:同"智"。

③司寇:古代掌管刑狱的高级官吏。

④见:同"现",表现。

⑤仲尼:孔子名丘,字仲尼。

⑥说:同"悦"。

⑦鲁哀公:名蒋,春秋末期、战国初期的鲁国君主。

⑧南面:古代国君临朝时南向而立,表示尊贵。

⑨数(shù):术,方法。

【译文】

古今的社会情况不同,新旧时代的政治措施也不一样。假如想用宽容和缓的仁政去治理处在急剧变动时代的民众,就好像没有缰绳和鞭子而去驾驭烈马一样,这是不明智所带来的祸害。现在儒、墨两家都称颂先王爱天下的一切人,看待民众就像父母疼爱子女一样,拿什么来证明它是这样的呢?人们说:"司寇行刑时,君主为此而停止奏乐;听到死刑的判决,君主为此流泪。"这就是他们所列举的先王的例证。如果认为君臣的关系如同父子的关系,天下就一定能治理好,那么按照这种说法推论,天下就应该没有不和睦的父子了。就人的本性而言，没有一种爱能超过父母对子女的爱，尽管子女都受到父母的爱护，但家庭未必和睦，即使爱得深厚，怎么就能保证不发生冲突呢？先王爱民，不会超过父母关爱子女，但子女未必不会叛逆，那么民众怎么就一定能治理好呢？况且按法令执行刑罚，君主却为之流泪，用这个表示仁爱，是不可以用来治国的。流着眼泪而不想用刑，这是君主的仁慈；然而却不能不用刑，这是国家的法制。先王把以法办事放在首位，而不听从仁慈的心肠办事，那么不能用仁慈来治国，道理也就很清楚了。

况且民众本来就屈服于权势，很少能被仁义所感化的。孔丘，是天下的圣人，修养德行，宣传儒学，周游海内，天下的人都喜欢他的仁，赞美他的义，而愿为他效劳的门徒只有七十人。这大概是因为看重仁的人很少，能够做到义是很难的。所以以天下之广大，而能听从他指使的人只有七十人，而行仁义的只有孔丘自己一个人。鲁哀公是一个不高明的君主，他坐在朝廷里统治国家，国内的老百姓没有敢不服从的。老百姓总是屈服于权势的，权势也的确容易使人服从，所以孔丘做了臣子，而哀公反而做了国君。孔丘并不是胸怀哀公的义，而是服从他的权势。所以根据义，孔丘不会臣服于鲁哀公，然而凭借权势，哀公就可以让孔丘臣服。现在的学者劝说君主，不是让君主依仗必胜的权势，而是让君主致力于行仁义就可以称王天下，这是要求君主必须做到像孔丘那样，而把世上的普通民众都当成孔丘的门徒，这是必定行不通的办法。

今有不才之子，父母怒之弗为改①，乡人谯之弗为动②，师长教之弗为变。夫以父母之爱、乡人之行、师长之智，三美加焉③，而终不动，其胫毛不改。州部之吏④，操官兵，推公法，而求索奸人，然后恐惧，变其节，易其行矣。故父母之爱不足以教子，必待州部之严刑者，民固骄于爱、听于威矣。故十仞之城⑤，楼季弗能逾者⑥，峭也；千仞之山，跛牂易牧者，夷也。故明王峭其法而严其刑也。布帛寻常⑦，庸人不释；铄金百溢⑧，盗跖不掇⑨。不必害，则不释寻常；必害手，则不掇百溢。故明主必其诛也。是以赏莫如厚而信，使民利之；罚莫如重而必，使民畏之；法莫如一而固，使民知之。故主施赏不迁，行诛无赦，誉辅其赏，毁随其罚，则贤、不肖俱尽其力矣。

今则不然。以其有功也爵之，而卑其士官也；以其耕作也赏之，而少其家业也；以其不收也外之，而高其轻世也；以其犯禁也罪之，而多其有勇也。毁誉、赏罚之所加者，相与悖缪也⑩，故法禁坏而民愈乱。今兄弟被侵，必攻者，廉也；知友被辱，随仇者，贞也。廉贞之行成，而君上之法犯矣。人主尊贞廉之行，而忘犯禁之罪，故民程于勇⑪，而吏不能胜也。不事力而衣食，则谓之能；不战功而尊，则谓之贤。贤能之行成，而兵弱而地荒矣。人主说贤能之行，而忘兵弱地荒之祸，则私行立而公利灭矣。

【注释】

①弗:通"不",下同。
②乡人:同一乡的人。谯(qiào):通"诮",责骂。
③三美:指"父母之爱、乡人之行、师长之智"。
④州部:当时的一种地方基层行政机关。
⑤仞(rèn):古代的高度计算单位,八尺为一仞。
⑥楼季:战国初期魏文侯的弟弟,善于攀登跳跃。
⑦帛:丝织品的总称。寻常:古代长度计算单位,八尺为一寻,两寻为一常。
⑧铄(shuò):熔化。溢:通"镒",黄金的重量单位。一镒为二十两,一说为二十四两。
⑨跖(zhí):春秋末期的著名强盗,被称为盗跖。
⑩缪:通"谬"。
⑪程:通"逞",炫耀。

【译文】

　　现在有一个不成器的孩子,父母训斥他,他不悔改;老乡责备他,他无动于衷;老师教诲他,他不肯改变。把父母的慈爱、老乡的品德、老师的智慧这三样美好的东西,一起施加到他身上,然而他始终不被触动,丝毫也不改变。直到地方官吏拿着官府的兵器,执行国家的法令,到处搜捕坏人的时候,他才感到恐惧,改变了坏品行,纠正了坏行为。所以父母的慈爱不足以教育好子女,必须等待官吏执行严厉的刑罚,这是因为人们总是受到慈爱就骄横,见到权威就服从。因此十仞高的城墙,即使是善于攀登的楼季也不能越过,因为它太险峻了;千仞高的大山,就是跛脚的母羊也容易放牧，因为它的坡度平缓。所以英明的君王总是严峻地制订国法并严格地执行刑罚。一丈左右的布帛，一般人见了也舍不得放手；成百上千两黄金正在熔化，即使是盗跖也不敢去拿。不是一定会受害时，很小的东西也不愿放弃；一定会烧伤手时，就是大量的金子也不敢去取。所以英明的君主必须要坚定地执行刑罚。因此奖赏不妨优厚而坚决兑现，使民众有利可图；惩罚不妨严厉且坚决执行，使民众感到畏惧；法令不妨统一而固定，使民众都知道。所以，君主施行奖赏而不随意改变，执行惩罚不会有赦免，给予奖赏的同时辅以荣誉，实施惩罚的同时加以恶名，这样贤能的人和不贤能的人都会尽力去干事。

现在却不是这样。因为他有功劳而给他爵位，却鄙视他做官；因为他努力耕作而给他奖赏，却轻视他创立家业；因为他不愿被录用而疏远他，却推崇他轻视世俗功利；因为他触犯禁令而责罚他，却赞美他有勇气。施加给臣下的毁誉、赏罚，互相矛盾，所以法律禁令被破坏，民众就越发混乱。现在如果自己的兄弟遭到侵犯，就必定帮他反击，这被叫做方正；知道自己的朋友受到侮辱，就跟随他一起报仇，这被叫作忠贞。方正、忠贞的风气形成了，君主的法令就会被破坏。君主尊重这种忠贞、方正的品行，而忘记他们违反法禁的罪过，因此民众就会逞勇犯禁，而官吏不能制止了。不从事农耕劳动就有吃有穿，却说他有才能；不打仗立功就受到尊重，却说他是贤人。"贤"、"能"的风气形成了，国家的兵力就会削弱，土地就会荒芜。君主喜欢所谓"贤"、"能"的品行，而忘记兵力削弱、土地荒芜的祸害,那么谋求私利的行为就会得逞,国家利益就会不存在。

儒以文乱法①,侠以武犯禁②,而人主兼礼之,此所以乱也。夫离法者罪③,而诸先生以文学取;犯禁者诛,而群侠以私剑养④。故法之所非,君之所取;吏之所诛,上之所养也。法、趣、上、下⑤,四相反也,而无所定,虽有十黄帝不能治也⑥。故行仁义者非所誉,誉之则害功;文学者非所用,用之则乱法。楚之有直躬⑦,其父窃羊,而谒之吏。令尹曰⑧:"杀之!"以为直于君而曲于父,报而罪之。以是观之,夫君之直臣,父之暴子也。鲁人从君战,三战三北。仲尼问其故,对曰:"吾有老父,身死莫之养也。"仲尼以为孝,举而上之。以是观之,夫父之孝子,君之背臣也。故令尹诛而楚奸不上闻,仲尼赏而鲁民易降北。上下之利,若是其异也,而人主兼举匹夫之行,而求致社稷之福⑨,必不几矣⑩。

古者苍颉之作书也⑪,自环者谓之私,背私谓之公,公私之相背也,乃苍颉固以知之矣⑫。今以为同利者,不察之患也。然则为匹夫计者,莫如修行义而习文学⑬。行义修则见信,见信则受事;文学习则为明师,为明师则显荣:此匹夫之美也。然则无功而受事,无爵而显荣,为有政如此,则国必乱,主必危矣。故不相容之事,不两立也。斩敌者受赏,而高慈惠之行;拔城者受爵禄,而信廉爱之说;坚甲厉兵以备难⑭,而美荐绅之饰⑮;富国以农,距敌恃卒⑯,而贵文学之士;废敬上畏法之民,而养游侠私剑之属。举行如此,治强不可得也。国平养儒侠,难至用介士,所利非所用,所用非所利。是故服事者简其业,而游学者日众,是世之所以乱也。

【注释】

①文:文学,指诗书礼乐之类。

②侠:游侠,即带剑者,指行凶逞勇的侠客。

③离:通"罹"(lí),触犯。

④私剑:不遵守国家法令而仗剑行凶。

⑤趣:通"取"。

⑥黄帝:即轩辕氏,传说中我国原始社会最早的部落联盟首领。

⑦楚:诸侯国名,范围包括今湖北全部和河南、陕西、湖南、江西、安徽等的部分地区。直躬:人名,据说他因正直而得名。

⑧令尹:楚国最高官职,相当于其他诸侯国的相。

⑨社稷:土地神和谷神,象征国家。

⑩几:通"冀",希望。

⑪苍颉(jié):一作"仓颉",传说为黄帝时的史官,汉字的创造者。

⑫以:通"已",已经。

⑬行义:通"行谊",品德。

⑭厉兵：把武器磨锋利。厉，通"砺"。
⑮荐绅：古时官吏上朝时把手版插在衣带间。这里指穿着宽袍大袖。荐，通"搢"，插。绅，宽的衣带。
⑯距：通"拒"，抵御。

【译文】

儒家利用文学扰乱法治，游侠依靠武力违犯禁令，然而君主对他们都以礼相待，这就是造成国家祸乱的原因。触犯法制的本该治罪，而那些儒生却因懂得文学得到录用；违反禁令的本该惩罚，而那些游侠却因不守法令仗剑行凶得到供养。因此，法令所反对的，君主却加以任用；官吏要处罚的，君主却加以供养。法治所反对的和君主所任用的，官吏所惩罚的和君主所供养的，这四种情况互相矛盾没有确定的标准，即使有十个黄帝也不能治理好国家。所以对推行仁义的人不应该称赞，称赞他们就会危害耕战；对搞文学的人不应该任用，任用他们就会扰乱法治。楚国有个很正直的人名叫直躬，他的父亲偷了别人的羊，他向官吏告发。令尹说："杀掉他！"认为他对君主虽然忠心，对父亲却是大逆不道，因而判他有罪。由此看来，君主的直臣却是父亲的逆子。有个鲁国人跟随君主打仗，三次上阵三次败逃。孔丘问他什么缘故，他回答说："我上有老父，我如果战死就没有人供养他。"孔丘认为他是孝子，就提拔他做官。由此看来，父亲的孝子却是君主的叛臣。所以令尹杀了直躬，楚国的坏人坏事就没有人向上报告了；孔丘奖励了逃兵，鲁国人就容易投降敌人，临阵脱逃了。国家的利益和个人的利益是如此不同，君主既推崇个人的私利行为又谋求国家的利益，一定是没有成功的希望的。

古代苍颉创造文字，把为自己盘算叫做"私"，和"私"相反的叫做"公"。公私的相互对立，那是苍颉本来就知道的了。现在认为公私的利益相同，是没有明察的失误。那么为个人打算，不如去修养品德、研习文学。品德修养好了就会受到信任重用，受到信任重用就能接受官职；文学研习好了就可以成为明师，成为明师就可以显贵荣耀：这是个人美满的事。然而没有功劳却能接受官职，没有爵位却能显贵荣耀，如此处理政事，国家就必然混乱，君主就必然有危难。因此互不相容的事是不能并存的。杀敌的受奖赏，同时又推行仁慈厚道的品行；攻克城池的受爵禄，同时又信奉清廉慈爱的学说；加强戒备以预防战乱，同时又赞美宽袍大袖的服饰；富国靠农民，抗敌靠士卒，同时又尊崇文学之士；不用尊君守法的臣民，却供养游侠刺客之类的人。像这样做，要想把国家治理得强大是不可能的。国家太平时养儒、侠，战争发生时用士兵，国家给予利益的人，不是国家所要用的人，国家所要用的人，却得不到国家的利益。因此农民和士兵就会荒废他们的职业，游侠和儒生却一天天多起来。这就是社会之所以发生祸乱的原因。

且世之所谓贤者，贞信之行也；所谓智者，微妙之言也^①。微妙之言，上智之所难知也。今为众人法，而以上智之所难知，则民无从识之矣。故糟糠不饱者不务粱肉^②，短褐不完者不待文绣^③。夫治世之事，急者不得，则缓者非所务也。今所治之政，民间之事，夫妇所明知者不用，而慕上知之论④，则其于治反矣。故微妙之言，非民务也。若夫贤贞信之行者，必将贵不欺之士；不欺之士者，亦无不欺之术也。布衣相与交，无富厚以相利，无威势以相惧也，故求不欺之士。今人主处制人之势，有一国之厚，重赏严诛，得操其柄，以修明术之所烛，虽有田常、子罕之臣⑤，不敢欺也，奚待于不欺之士？今贞信之士不盈于十，而境内之官以百数，必任贞信之士，则人不足官。人不足官，则治者寡而乱者众矣。故明主之道，一法而不求智，固术而不慕信，故法不败，而群官无奸诈矣。

【注释】

①微妙之言：深奥玄妙的言辞。

②粱肉：泛指精美的饭食。粱，品种好的小米。

③短褐：粗布短衣。褐，粗布衣服。文绣：有刺绣的华丽服装。

④知：同"智"。

⑤田常：即田成子，又称陈恒、陈成子，春秋末期齐国执政的卿。前481年，他发动政变，杀掉齐简公，控制了政权。子罕：即皇喜，战国中期任宋国的司城。他劫杀宋桓侯，夺取了政权。

【译文】

况且社会上所谓的贤人，是指他们有忠贞诚实的行为；所谓智者，是指他们善于深奥玄妙的言辞。深奥玄妙的言辞，就是智慧极高的人也难以理解。现在把智慧极高的人所难以理解的微妙之言，作为民众的行为规范，民众就无从懂得它。连糟糠都吃不饱的人是不会去追求精美的饭食，连粗布衣服都穿得破破烂烂的人是不会去渴望有刺绣的华丽服装。治理国家的事情，如果急切的事情还没有办好，缓慢的事情就不要急着去办。现在所治理的国家的政事以及民间的常事，那些普通男女都明白易知的道理不被运用，却去羡慕智慧极高的人也难以理解的言论，这就违反了治国的原则。所以那些深奥玄妙的言辞，不是普通民众所追求的。至于看重忠贞诚实的行为，就必然会尊重不搞欺骗的人；其实不搞欺骗的人，也没有让人不搞欺骗的办法。平民相互结交，没有丰厚的财物互相利用，也没有什么权势互相威胁，所以才寻求不搞欺骗的人。现在君主有着控制人的权势，拥有一国的财富，掌握重赏严罚的大权，可以很好地处理用术所洞察的问题，即使有田常、子罕一类的臣子，也不敢进行欺骗了，为什么要等待忠诚不欺的人呢？今天忠贞诚信的人太少了，而国内所需要的官吏却数以百计，如果一定要任用忠贞诚信的人，那么能做官的人就不够官职所需的人数。人数不够官职所需，那么能够把政事办好的人就很少，而把政事搞乱的人就很多。因此，英明君主的治国原则是，专一地用法而不追求用智，坚定地用术而不崇尚诚信，这样法治就不会败坏，群臣也就不会有奸诈的行为了。

今人主之于言也，说其辩而不求其当焉①，其用于行也，美其声而不责其功。是以天下之众，其谈言者务为辨而不周于用②，故举先王言仁义者盈廷，而政不免于乱；行身者竞于为高而不合于功，故智士退处岩穴，归禄不受，而兵不免于弱。兵不免于弱，政不免于乱，此其故何也？民之所誉，上之所礼，乱国之术也。今境内之民皆言治，藏商、管之法者家有之③，而国愈贫，言耕者众，执耒者寡也；境内皆言兵，藏孙、吴之书者家有之④，而兵愈弱，言战者多，被甲者少也⑤。故明主用其力，不听其言；赏其功，必禁无用。故民尽死力以从其上。夫耕之用力也劳，而民为之者，曰：可得以富也。战之为事也危，而民为之者，曰：可得以贵也。今修文学，习言谈，则无耕之劳而有富之实，无战之危而有贵之尊，则人孰不为也？是以百人事智而一人用力。事智者众，则法败；用力者寡，则国贫：此世之所以乱也。

故明主之国，无书简之文⑥，以法为教；无先王之语，以吏为师；无私剑之捍⑦，以斩首为勇。是境内之民，其言谈者必轨于法，动作者归之于功，为勇者尽之于军。是故无事则国富，有事则兵强，此之谓王资。既畜王资而承敌国之衅⑧，超五帝侔三王者⑨，必此法也。

【注释】

①说：同"悦"。当（dàng）：适当，恰当。

②谈言者：指长于辞令的人。辨：通"辩"。

③商、管：指商鞅和管仲。商鞅是战国时卫国人，曾帮助秦孝公变法，法家的代表人物。管仲是春秋时期齐桓公的相。

④孙、吴：指孙武和吴起。孙武是春秋时期齐国人，吴起是战国时期卫国人，他们都是著名的军事家，都著有兵书。

⑤被甲：指当兵。被，通"披"。

⑥书简：即书籍。古代把字写在竹简上，所以称"书简"。

⑦捍：通"悍"，强悍。

⑧釁（xìn）：同"衅"，缝隙，引申为弱点。

⑨五帝：一般指古史传说中的黄帝、颛顼（zhuānxū）、帝喾（kù）、尧、舜。三王：指夏禹、商汤和周文王、武王等夏、商、周三代的开国君主。

【译文】

现在的君主对于言谈，只喜欢它的巧言善辩而不管它的内容是否适当；用人做事，只欣赏他的虚名而不责求他办事的功效。因此天下的民众，那些擅长辞令的人都致力于巧言善辩而不考虑是否实用，所以导致称引先王、大谈仁义的人充满朝廷，而国家的政事就难免不混乱；那些注重道德修养的人都竞相标榜清高，而不符合国家的事功，所以有智慧的人都隐居深山，归还君主给他的俸禄而不愿意接受，致使国家的兵力难免不被削弱。国家的兵力难免不被削弱，政事就难免不混乱，造成这种局面的究竟是什么原因呢？民众所称赞的，君主所尊重的，都是使国家混乱的办法。现在国内的民众都在议论治理国家的问题，收藏商鞅、管仲法家著述的人几乎每家都有，可是国家却越来越贫穷，这是因为空谈农耕的人很多，而实际种地的人很少；国内的民众都在议论军事问题，收藏孙子、吴起兵书的人几乎每家都有，可是国家的兵力却越来越软弱，这是因为空谈战争的人很多，而实际上战场的人很少。所以英明的君主使用民众的气力，而不听他们空谈；奖励民众的功劳，而坚决禁止无用的行为。所以民众就会竭尽全力来服从君主。耕地用力是很辛苦的劳作，而老百姓还愿意去干，说："可以由此富裕起来。"打仗的事情是很危险的，而老百姓仍然愿意去打仗，说："可以由此显贵。"现在讲求文学从事言谈的人，没有农耕的劳苦而享有财富的实惠，没有打仗的危险却能获得显贵的尊位，那么谁不愿意这样做呢？所以许多人去从事智辩活动，极少的人为国出力。从事智辩活动的人多了，法治就会败坏；为国出力的人少了，国家就会贫穷：这就是社会之所以混乱的原因。

　　所以英明君主的国家，不用文献典籍而以法令为教材；禁绝先王的言论而以官吏为老师；制止游侠刺客的凶暴举止而鼓励杀敌立功的勇敢行为。这样国内的民众，那些擅长言谈的人一定要遵守法律，从事劳动的人让他们回归到农业生产，表现勇敢的人叫他们全部到军队中去服役。因此，太平时国家富有，发生战争则兵力强大，这就叫做称王天下的资本。已经积累了成就王业的资本，又能利用敌国的弱点，那么超过五帝赶上三王，一定得靠这种办法。

今则不然，士民纵恣于内①，言谈者为势于外②，外内称恶，以待强敌，不亦殆乎！故群臣之言外事者，非有分于从衡之党③，则有仇雠之忠④，而借力于国也。从者，合众弱以攻一强也；而衡者，事一强以攻众弱也：皆非所以持国也。今人臣之言衡者，皆曰："不事大，则遇敌受祸矣。"事大未必有实，则举图而委，效玺而请兵矣⑤。献图则地削，效玺则名卑，地削则国削，名卑则政乱矣。事大为衡，未见其利也，而亡地乱政矣。人臣之言从者，皆曰："不救小而伐大，则失天下，失天下则国危，国危而主卑。"救小未必有实，则起兵而敌大矣。救小未必能存，而伐大未必不有疏，有疏则为强国制矣。出兵则军败，退守则城拔。救小为从，未见其利，而亡地败军矣。是故事强，则以外权士官于内；救小，则以内重求利于外。国利未立，封土厚禄至矣；主上虽卑，人臣尊矣；国地虽削，私家富矣。事成，则以权长重；事败，则以富退处。人主之听说于其臣，事未成则爵禄已尊矣；事败而弗诛，则游说之士孰不为用矰缴之说而侥幸其后⑥？故破国亡主以听言谈者之浮说。此其故何也？是人君不明乎公私之利，不察当否之言，而诛罚不必其后也。皆曰："外事，大可以王，小可以安。"夫王者，能攻人者也；而安，则不可攻也。强，则能攻人者也；治，则不可攻也。治强不可责于外，内政之有也。今不行法术于内，而事智于外，则不至于治强矣。

【注释】

①士民：这里主要指儒生、游侠。

②言谈者：指在各诸侯国之间游说的纵横家。

③从衡：即纵横，指合纵、连横。南北为纵，燕、齐、赵、韩、魏、楚为对抗秦国而结成联盟，在位置上成南北向，所以称合纵；东西为横，秦国为对付合纵而与六国分别结盟，以便各个击破，在位置上成东西向，所以称连横。

④雠：通"仇"。忠：通"衷"，心思。

⑤效玺：指献出君主的印章，这是取消独立地位臣服他国的表示。玺，君主和官吏的印章。

⑥矰缴（zēng zhuó）之说：比喻用来猎取功名富贵的花言巧语。矰缴，用来射鸟的带细绳的箭，射出后，箭能收回。

【译文】

现在却不是这样，士民在国内违法乱纪，言谈者在国外造就自己的声势，他们内外一同作恶，要对付强大的敌人，不是也很危险吗！所以那些议论外交大事的群臣，不是属于合纵或连横的一党，就是对某国怀有报仇的私心，想借助国内的力量进行报复。合纵，就是联合众多弱小的国家去攻打一个强国；而连横，就是事奉一个强国去攻打许多弱小的国家：这都不是保全国家的办法。当今主张连横的大臣们都说："不事奉大国，遇到强敌就会受到祸害。"

事奉大国不一定有什么实际好处,必须先献出本国的地图,呈上国家的印章来求得军事上援助。献出地图,国家的土地就会缩小;献上印章,君主的名声就会降低;国土缩小国家就削弱,君主名声降低政治就混乱了。事奉大国参与连横,还没有看到它的利益,就已丧失了土地,搞乱了政治。主张合纵的大臣们都说:"不去援救小国而攻打大国,就会失去天下各国的信任,失去天下各国的信任,国家就危险了,国家危险了,君主的地位也就降低了。"援救小国不一定有实际的好处,且要起兵对抗大国。援救小国不一定能保存小国,对抗大国不一定没有疏失,有疏失就会被强国所制服。出兵打仗军队就会失败,退兵防守城池就会被攻占。援救小国参与合纵还没有看到它的利益,就已丧失了国土,让军队打了败仗。因此,事奉强国,就让那些主张连横的人借助国外势力在国内捞取官职;援救小国,就让那些主张合纵的人借助国内的权势在国外取得好处。国家的利益没有确立,而那些搞连横合纵的人却把封地和厚禄捞到手了;君主的地位降低了,而臣子的地位却尊贵起来;国家的土地被削弱了,权门豪族却富足了。事情成功了,那些纵横家凭借猎取的权势长期受到重用;事情失败了,他们就靠获得的财富隐居起来。君主听取了那些搞合纵连横的臣下的意见,事情还没有办成就给予他们很高的爵位与俸禄;事情失败了也不责罚他们,那么游说之士谁不愿意用猎取功名富贵的花言巧语来谋取爵禄,而希望在事败之后侥幸地免除祸害呢?所以国家破灭、君主死亡都是因为听信了那些纵横家的夸夸其谈。这其中的缘故是什么呢?是因为君主分不清公与私的利益,没有考察正确与错误的言论,事败之后又不坚决惩罚他们。都说:"搞外交,收效大的可以称王天下,收效小的可以保持安全。"所谓称王天下,就是能攻打别人;所谓保持安全,就是不可能被别人所攻破。强大,就是能进攻别人;安定,就是不可能被别人所攻破。国家的安定强大不能求助于外交活动,只有从搞好内政中取得。现在不在国内推行法术,而专门在外交上动脑筋,那是达不到使国家安定强大的目的的。

鄙谚曰:"长袖善舞,多钱善贾。"此言多资之易为工也①。故治强易为谋,弱乱难为计。故用于秦者②,十变而谋希失③,用于燕者④,一变而计希得。非用于秦者必智,用于燕者必愚也,盖治乱之资异也。故周去秦为从⑤,期年而举⑥;卫离魏为衡⑦,半岁而亡。是周灭于从,卫亡于衡也。使周、卫缓其从衡之计,而严其境内之治,明其法禁,必其赏罚,尽其地力以多其积,致其民死以坚其城守,天下得其地则其利少,攻其国则其伤大,万乘之国莫敢自顿于坚城之下,而使强敌裁其弊也,此必不亡之术也。舍必不亡之术而道必灭之事,治国者之过也。智困于外而政乱于内,则亡不可振也。

民之政计⑧,皆就安利如辟危穷⑨。今为之攻战,进则死于敌,退则死于诛,则危矣。弃私家之事而必汗马之劳⑩,家困而上弗论,则穷矣。穷危之所在也,民安得勿避?故事私门而完解舍⑪,解舍完则远战，远战则安。行货赂而袭当涂者则求得⑫，求得则私安，私安则利之所在，安得勿就？是以公民少而私人众矣。

夫明王治国之政，使其商工游食之民少而名卑，以寡趣本务而趋末作⑬。今世近习之请行，则官爵可买；官爵可买，则商工不卑也矣。奸财货贾得用于市，则商人不少矣。聚敛倍农而致尊过耕战之士，则耿介之士寡而商贾之民多矣。

【注释】

① 工：通"功"。
② 秦：诸侯国名，范围包括今陕西大部、甘肃东南部和四川、河南的部分地区。
③ 希：同"稀"，很少。
④ 燕（yān）：诸侯国名，范围包括今河北北部、中部和山西、辽宁等的部分地区。燕在当时七国中力量较弱。
⑤ 周去秦为从：前256年，西周君背离秦国，参加了赵、魏、楚对秦的战争，结果失败，被秦国吞并。周，指西周君。前367年，周分裂成西周、东周两个小国。西周王城位于今河南洛阳。
⑥ 期（jī）年：一周年。
⑦ 卫离魏为衡：指卫与秦连衡而灭亡的事。卫一向依附魏国，前253年，与秦连衡，与魏敌对，被魏灭亡。卫，诸侯国名，位于今河南东北部。魏，诸侯

国名，范围包括今河南北部和东部、山西西南部和山东、河北等的部分地区。
⑧政：通"正"。
⑨辟：通"避"。
⑩汗马之劳：指战争的劳苦。汗马，战马奔走而出汗。
⑪私门：指权门豪族。解舍：官署房屋。解，通"廨"。一说，解舍即免除兵役和徭役。
⑫涂：通"途"。
⑬趣：通"趋"。

【译文】

民间的谚语说："袖子长便可跳舞，本钱多好做买卖。"这是说条件好的事情容易成功。所以国家安定强大，就容易谋划；国家贫弱混乱，就难以想办法。所以为秦国出计谋，变化十次也很少失败；为燕国出计谋，变化一次也很少成功。不是替秦国出计谋的人一定聪明，替燕国出计谋的人一定愚蠢，而是因为秦国安定强大，燕国贫弱混乱，两国的条件不同。所以周背离秦国去搞合纵，只一年的时间就被秦攻陷了；卫背离魏国搞连横，只半年的功夫就被魏灭亡了。这就是说周因合纵而被消灭，卫因连横而被覆亡。假使周、卫放缓参加合纵连横的计划，加强国内的治理，彰明法律禁令，坚定地实行赏罚，充分利用地力增加物质积累，劝导百姓竭尽全力坚守城池，天下各国即使夺取它们的土地所得利益也很少，攻打它们则会伤亡惨重，就是拥有万辆兵车的强国也不敢在这样坚城之下把自己拖垮，而让别的强敌利用这种疲惫来进行攻击，这才是使国家一定不会灭亡的办法。放弃一定不会亡国的办法而去干势必亡国的事情，这是治国者的过失。外交上无计可施，内政上又陷入混乱，那么国家的灭亡就不可挽救了。

民众通常的打算，都是追求安全和利益而避开危险和困苦。今天让他们去打仗，前进就会被敌人打死，后退又要被军法处死，那他可就危险了。抛弃私人的家事而坚定地去承受战争的劳苦，家庭有困难上面也不过问，那他家可就穷困了。处在穷困和危险的境地，民众怎能不逃避呢？所以就事奉私家贵族而替他们修缮房屋，替贵族服劳役就能避开战争，避开战争就能得到安全。用财物进行贿赂而投靠当权者，就可以使自己的要求得到满足；要求得到满足，就能使自身得到安全；自身得到安全，利益就明显地摆在那里，怎能不去追求呢？因此为国家出力的人少而为私家贵族出力的人就多了。

英明君主治理国家的政策，总是使商人、手工业者和游手好闲的人尽量减少，而且使他们名位卑贱，因为从事农耕的人太少而经营商业、手工业的人太多。现在社会上向亲近君主的人请托的事情很风行，这样官职爵位就可以买到；官职爵位可以买到，那么经营商业和手工业的人就不卑贱了。用非法钱财做买卖的通行于市场，那么商人就不会少了。奸商搜括所得成倍地超过农民的收入，而在社会上受到的尊重又超过从事耕战的人，那么光明正直的人就会减少，而经营工商业的人就会增多。

是故乱国之俗：其学者，则称先王之道以籍仁义①,盛容服而饰辩说,以疑当世之法,而贰人主之心。其言谈者,为设诈称②,借于外力,以成其私,而遗社稷之利。其带剑者,聚徒属,立节操,以显其名,而犯五官之禁③。其患御者,积于私门,尽货赂,而用重人之谒,退汗马之劳。其商工之民,修治苦窳之器,聚弗靡之财④,蓄积待时,而侔农夫之利⑤。此五者,邦之蠹也。人主不除此五蠹之民,不养耿介之士,则海内虽有破亡之国,削灭之朝,亦勿怪矣。

【注释】

①籍:通"藉",依托,凭借。
②为:通"伪",虚假。
③五官之禁:泛指国家的法令。五官,司徒、司马、司空、司士、司寇,当时分掌国家各种权力的官。
④弗:通"费"。
⑤侔(móu):谋取。

【译文】

所以扰乱国家的风气是:那些学者称颂先王之道,凭借仁义进行说教,讲究仪表服饰而又注意言语修辞,用以扰乱当代的法治,动摇君主依法治国的决心。那些言谈者,制造谎言,借助外国的力量,谋求他们的私利,把国家的利益抛在一边。那些游侠剑客,聚集党徒,标榜气节,用来显扬他们的名声,而触犯国家的禁令。那些害怕服兵役的人,聚集在豪门贵族门下,大行贿赂,依仗权贵的请托,逃避战争的劳苦。那些从事商业和手工业的人，制造粗劣的器物，积聚奢侈的财物，囤积居奇，等待时机，从农民身上牟取利益。这五种人，是国家的蛀虫。君主如果不去掉这五种像蛀虫一样的人，不供养光明正直的人，那么四海之内即使出现残破覆亡的国家，地削国灭的朝廷，也就不足为怪了。

显　学

"显学",指的是当时最为显赫的儒家和墨家两个学派。战国时期,社会处于剧烈变动状态,意识形态领域里呈现出"百家争鸣"的局面,各家学派展开激烈的斗争。韩非站在法家的立场,在本文中着重批判了儒、墨两家的思想。

韩非认为儒、墨学说是"无参验而必之"、"弗能必而据之"的"愚诬之学";"孝戾、侈俭、宽廉、恕暴"都是"杂反之行"。"显学"妨碍人民"疾作而节用"的积极性,儒者脱离实际的主张像巫祝那样"无益于治"。人主兼听于"杂学缪行同异之辞",是乱亡之道。

韩非认为,君主对各种学说应采取的态度是"若是其言,宜布之官而用其身;若非其言,宜去其身而息其端",否则"言无定术,行无常议"会导致国家的败亡。这反映了他要求统一思想的主张。最终他还是落到"举实事,去无用"、崇尚实力、彰明法度、以攻战为务的法治思想上。只是,他的"民智之不足用"的看法有一定的偏见。

世之显学，儒、墨也。儒之所至，孔丘也①。墨之所至，墨翟也②。自孔子之死也，有子张之儒③，有子思之儒④，有颜氏之儒⑤，有孟氏之儒⑥，有漆雕氏之儒⑦，有仲良氏之儒⑧，有孙氏之儒⑨，有乐正氏之儒⑩。自墨子之死也，有相里氏之墨⑪，有相夫氏之墨⑫，有邓陵氏之墨⑬。故孔、墨之后，儒分为八，墨离为三，取舍相反不同，而皆自谓真孔、墨，孔、墨不可复生，将谁使定世之学乎？孔子、墨子俱道尧、舜⑭，而取舍不同，皆自谓真尧、舜，尧、舜不复生，将谁使定儒、墨之诚乎？殷、周七百余岁⑮，虞、夏二千余岁⑯，而不能定儒、墨之真；今乃欲审尧、舜之道于三千岁之前，意者其不可必乎！无参验而必之者，愚也；弗能必而据之者，诬也。故明据先王，必定尧、舜者，非愚则诬也。愚诬之学，杂反之行，明主弗受也。

【注释】

①孔丘：孔子的名。孔子，字仲尼，春秋末期鲁国陬（zōu）邑（今山东曲阜）人，生于前551年，卒于前479年。他做过鲁国的司寇（掌管刑法的官）。儒家学派的创始人。他的言行，记录在他的门徒编撰的《论语》一书中。

②墨翟（dí）：战国初期鲁国人，约生于前480年，卒于前420年。他做过宋国的大夫。墨家学派的创始人。他的言行记录在他的弟子或再传弟子编撰的

《墨子》一书中。

③子张：姓颛（zhuān）孙，名师，孔子的学生。

④子思：孔子的孙子，名伋（jí）。他继承和发挥了孔丘关于"仁"的思想，主张"中庸之道"。代表他思想的有《中庸》一书。

⑤颜氏：指颜回，字子渊，孔丘的学生。一说孔子有颜氏学生八人，除颜回以外，还有颜无繇（yóu）、颜幸、颜高、颜祖、颜之仆、颜哙（kuài）、颜何，这里指谁不明确。

⑥孟氏：指孟轲（约前372—前289年），战国时邹（今山东邹县）人，子思的再传弟子，孔子以后儒家的主要代表人物。他系统地发挥了孔子、子思的学说，形成了"思孟学派"。他的主要言行记录在《孟子》一书中。

⑦漆雕氏：姓漆雕，名启，也称漆雕开，孔丘的学生。

⑧仲良氏：可能是仲梁子，战国时鲁国人，儒家人物。

⑨孙氏：指孙卿，即荀况，战国时赵国人，曾在齐国稷下讲过学。他是从儒家向法家过渡的人物，韩非和李斯都是他的学生。一说孙氏指公孙尼子，孔子的再传弟子。

⑩乐正氏：乐正子春，曾参（shēn）的学生。

⑪相里氏：指相里勤，墨家的代表人物。

⑫相夫氏：一作"伯夫氏"，墨家的代表人物。

⑬邓陵氏：即邓陵子，属后期墨家中的南方一派。

⑭尧、舜：我国原始社会末期的部落首领，传说中的

贤君。

⑮殷、周七百余岁：从商末周初算起到韩非时，已经七百余年。儒家崇拜周文王（姬昌）和周公（姬旦），所以这里韩非从商末周初算起。

⑯虞、夏二千余岁：从虞夏之际算起，到韩非那时，已经两千多年。墨家推崇夏禹，所以这里韩非从虞、夏之际算起。虞、夏，指虞舜、夏禹。舜是有虞氏的部落长，夏禹是夏后氏的部落长，夏朝的建立者。

【译文】

当今世上最显赫的学派是儒家和墨家。儒家学说达到最高成就的人是孔丘。墨家学说达到最高成就的人是墨翟。自从孔丘死后，儒家有子张之儒、子思之儒、颜氏之儒、孟氏之儒、漆雕氏之儒、仲良氏之儒、孙氏之儒、乐正氏之儒等各流派。自从墨子死后，墨家有相里氏之墨、相夫氏之墨、邓陵氏之墨等各流派。所以孔丘、墨翟死后，儒家分为八派，墨家分为三派，他们对孔、墨学说的取舍相互矛盾，各不相同，但都自称得孔、墨的真传，孔丘、墨翟不能复活，让谁来判断社会上这些学派的真假呢？孔子、墨子都称赞尧、舜，但他们对尧、舜的取舍不一样，可都自认为得尧、舜的真传，尧、舜不能复活，让谁来判定儒、墨两家学说哪一家是得尧、舜之道的真传呢？殷、周之际离现在七百多年，虞、夏之际离现在两千多年，尚且不能判定儒家和墨家两个学派所说的真实性；更何况现在还想弄清三千多年前的尧、舜之道，想来是不可能确定的吧！不用事实加以检验就对事物作出绝对判断，那是愚蠢；不能判定正确与否就引为依据,那是欺骗。所以,那种公然宣称依据先王之道,绝对地肯定尧、舜的一切,不是愚蠢,就是欺骗。愚蠢骗人的学说,杂乱矛盾的行为,英明的君主是不接受的。

　　墨者之葬也,冬日冬服,夏日夏服,桐棺三寸①,服丧三月,世主以为俭而礼之。儒者破家而葬,服丧三年,大毁扶杖,世主以为孝而礼之。夫是墨子之俭,将非孔子之侈也;是孔子之孝,将非墨子之戾也。今孝、戾、侈、俭俱在儒、墨,而上兼礼之。漆雕之议,不色挠,不目逃,行曲则违于臧获②,行直则怒于诸侯③,世主以为廉而礼之。宋荣子之议④,设不斗争,取不随仇,不羞囹圄⑤,见侮不辱,世主以为宽而礼之。夫是漆雕之廉,将非宋荣之恕也;是宋荣之宽,将非漆雕之暴也。今宽、廉、恕、暴俱在二子,人主兼而礼之。自愚诬之学、杂反之辞争,而人主俱听之,故海内之士,言无定术,行无常议。夫冰炭不同器而久,寒暑不兼时而至,杂反之学不两立而治。今兼听杂学缪行同异之辞⑥,安得无乱乎?听行如此,其于治人又必然矣。

【注释】

①桐棺三寸:表示棺板很薄。这是和儒家主张棺椁(guǒ)几重的厚葬制度相比较而说的。桐棺,用桐

木做的棺材。桐木质地疏松,容易腐烂。
②臧获:奴婢。奴为臧,婢为获。
③诸侯:天子以外的列国之君。
④宋荣子:即宋钘,又称宋轻(kēng),战国时宋国人,曾在齐国稷下地方游学,属黄老学派。
⑤囹圄(língyǔ):监狱。
⑥缪:通"谬",荒谬,颠倒。

【译文】

墨家的丧葬思想是,冬天死了人就用冬天的服装,夏天死了人就用夏天的服装。用三寸厚的桐木板做棺材,守孝三个月,当代的君主认为这是节俭,因而礼遇他们。儒家提倡倾家荡产办丧事,守孝三年,要极度悲哀以致损坏了身体,靠扶着拐杖才能行走,当代的君主认为这是孝道,因而礼遇他们。那么,肯定墨子的节俭,就要否定孔子的奢侈;肯定孔子的孝道,就要否定墨子的不孝。现在孝与不孝、奢侈与节俭全都包含在儒、墨两家学说里,君主却同样地优待他们。漆雕氏主张,与人争斗时脸上不露出屈服的表情,眼睛不露出回避的神色,行为不正,对奴仆也要避让,行为正直,对诸侯也敢当面斥责,当代的君主以为正直而敬重他。宋荣子主张,不和别人争斗,不向仇人报复,关进监狱不感到羞愧,被人欺侮不以为耻辱,当代的君主以为宽宏大量而敬重他。那么,肯定漆雕氏的正直,就要否定宋荣子的宽恕;肯定宋荣子的宽恕,就要否定漆雕氏的凶暴。现在宽宏大量、正直、宽恕、凶暴全都包含在这两个人的学说中,君主却同样地优待他们。从愚蠢欺骗的学说到杂乱矛盾的言词争论不休,而君主都听信了,所以天下的士人,言论没有固定的宗旨,行为没有一定的准则。冰和炭不能长久地放在同一个容器里,寒天和暑天不能同时到来,杂乱矛盾的学说不能同时并存而用来治理国家。现在的君主同时听取那些杂乱的学说和行为荒谬人的互相矛盾的言辞,国家怎么能不乱呢?君主听言、行事是这个样子,他在治理民众方面也必然如此了。

今世之学士语治者,多曰:"与贫穷地以实无资。"今夫与人相若也,无丰年旁入之利而独以完给者,非力则俭也。与人相若也,无饥馑、疾疢、祸罪之殃独以贫穷者,非侈则堕也①。侈而堕者贫,而力而俭者富。今上征敛于富人以布施于贫家,是夺力俭而与侈堕也,而欲索民之疾作而节用,不可得也。

今有人于此,义不入危城,不处军旅,不以天下大利易其胫一毛②,世主必从而礼之,贵其智而高其行,以为轻物重生之士也。夫上所以陈良田大宅,设爵禄,所以易民死命也。今上尊贵轻物重生之士,而索民之出死而重殉上事,不可得也。藏书策③,习谈论,聚徒役,服文学而议说④,世主必从而礼之,曰:"敬贤士,先王之道也。"夫吏之所税,耕者也;而上之所养,学士也。耕者则重税,学士则多赏,而索民之疾作而少言谈,不可得也。立节参明,执操不侵,怨言过于耳,必随之以剑,世主必从而礼之，以为自好之士。夫斩首之劳不赏，而家斗之勇尊显，而索民之疾战距敌而无私斗⑤，不可得也。国平则养儒侠，难至则用介士。所养者非所用，所用者非所养，此所以乱也。且夫人主于听学也，若是其言，宜布之官而用其身；若非其言，宜去其身而息其端。今以为是也，而弗布于官；以为非也，而不息其端。是而不用，非而不息，乱亡之道也。

【注释】
① 堕：通"惰"，懒惰。下文"堕者"、"侈堕"之"堕"同。
② 不以天下大利易其胫一毛：这是早期道家杨朱一派的观点。胫，小腿。
③ 策：通"册"，古代用竹简编成的书籍。
④ 文学：指诗、书、礼、乐等。
⑤ 距：通"拒"，抵抗。下文凡"距敌"之"距"皆同此。

【译文】
当代的学者谈论治理国家的事情，多数人都说："把土地分给贫穷的人，充实他们匮乏的资财。"现在有的人和别人的情况差不多，又没有丰年的收获和其他收入的利益而独能自给自足，这不是由于勤劳就是由于节俭。还有的人和别人的情况相类似，又没有遇到荒年、久病、灾难、犯罪等灾殃，而唯独他受穷受苦，那不是由于奢侈，就是由于懒惰。奢侈懒惰的人贫穷，勤劳节俭的人富裕。现在君主向富人征收财物施舍给穷人，这是剥夺勤劳节俭人的东西而给予奢侈懒惰的人，这样，要想求得民众努力耕作和省吃俭用，是不可能的。

如果现在有一个人在这里，他认为，不进入危险的城里，不到军队里参战，不肯为了天下的大利而换取他小腿上的一根毫毛，这些都是合理的行为，当世君主一定会听从并敬重他，推崇他的智慧，称赞他的行为，认为他是轻视物质利益而看重自己生命的人。君主之所以拿出肥沃的田地和高大的住宅，设置爵位和俸禄，是用来换取民众的出力卖命。现在的君主推尊敬重那些轻视财物重视生命的人，这样要想求得民众看重君主的事业，愿意拼命去干，那是不可能的。有人收藏图书，学习辩术，聚集门徒，钻研文献典籍而高谈阔论，当代君主必定听信并尊重他，说："敬重贤士，正是先王的原则。"官吏租收赋税的对象是种田的人，而君主所供养的却是不劳而食的学士。种田的人负担沉重的赋税，不劳而食的学士却得到丰厚的奖赏，这样，要想求得民众辛勤劳作，少说空话，那是不可能的。讲究气节，炫耀高明，坚持操守而不容侵犯，一听到怨恨自己的话，马上拔剑追赶上去，当代君主必定听信并尊重他，以为这是爱惜自己名声的人。士兵在战场上杀敌的功劳没有奖赏，而那些为私家争斗的勇士却得到荣誉和地位，这样，要想求得民众努力作战抗敌，不去为私利而争斗，那是不可能的。国家太平的时候供养儒生和侠客，危难到来时却要用战士去打仗。所供养的人不是所要用的人，所要用的人不是所供养的人，这就是发生祸乱的原因。再说，君主听取学士的意见，如果认为他讲得对，就应在官府公布并且任用他；如果认为他讲得不对，就应辞退他，不让他的主张露头。现在认为正确的，没有在官府里公布；认为错误的，也没有在这种主张露头时加以禁止。正确的不运用，错误的不禁止，这是国家发生祸乱以至灭亡的道路。

澹台子羽①，君子之容也，仲尼几而取之②，与处久而行不称其貌。宰予之辞③，雅而文也，仲尼几而取之，与处久而智不充其辩。故孔子曰："以容取人乎，失之子羽；以言取人乎，失之宰予。"故以仲尼之智而有失实之声。今之新辩滥乎宰予，而世主之听眩乎仲尼，为悦其言，因任其身，则焉得无失乎？是以魏任孟卯之辩④，而有华下之患⑤；赵任马服之辩⑥，而有长平之祸⑦。此二者，任辩之失也。夫视锻锡而察青黄⑧，区冶不能以必剑⑨；水击鹄雁⑩，陆断驹马，则臧获不疑钝利。发齿吻形容，伯乐不能以必马⑪；授车就驾，而观其末涂⑫，则臧获不疑驽良。观容服，听辞言，仲尼不能以必士；试之官职，课其功伐，则庸人不疑于愚智。故明主之吏，宰相必起于州部⑬，猛将必发于卒伍⑭。夫有功者必赏，则爵禄厚而愈劝；迁官袭级，则官职大而愈治。夫爵禄大而官职治，王之道也⑮。

【注释】

①澹（tán）台子羽：姓澹台，字子羽，春秋末期鲁国

人,孔子的学生。
②仲尼:孔子的字。
③宰予:字子我,春秋末期鲁国人,孔子的学生,以善辩出名。
④魏:诸侯国名,范围包括今河南东北部和河北、山西的部分地区。孟卯:即芒卯,一作"昭卯",战国时魏国的相,有口才。
⑤华下之患:前273年,孟卯率魏军联合赵军攻韩,秦将白起来救,战于华下,魏赵联军大败,死伤十五万。华下,韩国地名,即华阳,位于今河南密县东北。
⑥马服:山名,位于今河北邯郸西北。赵国名将赵奢以功封为马服君,这里指他的儿子赵括。
⑦长平之祸:前260年,秦将白起攻赵,与赵军相拒于长平,赵王中了秦的反间计,用赵括代廉颇为将。赵括熟读兵书,好纸上谈兵,毫无作战经验。结果赵军大败,被坑杀四十五万,赵括战死。长平,赵国地名,位于今山西高平西。
⑧锻锡:古人锻炼金属时掺的锡。青黄:锻炼金属时的火色。
⑨区(ōu)冶:人名,即欧冶子,春秋末期越国人,铸剑名工。
⑩鹄(hú):水鸟名,俗称天鹅。
⑪伯乐:人名,春秋末期晋国人,善于相马。
⑫涂:通"途"。

⑬州部：古代一种基层行政单位。
⑭卒伍：指军队的基层单位。
⑮王（wàng）：称王，即统治天下。

【译文】

澹台子羽，有君子的仪表，孔丘以为他像君子而选中他作弟子，和他相处久了就发现他的品行和相貌不相称。宰予的言辞，高雅而有文采，孔丘看中他收他作弟子，和他相处久了就发现他的智慧不及他的口才。所以孔丘说："以仪表取人，在子羽身上出了差错；以口才取人，在宰予身上出了差错。"所以像孔丘这样的智慧，还发出看人不符合实际的感叹。现在新出现的辩说之辞大大超过了宰予的辩说之辞，而当代的君主听这些辩辞比孔丘还要糊涂，因为喜欢他们的言论，就去任用他们，那么怎能没有失误呢？所以魏国听信了孟卯的夸夸其谈，就造成华下兵败的祸患；赵国听信了赵括的纸上谈兵，就带来了长平兵败的灾祸。这两件事情，都是听信辩说之辞所铸成的过失。仅看锻炼时掺锡多少和烧色如何，就是区冶也不能判定剑的好坏；用剑到水上去砍杀鹄和雁，到陆地上去劈斩大小马匹，就是奴仆也不会弄错剑的利钝。只是掰开马口看牙齿，审视马的外表，就是伯乐也无法判定马的优劣；把马套在车上奔跑，一直看着它跑到路途的终点，就是奴仆也不会搞错马的好坏。只看容貌和服饰，只听言谈和辩辞，就是孔子也不能据此判定一个士人的能力大小；通过担任官职来试用他，考查他的功绩，那么，就是一个平庸的人也能分得清他是愚笨还是聪明。所以英明君主任用的官吏，宰相必定是从下层官吏中提拔上来的,猛将必定是从士兵队伍中挑选出来的。有功劳的人一定给予奖赏,那么爵位越高俸禄越厚就越能使人们受到鼓励;要逐级提升官职,那么官职越大职责就越大,就越能把政事管理好。爵位高,俸禄厚,各种官吏都会尽职尽责,这就是称王天下的原则。

磐石千里①,不可谓富;象人百万②,不可谓强。石非不大,数非不众也,而不可谓富强者,磐不生粟,象人不可使距敌也。今商官技艺之士亦不垦而食③,是地不垦,与磐石一贯也。儒侠毋军劳④,显而荣者,则民不使,与象人同事也。夫知祸磐石象人,而不知祸商官儒侠为不垦之地、不使之民,不知事类者也。

故敌国之君王虽说吾义⑤,吾弗入贡而臣;关内之侯虽非吾行⑥,吾必使执禽而朝⑦。是故力多则人朝,力寡则朝于人,故明君务力。夫严家无悍虏,而慈母有败子。吾以此知威势之可以禁暴,而德厚之不足以止乱也。

【注释】

①磐(pán)石:大石,这里指石头地。
②象人:俑,古代殉葬时用木头、陶泥做的假人。
③商官:用金钱买得官爵的商人。技艺之士:从事精巧的手工业的人。
④毋:通"无",没有。

⑤说:同"悦",喜爱。

⑥关内之侯:即关内侯,战国时设置的一种爵号,有封号,没有封地。

⑦执禽:古代朝见君主时有持禽类作礼物的制度,大夫执雁(鹅),卿执羔(小羊),表示忠心于君主。禽,鸟兽的总名。

【译文】

不能种庄稼的石头地,即使有一千里,也不能说是富饶;用木头或陶泥做的俑人,纵然有一百万个,也不能说是强大。石头地并非不广大,俑人数量并非不多,之所以不能说是富饶和强大,是因为石头地不生产粮食,俑人不能用来抗击敌人。现在的商官和从事技艺活动的人也都不耕而食,这样土地得不到开垦,也就和石头地一样了。儒生和侠客没有军功,却能得到显贵和荣耀,那么民众就不听从使唤,就跟俑人一样了。只知道把石头地和俑人看作祸害,而不懂得商官、儒生和侠客就像不能耕种的地和不听使唤的人一样也是祸害,那就是不懂得事情的类似性。

所以国力相当的国家的君主虽然喜欢我们的道义,但我们无法让他们进贡称臣;关内侯虽然反对我们的行为,我们却必定能使他们拿着礼物来朝拜。因此力量强大,别人就来朝拜,力量弱小,就要朝见别人,所以英明的君主致力于增强自己的力量。在管教严厉的家庭中没有凶悍的奴仆,而在慈母溺爱下却有败家子。我由此知道威严的权势可以禁止暴行,而深厚的恩德却不能制止祸乱。

夫圣人之治国，不恃人之为吾善也，而用其不得为非也。恃人之为吾善也，境内不什数①；用人不得为非，一国可使齐。为治者用众而舍寡，故不务德而务法。夫必恃自直之箭，百世无矢；恃自圜之木②，千世无轮矣。自直之箭，自圜之木，百世无有一，然而世皆乘车射禽者何也？隐栝之道用也③。虽有不恃隐栝而有自直之箭、自圜之木，良工弗贵也。何则？乘者非一人，射者非一发也。不恃赏罚而恃自善之民，明主弗贵也。何则？国法不可失，而所治非一人也。故有术之君，不随适然之善，而行必然之道。

今或谓人曰："使子必智而寿"，则世必以为狂④。夫智，性也；寿，命也。性命者，非所学于人也，而以人之所不能为说人⑤，此世之所以谓之为狂也。谓之不能然，则是谕也，夫谕性也。以仁义教人，是以智与寿说也，有度之主弗受也。故善毛嫱、西施之美⑥，无益吾面；用脂泽粉黛⑦，则倍其初。言先王之仁义，无益于治；明吾法度，必吾赏罚者，亦国之脂泽粉黛也。故明主急其助而缓其颂，故不道仁义。

【注释】

①不什数：不能用十来计算，即不到十个。什，通"十"。

②圜：通"圆"，下同。

③隐栝（guā）之道：指运用矫正工具改造自然物的原则。隐栝，矫正曲木的工具。
④狂：通"诳"，欺骗。下同。
⑤说：同"悦"，讨好。
⑥毛嫱（qiáng）、西施：两人都是春秋末期著名的美女。
⑦脂泽：化妆用的脂膏。黛：画眉用的青黑色颜料。

【译文】

圣明的君主治理国家，不是依靠人们自觉地替自己做好事，而是要使他们不得为非作歹。依靠人们自觉地替自己做好事，全国数不到十个这样的人；而使人们不得为非作歹，就能使全国整齐一致。治理国家的人要采用对多数人有效的方法而放弃只对少数人有效的措施，所以不应致力于德治而应致力于法治。假如一定要用自然生长得直的竹杆做箭杆，那就一百代也没有箭了；假如一定要用自然生长得圆的木材做车轮，那就一千代也没有车轮了。自然生长得直的竹杆，自然生长得圆的木材，一百代没有一棵，然而世上的人们都有车子可坐有箭射鸟，这是为什么呢？这是因为用工具矫正自然物的方法已被人们所采用。即使有不依靠工具矫正而自然直的竹杆和自然圆的木材，但技艺高明的工匠不看重它们。这是为什么呢？因为坐车的并不是一个人，射箭的也不是只发一支箭。不依靠奖赏和惩罚而自觉做好事的人，英明的君主是不看重的。为什么呢？因为国家的法令不可以抛弃，而所要治理的又不只是一个人。所以掌握了统治方法的君主，不追求少数人的偶然行善，而要推行必然实行的治国之道。

现在有人对人说：“我能使你必定聪明并且长寿”，那么世人一定认为这是骗人的话。聪明，是生来的天性；寿命，是自然命定的。性和命，不是从别人那里学得来的，用人们做不到的事去讨好别人，这就是世人所以说他是欺骗的原因。对人说这事（使你一定聪明、长寿）做不到，就是明白告诉人们，说明人们的本性就是如此。用仁义来教人，就是利用聪明与长寿来劝说人一样，有法度的君主是不接受的。所以赞扬毛嫱、西施的美貌，对自己的脸面并没有什么益处；使用脂膏、花粉、黛墨化妆打扮，就会比原来的容颜加倍美丽。谈论先王的仁义，无助于治理国家；只要明确自己国家的法度，坚决实行赏罚措施，这也就好比是使国家富强的"脂泽粉黛"了。因此英明的君主看重对他治国有帮助的东西，而轻视对先王的颂扬，所以不讲什么仁义。

今巫祝之祝人曰①："使若千秋万岁。"千秋万岁之声括耳②，而一日之寿无征于人，此人所以简巫祝也。今世儒者之说人主，不善今之所以为治，而语已治之功；不审官法之事，不察奸邪之情，而皆道上古之传誉、先王之成功。儒者饰辞曰："听吾言，则可以霸王。"此说者之巫祝，有度之主不受也。故明主举实事，去无用，不道仁义者故③，不听学者之言。

今不知治者必曰："得民之心。"欲得民之心而可以为治，则是伊尹、管仲无所用也④，将听民而已矣。民智之不可用，犹婴儿之心也。夫婴儿不剔首则腹痛⑤，不揊痤则寖益⑥。剔首、揊痤，必一人抱之，慈母治之，然犹啼呼不止，婴儿子不知犯其所小苦致其所大利也。今上急耕田垦草以厚民产也，而以上为酷；修刑重罚以为禁邪也，而以上为严；征赋钱粟以实仓库，且以救饥馑、备军旅也，而以上为贪；境内必知介而无私解，并力疾斗，所以禽虏也⑦，而以上为暴。此四者，所以治安也，而民不知悦也。夫求圣通之士者，为民知之不足师用⑧。昔禹决江浚河，而民聚瓦石；子产开亩树桑⑨，郑人谤訾⑩。禹利天下，子产存郑人，皆以受谤，夫民智之不足用亦明矣。故举士而求贤智，为政而期适民，皆乱之端，未可与为治也。

【注释】

①巫：古代以歌舞降神为人祈祷的人。祝：古代为人求神祝福的人。

②括：通"聒"，声音吵闹。

③者：通"诸"，之。

④伊尹：商汤的相，曾辅助汤灭夏，建立了商朝。管仲：春秋时齐桓公的相，曾辅助桓公改革政治，富国强兵，建立霸业。

⑤不剔（tī）首则腹痛：婴儿不剃头发就会肚子疼。可能是古代的一种迷信说法。剔首，剃头。

⑥揊（pì）：剖开，割开。痤（cuó）：疖子。

⑦禽：同"擒"。
⑧知：同"智"。
⑨子产：即公孙侨，春秋末期郑国执政的卿。
⑩郑：春秋时诸侯国名，位于今河南中部，在黄河以南。谤訾（zǐ）：恶意咒骂。郑国人咒骂子产，见《左传·襄公三十年》。

【译文】

如今的巫祝为人祝福说："让你长生千年万年。"只听见长生千年万年的声音在身边喋喋不休，可是连使人延长一天寿命的效验也没有，这就是人们所以轻视巫祝的原因。当代儒生游说君主，不谈现在用来治理国家的办法，而谈论过去的治国功绩；不审察官府法令方面的事情，不考察奸邪方面的情况，而都去称道远古流传的美谈，赞誉先王成就的功业。儒家吹嘘说："听我的话，就可以称王称霸。"这是游说者中的巫祝，有法度的君主是不会接受的。所以英明的君主做实事，去掉无用的东西，不谈仁义道德方面的事，不听信学者的话。

现在不懂得如何治理国家的人一定会说："要得民心。"假如需要得民心才能治理好国家，那么，像伊尹、管仲这样的人才也没有什么用场了，只要听凭民众的意愿就可以了。民众的智力不可采用，就像婴儿的心理一样。婴儿不剃头发就会肚子疼，不给疖子开刀病状就会逐渐加重。剃头发或给疖子开刀时，一定需要有一个人抱住婴儿，通常由慈母做这件事，可是婴儿还是会不停地啼哭呼喊，因为婴儿不懂得遭受一点小痛苦就会得到解除痛苦的大利。现在的君主急于开荒种田以增加民众的财产,而民众却认为君主太严酷了;修订刑法、加重处罚,本来是为了禁止邪恶,而民众却认为君主太严厉了;征收钱粮,用来充实国家仓库,将用于救济灾荒、准备军队给养,而民众却认为君主太贪婪;国内的人都必须知道要武装起来而没有私下逃避兵役时,同心协力奋勇战斗,擒获俘虏,而民众却认为君主暴虐。以上四种举措,都是为了使国家得到治理、民众生活安定,然而民众却不知道高兴。君主要寻找圣明通达的人,就是因为民众的智慧不足以效法和使用。从前大禹疏通江河,民众却堆积瓦石加以阻挡;子产开垦田地种桑养蚕,郑国人却恶意咒骂他。禹为天下人谋利,子产关怀郑国人,都因此遭到诽谤,民众的智慧不足以使用也就很清楚了。因此,君主选拔人才要寻求贤能而有智慧的人,处理政事而希望迎合民众,这都是祸乱的根源,是不可以用来治国的。